Leben
LERNEN
Klett-Cotta

Zu diesem Buch

Das hier vorgestellte Konzept zur Analyse von Stressquellen und Präventionsmöglichkeiten geht klar über die bekannten und häufig dargestellten Pole von Person und Beruf hinaus. In seinem differenzierten und praxisorientierten Modell zeigt Jörg Fengler, wie anhand von sieben Ebenen sowohl Stressquellen erkannt als auch Vorkehrungen gegen einen drohenden Burnout getroffen werden können. In den Blick kommen präventive Hilfen für den Einzelnen ebenso wie Anregungen für das Team und für das betriebliche Gesundheitsmanagement.

Prof. Dr. Jörg Fengler, Diplom-Psychologe, ist emeritierter Professor an der Humanwissenschaftlichen Fakultät der Universität Köln, Trainer für Gruppendynamik sowie Mitherausgeber der Zeitschrift *Gruppendynamik*; zum Thema Burnout erschien von ihm bereits, zusammen mit Andrea Sanz, in der Reihe »Leben Lernen« das Buch *Ausgebrannte Teams. Burnout-Prävention und Salutogenese.*

Alle Bücher aus der Reihe ›Leben Lernen‹ finden Sie unter:
www.klett-cotta.de/lebenlernen

Jörg Fengler

Burnout-Prävention im Arbeitsleben

Das Salamander-Modell

Klett-Cotta

Leben Lernen 258

Klett-Cotta
www.klett-cotta.de

Printed in Germany
Umschlag: Hemm & Mader, Stuttgart
Titelbild: Karl Hofer: »Bildnis Madame Bailhache«, 1926 © VG Bild-Kunst, Bonn 2012
Gesetzt aus der Minion von Kösel, Krugzell
Gedruckt und gebunden von Kösel, Krugzell
ISBN 978-3-608-89127-0

Bibliografische Information der Deutschen Nationalbibliothek
Die Deutsche Nationalbibliothek verzeichnet diese Publikation in der Deutschen Nationalbibliografie; detaillierte bibliografische Daten sind im Internet über <http://dnb.d-nb.de> abrufbar.

Dieses Buch widme ich
meinen Eltern Ernst und Ilse Fengler,
meinen Geschwistern Ernst, Gerd und Monica
und meinen Kindern Fiona, Filia und Janne

Inhalt

Vorwort

Es gab für mich mehrere Anlässe, dieses Buch zu schreiben:

1. Das Thema Burnout-Prävention hat sich mittlerweile weit über die Helfer-Berufe hinaus, in denen es zunächst angesiedelt wurde, auf alle Berufe und auch auf Personen ohne Berufstätigkeit im engeren Sinne ausgedehnt.
2. Der gesellschaftliche Diskurs über das Thema »Burnout-Prävention« hat an Tempo und Vielfalt gewonnen. Es reizte mich, die verschiedenen aktuellen Theorie-Ansätze, Argumentationslinien und Praxisoptionen zu sichten und zu ordnen.
3. Ich habe mich entschlossen, dabei außer den vertrauten Ebenen der Burnout-Prävention (Person und Beruf) eine differenzierte Darstellung von Stressquellen und Präventionsebenen ausführlich zu behandeln: Person, Privatleben, Zielgruppenkontakte, Team, Vorgesetztenfunktion, Institution und Gesellschaft.
4. Daraus ist ein Buch geworden, das ich als Beitrag zur Burnout-präventiven Selbsthilfe wie auch als Beitrag zum betrieblichen Gesundheitsmanagement verstehe. Immer mehr Firmen, Behörden und Verwaltungen befassen sich für den eigenen Arbeitskontext mit dem Thema Burnout-Prävention, um die Qualität von Leistung, Arbeitszufriedenheit und Qualität der Zusammenarbeit sicherzustellen.

In Teil I stelle ich den Stand der Burnout-Forschung einschließlich der wichtigsten Kontroversen dar. Hier stelle ich auch das von mir entwickelte Salamander-Modell der Burnout-Prävention vor. So können Sie sich ein Bild davon machen, wie Sie das Thema Burnout-Prävention nach der Lektüre in Ihr eigenes (Arbeits-)Leben einordnen wollen. Dazu gehören auch ein Selbst-Test sowie weitere praktische Übungen.

Den Hauptteil II habe ich entsprechend den 7 Ebenen des Salamander-Modells in 7 Kapitel untergliedert. Hier geht es um differentielle Belastungsaspekte, an erster Stelle aber um das, was auf jeder der 7 Ebenen praktisch getan werden kann, durch Initiative des Einzelnen wie auch durch institutionelle und politische Entscheidungen, um dem eigenen Burnout-Risiko oder dem anderer Menschen entgegenzuwirken. Dabei können Leserinnen und Leser sich während der Lektüre mobil zwischen den Kapiteln bewegen.

Es ist oft günstig, mit dem Kapitel und mit dem Ausschnitt aus dem eigenen Leben zu beginnen, für den Leidensdruck und Änderungsmotivation am größten sind, und sich dann zu den weiteren Kapiteln gemächlich vorzuarbeiten. Jedes Kapitel enthält zahlreiche Übersichtstabellen und Übungen, anhand derer die Gelegenheit dazu besteht, die eigene spezifische Belastung zu untersuchen und individuelle Burnout-präventive Maßnahmen zu entwickeln.

Ich habe vielen Menschen zu danken. An erster Stelle haben meine Angehörigen an dem Prozess des Schreibens lebendig teilgenommen und mich immer wieder dabei unterstützt. Viele Gesprächspartner aus Seminaren, Vorträgen und Fortbildungen wie auch aus Psychotherapie- und Coaching-Prozessen haben mir von ihren Erfahrungen mit Burnout-Risiken berichtet. Auf Tagungen und Kongressen hatte ich immer wieder die Gelegenheit, im Diskurs meine Auffassungen vom Thema dem Urteil von Kolleginnen und Kollegen auszusetzen und zu überprüfen. Daniela Wiesmann und Stephanie Natividad haben einzelne Textpassagen geschrieben. Mein Mitarbeiter Oliver Reich hat die Endfassung des Textes erstellt. Frau Dr. Treml vom Verlag Klett-Cotta hat in engem Kontakt mit mir das Projekt begleitet, es dem Verlag gegenüber vertreten und mir wichtige Empfehlungen ausgesprochen. Ihnen allen danke ich für ihre kontinuierliche Zuverlässigkeit und die Qualität ihrer Beiträge.

Ich wünsche Ihnen als Leserinnen und Leser, dass Sie am Ende der Lektüre

- über das Thema »Burnout-Prävention« besser informiert sind
- ausgewählte Impulse aufgreifen können und
- in Ihrem weiteren Leben, was eine Burnout-Gefährdung angeht, gut für sich selbst und andere Menschen sorgen können.

Wenn Sie mit mir Kontakt aufnehmen wollen, mit Beispielen, Erfahrungen und auch zum kollegialen Austausch, so sind Sie herzlich dazu eingeladen: joerg.fengler@uni-koeln.de

Jörg Fengler, Köln und Bonn, April 2013

I. Burnout-Prävention: Geschichte, Messung, Perspektiven

In diesem Kapitel werde ich von dem Konzept Burnout-Prävention in seinen Anfängen, Kontroversen, Kuriositäten und aktuellen Entwicklungen berichten. Dieses Kapitel bildet das Fundament für die sich daran anschließende 7 Kapitel umfassende Darstellung der Burnout-Prävention.

Stress, Burnout und klinische Diagnosen

Die Untersuchung der Burnout-Entwicklung beginnt stets mit der Analyse der äußeren und inneren Stressfaktoren, die dazu führen können, dass ein Mensch gefährdet ist. Dabei ist folgender typischer Stressverlauf in Anlehnung an Selye (AAS = Allgemeines Adaptationssyndrom) eine gute Veranschaulichung:

1. Alarm-Phase: Wir erleben schleichend beginnend oder plötzlich auftretend eine starke, lang anhaltende Stress-Belastung, die wir als alarmierend und bedrohend erleben. Die Bedrohung besteht in der Vermutung eines Kontrollverlustes, in der Nähe des bedrohlichen Reizes und in der Unberechenbarkeit der Situation. In diesem Moment lässt bei einem Teil der Menschen die Leistungsfähigkeit stark nach, während andere sofort mit einer erhöhten Aktivierung reagieren.
2. Aktivierungsphase: In der Stress-Situation aktivieren die meisten Menschen sehr rasch ihre körperlichen und seelischen Ressourcen, um den Stressoren erfolgreich begegnen zu können. Diese erhöhte Aktivität kann häufig über viele Tage, Wochen oder sogar Monate hinweg aufrechterhalten werden, ohne dass eine Schädigung eintritt. Aber schon während dieser Zeit sollte der Mensch sich Gedanken über Abhilfe machen; denn beliebig lange kann diese Phase nicht ausgedehnt werden.
3. Erschöpfungsphase: Es kommt der Zeitpunkt, zu dem die Leistungsfähigkeit nachlässt und sich subjektiv ein Gefühl der Erschöpfung

einstellt. Selbst wenn die Minderleistungen zunächst nur wenig auffallen, wird jetzt der Bedarf nach Korrektur der Arbeitsbedingungen und der inneren Haltung dringender. Denn anderenfalls wird eine Verschlimmerung der Situation wahrscheinlich: Die Zahl der Fehler nimmt zu, die Zufriedenheit nimmt ab, die Erschöpfung tritt deutlicher hervor. Weitere vermehrte Anstrengung erscheint manchen Menschen als sinnlos. Dies sind die ersten Anzeichen dafür, dass ein Burnout-Risiko sich entwickelt. Wenn auch diese Gefahr übersehen wird, so kann sich das Vollbild einer Burnout-Problematik ergeben. Weitergehende Folgen können darin bestehen, dass sich daraus psychische und körperliche Störungen entwickeln, die im ICD-10, Abschnitt F, signiert sind:

- Depression,
- Angststörung,
- Nichtorganische Schlafstörung,
- Abhängigkeit,
- Neurasthenie,
- Anpassungsstörung,
- *Chronic-Fatigue*-Syndrom,
- Narkolepsie,
- Psychosomatische Störung,
- Somatoforme Störung usw.

Aus diesem Phasenmodell geht hervor, dass frühe Maßnahmen der Burnout-Prävention in Zeiten, in denen die Funktionsfähigkeit noch ganz oder teilweise erhalten ist, in jedem Fall späteren Interventionen vorzuziehen sind.

Schicksale des Burnout-Konzepts

Sozialwissenschaftliche Begriffe entwickeln leicht ein Eigenleben, wenn sie hinreichend eingängig sind. Sie werden von Diskussion zu Diskussion weitergegeben und verlieren auf diesem Weg immer mehr den Charakter von Versuchen der Annäherung an Erfahrungen. Stattdessen gelten sie am Ende als erwiesene Tatsachen und gewinnen normative Bedeutung.

Ich werde aus diesem Grund von ausgewählten wissenschaftlichen wie auch gesellschaftlichen Episoden berichten, die für das gegenwärtige Verständnis des Burnout von Bedeutung sind. Wo ich Jahreszahlen nenne, beziehe ich mich u. a. auf Burisch (2006, S. 6 ff.), ergänze dessen Ausführungen aber auch durch eigene Beobachtungen. Eine genaue zeitliche Lokalisierung ist nur in einem Teil der Fälle möglich.

- 1961 Graham Greene: A Burnt-Out Case: Roman über einen erfolgsüberdrüssigen Architekten
- 1968 Flame-Out: Robert T. Golembiewski: (1982)
- 1974 Herbert J. Freudenberger: Burnout als Helferleiden
  - Sigmund Ginsburg: Burnout als Helferleiden
- 1976 Maslach: Burnout-Messung: Erschöpfung, Gefühlte Leistungsminderung, Entfremdung
  - Pines: Burnout-Messung: Überdruss
- 1977 Schreiber: Midlife-Crisis
  - Wolfgang Schmidbauer: Die Hilflosen Helfer
- 1980 Freudenberger und Richelson Buch: Ausgebrannt
  - Cary *Cherniss:* Burnout in Unternehmen
- Danach: Explosionartig anwachsende empirische Forschung zu dem Thema
  - Entdeckung, dass es Burnout in sehr vielen Berufen gibt und sogar bei Hausfrauen, Arbeitslosen, Studenten und Rentnern (gegenwärtig laut Burisch 2006 in ca. 60 Berufen nachgewiesen).
- 1984 Burisch: Konstruktüberprüfung mit zwei Burnout-Skalen
  - Burnout wird in den Medien nicht mehr definiert. Wer darüber schreibt, unterstellt offenbar, dass Leserinnen und Leser in etwa wissen, was damit gemeint ist.
- 1991 Fengler: Erste heuristische Darstellung des Salamander-Modells der Burnout-Prävention
  - Aufnahme des Themas Burnout-Prävention in Curricula von Helferberufen, z. B. bei der Ausbildung von Psychotherapeuten und Supervisoren in der Krankenpflege, in der Palliativ-Versorgung und der Telefonseelsorge
  - Empfehlung, Burnout mit Melisse bzw. mit Klosterfrau-Melissengeist zu behandeln. (79 Vol.-% Alkohol)
  - Burnout-Ferndiagnosen über Prominente

- Erste Cartoons über das Thema
- Gehäufte Behandlung des Themas auf Kongressen und Tagungen

- Nachfrage nach Seminaren zur Burnout-Prävention für komplette Belegschaften
- Gründung von Burnout-Ambulanzen, z. B. in Hamburg und in Berlin
- Zahlreiche deutsche Buchveröffentlichungen zum Thema Burnout (N = ca. 20 bis zur Gegenwart)
- Zweifel an der Validität des Konzepts

- 2008 Führungskräfte lassen sich in Sachen Burnout-Prävention schulen.
- Bore-Out als Ergänzungsthese zum Burnout, d. h. Erschöpfung durch Unterforderung. Dieses Konzept erfährt jedoch im Diskurs keine vergleichbare gesellschaftliche Beachtung (2013 Google-Recherche für Burnout und Boreout).
- 2010 vorsichtige Versuche, das Konzept »Burnout« auf Teams und Organisationen zu erweitern, z. B. Fengler und Sanz (2012).
- 2011 Burnout als Ausrede: Eine Mutter, die ihr Kind schwer misshandelt hat, gibt im Polizeiverhör an, sie habe an dem Tag (!) ein Burnout gehabt (vielleicht hatte sie ja ein Blackout).
- 2011 Burnout als Titelthema in SPIEGEL, FOKUS, STERN und in Wissensmagazinen überregionaler Zeitungen.
- 2012 Titelschlagzeile in der ZEIT: »Gibt es noch irgendjemanden ohne Burnout? Bitte melden!«
  - Burnout als Leitthema verschiedener Tagungen und Kongresse.
  - Auf einem Ärztekongress Angebot von Medikamenten-Pröbchen gegen Burnout, in Verbindung mit der Nennung der GOÄ-Abrechnungs-Ziffer, die bei Verschreibung gewählt werden kann.
  - Burnout-Prävention als Rechtswissenschaftliches Thema: »Was Personalabteilungen und Vorgesetzte bei Mitarbeiter-Burnout rechtlich berücksichtigen müssen.«
  - Ministerin von der Leyen erklärt die Burnout-Prävention zu einer Herausforderung des Arbeitslebens.
  - Ministerien, Behörden auf Bundes-, Landes- und Kommunalebene, Forschungseinrichtungen, Kirchen, Verbände und Großunternehmen lassen sich in Vorträgen, Seminaren und Hearings über Burnout-Prävention informieren.
- 2013 Burnout als gefühlte gesellschaftliche Realität

- Zahlreiche Unternehmen betrachten die Burnout-Prävention als Teil des betrieblichen Gesundheitsmanagements und weisen dieser Aufgabe in der Personalführung eine wichtige Position zu.

Dies ist der gegenwärtige Stand der Dinge. In Abschnitt 15 dieses Kapitels werde ich die Aufgaben nennen, vor denen Forschung und Praxis der Burnout-Prävention nunmehr stehen.

Ferndiagnosen und posthume Diagnosen

In den 90er-Jahren begann die Presse, Prominente aus Sport und Showgeschäft mit Ferndiagnosen einer Burnout-*Erkrankung* (!) zu belegen. Sportler mit Minderleistungen; Sängerinnen, die Auftritte abbrachen; Filmschauspieler, die betrunken am Set erschienen, waren willkommene Adressaten solcher journalistischen Enthüllungen.

Ich sammelte zunächst aus Neugier die Namen der so »diagnostizierten« Personen. Als die Liste aber immer länger wurde, wurde mir der Charakter der Grenzüberschreitung und Sensationssuche dieser Spekulationen klar, die gewiss nur wenig oder nichts über die betreffenden Personen aussagten, aber viel über die Journalisten, die mit diesen Meldungen eine große Leserschaft anzusprechen hofften.

Mittlerweile werden auch bereits Verstorbene noch posthum mit der Diagnose Burnout versehen (vgl. Burisch 2006):

- Moses, als er sich von der ständigen Rechtsprechung gegenüber dem Volk Israel erschöpft fühlt
- Elias, als er nach einer Serie von Erfolgen einige Niederlagen erfährt
- Goethe, als er als Staatsminister in Weimar mit sehr vielen Aufgaben betraut und in eine Beziehung mit Frau von Stein verwickelt ist und fluchtartig nach Italien aufbricht
- van Gogh, als er sich ein Ohr abschneidet und an eine Prostituierte schickt
- Thomas Buddenbrook, als er bei riskanten Geschäften müde und verdrossen wird, Verarmung und Verödung erlebt und seine körperliche Hinfälligkeit verstecken muss.
- Ludwig Wittgenstein, als er nach 6-jähriger Arbeit als Dorfschullehrer von den Bewohnern aus seinem Amt vertrieben wird

- Albert Einstein, während er mit zahlreichen anderen Wissenschaftlern an der Konstruktion der Atombombe arbeitet
- Jürgen Möllemann nach seinem tödlichen Fallschirmsprung.

Diese posthumen Ferndiagnosen sind natürlich mit einer psychiatrisch-psychotherapeutischen Berufsethik auf keine Weise vereinbar. Ausnahmen sollten nur dann gelten, wenn sie im Kontext einer wissenschaftlichen Fragestellung ausgesprochen werden. Dies gilt übrigens in gleicher Weise, wenn lebende Prominente durch Psychiater und Psychotherapeuten mit Diagnosen belegt werden.

Anders stellt sich die Sache dar, wenn eine Person sich selbst mit einer psychischen Beeinträchtigung oder Störung outet, und auch, wenn Angehörige sich entsprechend äußern, wie dies z. B. nach der Selbsttötung des Hannoveraner Fußball-Torwarts Robert Enke geschah. In solchen Fällen mag durch die Mitteilung eine Diskussion angestoßen werden, die Information vermittelt, Schamschwellen senkt und Präventionsmaßnahmen anregt.

Einzelsymptome des Burnout

An welchen Erlebens- und Verhaltensweisen das Burnout zu erkennen ist – darüber besteht noch keine Einigkeit unter den Fachleuten. Burisch (2006) stellt eine Liste von Symptomen vor, die er den folgenden sieben Bereichen zuordnet:

1. Warnsymptome der Anfangsphase, z. B. überhöhter Energieeinsatz, Gefühl der Unentbehrlichkeit, Erschöpfung.
2. Reduziertes Engagement, z. B. Desillusionierung, Betonung von Fachjargon, Fluchtfantasien, Gefühl mangelnder Anerkennung.
3. Emotionale Reaktionen, z. B. Selbstmitleid, Bitterkeit, Reizbarkeit.
4. Abbau, z. B. Desorganisation, Dienst nach Vorschrift, verminderte Flexibilität.
5. Verflachung des emotionalen, sozialen und geistigen Lebens.
6. Psychosomatische Reaktionen, z. B. Schlafstörungen, Atembeschwerden, Kopfschmerzen, mehr Alkohol/Kaffee/Tabak/andere Drogen.
7. Verzweiflung, z. B. Hoffnungslosigkeit, Sinnlosigkeit, Selbstmordgedanken.

An dieser Liste ist erkennbar: Die Einzelsymptome sind heterogen, hinterlassen aber oft bei dem Betreffenden selbst und auch bei Menschen aus seiner näheren Umgebung den starken Eindruck, dass sich irgendetwas schwer Fassbares im Leben des Betreffenden zum Schlechteren verändert habe und dass eine Hilfestellung von außen notwendig sei, um dem Betreffenden nachhaltig helfen zu können. Dem steht ein Bedenken gegenüber: Alle genannten Einzelmerkmale können auch im Zusammenhang mit anderen Krisensituationen auftreten und weisen nicht linear und zwingend auf ein Burnout hin. Das ist richtig. Es muss uns aber nicht zur Untätigkeit veranlassen oder gar zwingen. Vielmehr ist diese Feststellung eine Einladung dazu, auf vorschnelle Burnout-Etikettierungen zu verzichten, das Risiko einer Burnout-Entwicklung bei dieser Person aber doch im Auge zu behalten. Ein scherzhafter Arztspruch lautet: *Man kann auch Läuse und Flöhe haben.* Für unsere Erörterung bedeutet dies: Es kann für die Person eine multiple Belastung vorliegen, die sich aus körperlichen, seelischen und sozialen Komponenten zusammenfügt. Dann ist es durchaus in Betracht zu ziehen, dass ein Burnout einen Teil dieser Fehlentwicklung abbildet.

Messung des Burnout

Verschiedene Instrumente zur Messung des Burnout haben vorerst nicht zu einem gemeinsamen Konsens geführt. Einige von ihnen will ich hier in Form einer kurzen Übersichtstabelle nennen (Tab. 1).

Die Skalen liegen zum Teil in unterschiedlichen Übersetzungen und Versionen vor, was die Übersichtlichkeit nicht gerade vergrößert. Ein kleiner Trost vielleicht: Auch viel komplexere Konzepte wie die Intelligenzmessung sind seit mehr als hundert Jahren in Konstrukt-Operationalisierung, Messtheorie und Validität umstritten und im Fluss. So findet sich der Burnout-Diskurs in dieser Hinsicht in guter Gesellschaft.

Verbreitung des Burnout

Über die Zahl der Personen mit einer Burnout-Diagnose in Deutschland existieren keine gesicherten Angaben. Das ist nicht verwunderlich:

1. Es existiert in der *Scientific Community* kein Konsens darüber, was unter Burnout zu verstehen ist.
2. Es gibt, wie ich im letzten Abschnitt dargestellt habe, kein valides und reliables Messinstrument, das das Burnout durch überzeugende

Tab. 1: Messung des Burnout

Testbezeichnung	Skalen
Maslach und Jackson: Burnout Inventory (MBI, 1996)	Emotionale Erschöpfung, Depersonalisation, Leistungsunzufriedenheit
Aronson et al.: Tedium Measure/ Überdruss-Skala (TM, 1983)	Überdruss
Schaarschmidt und Fischer: Arbeitsbezogene Verhaltens- und Erlebnismuster (AVEM, 1997)	Subjektive Bedeutsamkeit der Arbeit, beruflicher Ehrgeiz, Verausgabungsbereitschaft, Perfektionsstreben, Distanzierungsfähigkeit, Resignationstendenz bei Misserfolg, offensive Problembewältigung, innere Ruhe und Ausgeglichenheit, Erfolgserleben im Beruf, Lebenszufriedenheit, Erleben sozialer Unterstützung
Hagemann und Geuenich: Burnout-Screening-Skalen (BOSS, 2009)	BOSS I: Beschwerden in den Lebensbereichen Beruf, eigene Person, Familie und Freunde; BOSS II: Körperliche, kognitive und emotionale Beschwerden

Konstruktvalidität von anderen psychischen Beeinträchtigungen trennscharf abgrenzt. Als Ausnahme davon kann der Test von Schaarschmidt betrachtet werden, dessen Verwendung ich in allen Bereichen des Arbeitslebens dringend empfehlen kann.

3. Es existieren bei den unterschiedlichen Instrumenten keine empirisch ausgewiesenen und begründeten Festlegungen darüber, ab welcher Zahl bejahter Items in den Fragebögen die Feststellung eines Burnout auszusprechen wäre.

In Zeitungsmeldungen werden oft Burnout und Depression zusammengefasst, manchmal werden die Begriffe Burnout und psychische Störung sogar als Synonyme verwendet, und in der Schlagzeile taucht dann nur noch das »Burnout« auf. Oder es wird von der dramatischen Zunahme psychischer Störungen im Arbeitsleben berichtet, während faktisch ja nur die Zahl der ärztlicherseits diagnostizierten und als Begründung für die Frühberentung gewählten psychischen Störungen zur Debatte stehen. In den Zeitungsmeldungen heißt es dann, die Zahl der Burnout-*Erkrankungen* (!) habe sich innerhalb von drei Jahren verdoppelt, 50 % der Deutschen litten unter Burnout, eine »Volkskrankheit« sei entstanden usw.

Fragebogen zum Selbsttest

Ich habe die ältere Maslach-Version des Burnout-Fragebogens für Seminarzwecke geringfügig modifiziert, um Teilnehmerinnen und Teilnehmern zu verdeutlichen, was im Alltag des Arbeitslebens mit Erschöpfung, gefühlter Leistungsminderung und Entfremdung gemeint ist. Dabei habe ich alle Formulierungen verändert, in denen in einzelnen Items Hinweise auf Helferberufe vorkamen. In Seminaren lade ich manchmal zu einem Selbstversuch ein. Ich weise allerdings darauf hin, dass letztendlich nicht die Zahl der bejahten Items ausschlaggebend für eine Selbsteinschätzung des persönlichen Burnout-Risikos sein sollte, sondern die persönliche Beunruhigung über einzelne Antworten, die der Betreffende selbst an sich wahrnimmt. In diesen Seminaren besteht auch Raum für eine kritische Auseinandersetzung mit dem Burnout-Konzept, die die Teilnehmerinnen und Teilnehmer letztendlich befähigt, sich ihre eigene Einschätzung von der Bedeutung des Konzepts für sie selbst sowie für Mitarbeiterinnen und Mitarbeiter zu bilden, für die sie eine Personalverantwortung haben. (Tab. 2)

Tab. 2: Selbsttest zur Einschätzung der eigenen Burnout-Gefährdung

Burnout-Diagnostik **1 = nein, gar nicht 3 = teilweise 5 = ja, sehr ausgeprägt**						
Emotionale Erschöpfung						
1.	Ich fühle mich durch meine Arbeit emotional erschöpft	1	2	3	4	5
2.	Ich fühle mich am Ende eines Arbeitstages verbraucht	1	2	3	4	5
3.	Ich fühle mich schon am Morgen beim Aufstehen müde	1	2	3	4	5
4.	Den ganzen Tag zu arbeiten strengt mich sehr an	1	2	3	4	5
5.	Ich fühle mich durch meine Arbeit ausgebrannt	1	2	3	4	5
6.	Ich fühle mich durch meine Arbeit frustriert	1	2	3	4	5
7.	Ich habe das Gefühl, zu hart zu arbeiten	1	2	3	4	5
8.	Arbeitskontakte mit Menschen stressen mich sehr	1	2	3	4	5
9.	Ich habe das Gefühl, am Ende meiner Weisheit zu sein	1	2	3	4	5

Tab. 2 *(Fortsetzung)*: Selbsttest zur Einschätzung der eigenen Burnout-Gefährdung

Burnout-Diagnostik **1 = nein, gar nicht 3 = teilweise 5 = ja, sehr ausgeprägt**						
Entfremdung						
10.	Ich habe das Gefühl, manche Menschen im Arbeitsleben zu behandeln, als seien sie Objekte	1	2	3	4	5
11.	Ich bin Menschen und Arbeitsvorgängen gegenüber abgestumpfter geworden	1	2	3	4	5
12.	Ich fürchte, dass mir meine Arbeit gleichgültiger wird	1	2	3	4	5
13.	Es interessiert mich nicht wirklich, wie die Ergebnisse meiner Arbeit aussehen	1	2	3	4	5
14.	Ich habe das Gefühl, dass mir oft die Schuld für Fehler und Versäumnisse am Arbeitsplatz zugeschoben werden	1	2	3	4	5
Eigene Leistungseinschätzung						
15.	Es fällt mir leicht zu verstehen, wie meine Vorgesetzten, Kollegen und Mitarbeiter über bestimmte Themen denken	1	2	3	4	5
16.	Ich gehe erfolgreich mit den mir übertragenen Aufgaben um	1	2	3	4	5
17.	Ich habe das Gefühl, dass meine Arbeit ein wichtiger Beitrag zur Gesamtaufgabe meiner Firma oder Institution ist	1	2	3	4	5
18.	Ich fühle mich sehr energiegeladen	1	2	3	4	5
19.	Es fällt mir leicht, eine entspannte Atmosphäre zu schaffen	1	2	3	4	5
20.	Ich fühle mich angeregt, wenn ich eng mit anderen Menschen zusammenarbeite	1	2	3	4	5
21.	Ich habe viele lohnende Ziele bei meiner Arbeit erreicht	1	2	3	4	5
22.	Bei meiner Arbeit gehe ich mit emotionalen Problemen sehr gelassen um	1	2	3	4	5

Selbstverbrenner und Opfer der Umstände

Burisch (2006) unterscheidet zwei Arten der Burnout-Gefährdung:

1. Selbstverbrenner: Hier ordnet er Personen zu, die im Wesentlichen aufgrund eigener Merkmale die Überlastung dulden, akzeptieren, aktiv arrangieren, ihr nicht hinreichend deutlich entgegentreten oder durch geringe Resilienz schon bei mittlerer Beanspruchung rasch einen Zustand der Erschöpfung erreichen.
2. Opfer der Umstände: Diesem Risikobild ordnet er Personen zu, die einer Häufung externer Belastungen ausgesetzt sind, denen sie sich subjektiv oder objektiv nicht entziehen können.

Darüber hinaus müssen wir natürlich mit Mischformen rechnen, in denen sich das eine mit dem anderen zusammenfügt. Im Ergebnis können wir annehmen, dass die sog. Selbstverbrenner in manchen Fällen von einem intensiven Coaching oder einer Psychotherapie profitieren könnten, die Opfer der Umstände hingegen an erster Stelle durch Gespräche innerbetrieblicher Art über die Art und Modifizierbarkeit ihrer Belastung.

Burnout und Persönlichkeitsmerkmale

Es wird immer wieder die Frage gestellt, welche Persönlichkeitsmerkmale zur Burnout-Entwicklung disponieren. Aber hier kommen wir über Spekulationen und allenfalls Plausibilitäten kaum hinaus (Tab. 3).

Solchen Darlegungen gegenüber müssen allerdings ernsthafte Einwände geltend gemacht werden:

1. Die gewählten Merkmalsbezeichnungen suggerieren, dass die Persönlichkeit an allererster Stelle durch sie geprägt und in ihrem Erleben und Verhalten determiniert sei. Damit gewinnt das Merkmal aber einen typologisierenden Charakter, der keineswegs dem Stand der Persönlichkeitsforschung entspricht.
2. Für »Idealisten« und »Pessimisten« existieren keine akzeptablen Messinstrumente.
3. Eine empirische Untersuchung solcher behaupteter Determinationen müsste (fiktiv) recht aufwendig konzipiert werden:
    1. Versuchsgruppe 20-jähriger Personen ohne Burnout, aber mit hohem Pessimismus

Tab. 3: Eventuelle zur Burnout-Entwicklung disponierende Persönlichkeitsmerkmale

Merkmale (Exemplarische Auswahl)	Begründung des Burnout-Risikos
Depression	weil Betroffene sich schon durch kleine Aufgaben überfordert fühlen können
Histrionische Störung	weil Betroffenen nicht täglich spektakuläre Leistungen gelingen
Idealismus	weil Betroffene sich ständig überfordern und ihren Idealen doch nicht vollständig gerecht zu werden vermögen
Narzisstische Störung	weil Betroffenen nie so viel Bewunderung entgegengebracht wird, wie sie meinen, dass diese ihnen zustehe
Pessimismus	weil Betroffene bei allen Aufgaben davon ausgehen, dass es ihnen nicht gelingen wird, sie zufriedenstellend zu erledigen
Schizoide Störung	weil Betroffene sich nach Bindung sehnen, aber gleichzeitig dafür sorgen, dass sie nicht gelingen können
Zwangsstörung	weil Betroffene täglich die Erfahrung machen, dass es die perfekte Lösung für ihre Aufgaben nicht gibt

2. Parallelisierte Kontrollgruppe in Form experimenteller Zwillinge, ohne Burnout, aber mit niedrigem Pessimismus
3. In den darauf folgenden zwei Jahren in beiden Gruppen vergleichbare Belastungen und vergleichbare Schutzfaktoren
4. Messwiederholung an beiden Stichproben, nach Möglichkeit ohne Drop-Outs
5. Erwartetes Ergebnis: Die Versuchsgruppe zeigt im Durchschnitt signifikante Burnout-Werte (nicht nur: Erhöhte Burnout-Werte im Vergleich zur Kontrollgruppe!). Die Kontrollgruppe weist konstant niedrige Burnout-Werte auf.
6. Das wäre ein schönes Ergebnis, und die Hypothese wäre bestä-

tigt. Aber selbst in diesem Fall bleibt Diskussionsbedarf über die Zwangsläufigkeit einer Kausalitätsannahme. Denn warum hätte der Pessimismus erst zwischen dem 20. und dem 22. Lebensjahr zugeschlagen und nicht bereits zwischen 16 und 18? Oder zwischen 10 und 12? Und *gibt* es Burnout schon bei Kindern und Jugendlichen? Kann man es messen? Und wenn nicht, warum nicht? Und ist diese Frage für Erkenntnisprozess und Gesellschaft von Bedeutung?

Trotzdem sind solche Hypothesen wertvoll. Denn in der Einzelfallberatung kann sich durchaus zeigen, dass sich eine bestimmte Haltung oder Eigenschaft wie ein Roter Faden als wiederkehrende Burnout-Risikofalle durch das Leben des Betreffenden zieht.

Als kleinster gemeinsamer Nenner von Untersuchungen, die eine Determiniertheit des Burnout durch Persönlichkeitsmerkmale oder Persönlichkeitsstörungen prüfen, bleibt also festzustellen, dass Letztere durch ihren starren Charakter die Möglichkeiten einer flexiblen Anpassung an unterschiedliche Anforderungen beeinträchtigen und sich so als wahrscheinlich wiederkehrend auftretende und spezifische Stressfaktoren erweisen, die in Verbindung mit anderen Stressoren bei verringerter Resilienz zur Burnout-Entwicklung beitragen können.

Wir können mithin Matthias Burisch, einem der am besten ausgewiesenen Experten auf diesem Gebiet im deutschsprachigen Raum, zustimmen, wenn er sagt, dass niemand genau weiß, was Burnout ist. Ich vertrete dennoch, so wie auch er, die Auffassung, dass es richtig und notwendig ist, sich mit diesem noch unscharfen Konstrukt im Interesse von Verhaltens- und Verhältnis-Prävention wissenschaftlich und gesamtgesellschaftlich zu befassen, und werde in den noch vor uns liegenden Kapiteln immer wieder dazu Stellung nehmen.

Bedingungsgefüge des Burnout

Mittlerweile gibt es eine größere Zahl von Annahmen darüber, wie ein Bedingungsgefüge von zwei dichotom konzipierten Merkmalen (hohe versus niedrige Ausprägung) im Zusammenhang mit einer Burnout-Entwicklung entstehen kann. Einige dieser Ansätze sind zu Theorien erklärt worden, manche von ihnen finden bei Burisch (2006) Erwähnung.

1. Hohe Energieabgabe – Geringe Auswirkung
2. Hohe Anforderungen – Niedrige Erfolgsrate
3. Hoch gesteckte Werte – Niedrige Realisierungsmöglichkeiten (Constable et al., 1986)
4. Hohe Identifikation – Geringe Anerkennung
5. Hoher Einsatz – Niedrige Gratifikation (Siegrist, 2006)
6. Hoher Einsatz – Niedrige Distanzierungsfähigkeit (Schaarschmidt und Fischer, 2003)
7. Hohe Anforderungen – Niedrige Eigenkontrolle über das Ergebnis (Izraeli, 1988)
8. Intensive Rollenkonflikte – Niedrige Rollenklarheit (Burisch, 2006)
9. Klarer Belohnungswunsch – Geringe Belohnungserfahrung
10. Hohes Engagement – Niedrige Möglichkeit zur Belastungsbewältigung
11. Hohe Rollenerwartung – Niedrige Rollenbestätigung (Pierson-Hzubeny et al., 1985, 1987)
12. Niedrige Belohnungserwartung – Hohe Bestrafungserwartung
13. Hohe Bestrafungserwartung – Niedrige Bestrafungskontrollerwartung
14. Niedrige Belohnungserwartung – Niedrige Belastungskontrollerwartung
15. Erhöhte Erfolgserwartung – Niedrige Erfolgserfahrung
16. Fremdbestimmte Ziele – Persönlichkeitsferne Belohnungen
17. Realistische Ziele – Unrealistische Belohnungserwartung
18. Hoher Narzissmus – Niedrige Bewunderungsrate
19. Hoher Einsatz – Niedrige Regeneration
20. Hoher Einsatz – Hoher Verschleiß
21. Hoher Ressourcenbedarf – Angst vor Ressourcenverlust (Hobfoll, 2004)
22. Hoher Ressourceneinsatz – Niedrige Belohnungsrate
23. Hohe Rate des Gebens – Niedrige Rate des Empfangens
24. Hoher Einsatz – Niedrige Zielgruppen-Compliance
25. Starre Zielbindung – Unmöglichkeit der Zielerreichung

Alle diese Merkmalskonstellationen tragen dazu bei, dass in Burnout-Forschung und Praxisberatung bei Burnout-Klienten potentiell einschlägige Parameter einer Gefährdung Berücksichtigung finden.

Das Salamander-Modell

Ich habe längere Zeit nach einer griffigen, bildhaften Darstellung gesucht, mit deren Hilfe ich meine Vorstellung von der multiplen Bedingtheit der Burnout-Entwicklung in Verbindung mit der multiplen Option zu Burnout-präventiven Maßnahmen darstellen wollte. Dabei bin ich schließlich auf das Bild eines Salamanders gestoßen, den ich anstelle seiner vier Beine, wie er sie in der Natur aufweist, mit je sieben Beinen rechts und links ausgestattet habe. Ein Künstler aus Düsseldorf hat mir freundlicherweise eine entsprechende Darstellung angefertigt (Mark Prouse, Kunstschmiede *elements*).

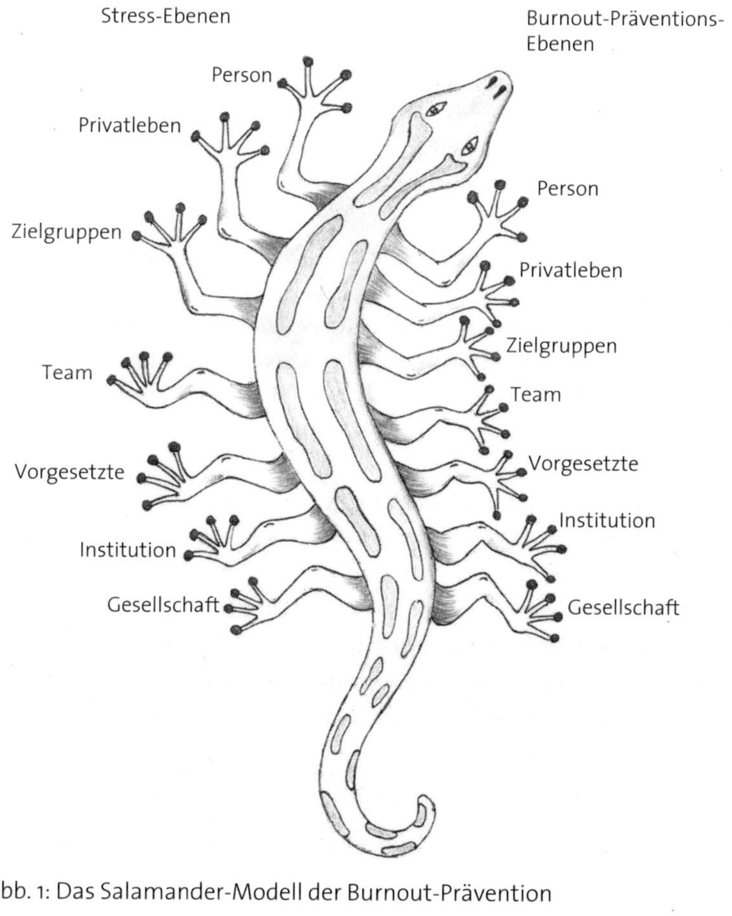

Abb. 1: Das Salamander-Modell der Burnout-Prävention

Das Salamander-Modell soll Folgendes zum Ausdruck bringen: Wenn wir uns dem Phänomen Burnout nähern, so nehmen wir als Ausgangspunkt die Erfahrung von Stress. Stress kann sich auf 7 Ebenen einstellen, die durch die 7 Beine auf der linken Seite des Salamanders abgebildet sind.

1. Stressquelle »Person«: An erster Stelle ist immer die Person selbst gefordert. Sie erfährt den Stress und erzeugt ihn sich selbst. Sie leidet und ist gehalten, selbst die Initiative zu ergreifen.
2. Stressquelle »Privatleben«: Das Privatleben wird oft als der schützende und stützende Ausgleich für das feindselige Arbeitsleben dargestellt. Aber auch hier können Stressoren der unterschiedlichsten Art in Erscheinung treten, die zu einer Burnout-Gefährdung beizutragen vermögen.
3. Stressquelle »Zielgruppen«: Jeder Mensch hat mit anderen Personen zwangsläufig zu tun, wenn er seine Handlungs- und Arbeitsabläufe geordnet gestalten will. Manchmal wird der Kontakt mit den Zielgruppen für den zentralen oder sogar für den einzigen Stressor gehalten. Dies ist aber eine Fehleinschätzung. Im Abschnitt Zielgruppen werde ich auch auf weitere Stressquellen in der Arbeitsplatzgestaltung eingehen.
4. Stressquelle »Team«: Das Team kann eine Stressquelle ganz eigener Art sein und wird deshalb vom Stress durch die Zielgruppen unterschieden. Mit dem Team bestehen die engsten Kontakte in der täglichen Begegnung, denen der Einzelne sich nahezu gar nicht entziehen kann.
5. Stressquelle »Vorgesetzte«: Vorgesetzte nehmen für die Burnout-Einschätzung des Mitarbeiters eine besondere Position ein. Sie halten sich im Nahbereich auf und haben eine Weisungs- und Kontrollbefugnis wie auch weitere Entscheidungsspielräume, die sich als Burnout-fördernd erweisen können.
6. Stressquelle »Institution«: Institution, Organisation, Firma, aber auch Branche können zum Stress des einzelnen Mitarbeiters erheblich beitragen, wenn Maßnahmen hinsichtlich günstiger Arbeitsplatzgestaltung und Stressreduktion ausbleiben, das Image der Institution schlecht ist und der geschäftliche Druck zunimmt. Diese Dinge werden rasch an jedem Arbeitsplatz spürbar.
7. Stressquelle »Gesellschaft«: Auch gesellschaftliche Bewegungen und

Verwerfungen, politische Unsicherheiten wie auch politische Entscheidungen und das erlebte politische Klima können den einzelnen Menschen verunsichern und zu seiner Burnout-Gefährdung beitragen.

Nun ist dies nur die linke Seite des Salamanders. Auf der rechten Seite weist er 7 Burnout-Präventionsbeine auf, die die gleichen Bezeichnungen tragen wie die Stressbeine auf der linken Seite:

1. Burnout-Präventionsfaktor »Person«: Die Person selbst hat als erste die Möglichkeit, auf ihr eigenes Erleben und Verhalten, ihre Interpretation von Ereignissen und den seelischen Selbstschutz Einfluss zu nehmen und auf diese Weise Burnout-präventiv auf das Geschehen einzuwirken.
2. Burnout-Präventionsfaktor »Privatleben«: Das Privatleben der Person kann sich in der Prävention als starker Faktor erweisen, und zwar sowohl als soziale Unterstützung wie auch über den Einfluss, die die Person selbst auf ihre sozialen Vernetzungen nimmt.
3. Burnout-Präventionsfaktor »Zielgruppen«: Die Zielgruppen-Kontakte können herausfordernd und bereichernd, bestätigend und qualifizierend ausfallen und auf diese Weise einer Burnout-Entwicklung entgegenwirken.
4. Burnout-Präventionsfaktor »Team«: Das Team hat die Möglichkeit, über kollegialen Austausch, Expertise und wechselseitige Unterstützung jedem Team-Mitglied die tägliche Erfahrung zu vermitteln, wichtig zu sein, gewürdigt zu werden und in Notsituationen Hilfe zu erfahren.
5. Burnout-Präventionsfaktor »Vorgesetzte«: Die Vorgesetzten-Funktion nimmt neben der Person eine sehr zentrale Stellung in der Burnout-Prävention ein. Sie kann durch ihre Nähe zu den Arbeitsvorgängen rasch klärend und unterstützend eingreifen, ohne zunächst durch bürokratische Hemmnisse Verzögerungen in Kauf nehmen zu müssen.
6. Burnout-Präventionsfaktor »Institution«: Auf Institutionsebene besteht in der Kooperation zwischen Firmenleitung, Gewerkschaften, Betriebsärztlichem Dienst und Sozialdienst die Möglichkeit, über Bestimmungen zur Gefahrenabwehr und Gesundheitsförderung verbindliche Schutzmaßnahmen mit einer Langzeitperspektive und -wirkung zu ergreifen.

7. Burnout-Präventionsfaktor »Gesellschaft«: Auf der Ebene von Gesetzgebungsverfahren, Rechtsprechung, Verwaltung und Kontrolle ist jede Regierung dazu angehalten, zum körperlichen und seelischen Gesundheitsschutz der Bevölkerung, zu dem ja die Burnout-Prävention zählt, beizutragen. Dazu gehört für den Bürger und für juristische Personen auch die Option, bei Verstößen gegen Grundgesetz und gesetzliche Vorschriften den Klageweg zu beschreiten.

Das Modell macht sichtbar, dass Verhaltens- und Verhältnisprävention beim Thema Burnout konvergieren: Der Einzelne arbeitet an sich, aber nimmt auch Einfluss auf die Verhältnisse; und Änderungen in den Verhältnissen wirken sich unmittelbar bis auf jeden Einzelnen aus.

Im Prinzip gilt dabei: *Mehr hilft mehr*, das heißt, dass Interventionen auf mehreren Ebenen der Stressanalyse und auch mehreren Ebenen der Burnout-Prävention bessere Aussichten aufweisen, zu einem guten Ergebnis zu führen, als ein nur punktuelles Vorgehen an nur einer Stelle. Wir müssen dabei damit rechnen, dass wir manchmal auf einer Ebene nichts erreichen, aber auf einer anderen Ebene eine gute Kompensation zustande bringen.

Die folgenden 7 Kapitel werden die jeweiligen Stressoren auf den 7 Ebenen, vor allem aber die sehr zahlreichen Möglichkeiten zu einer Burnout-Prävention mit deren Vorzügen, Grenzen und Perspektiven behandeln.

Burnout-Prävention als Stufenmodell

Manche Menschen wehren sich, wenn es um sie selbst und ihre Belastung geht, gegen die Wahl des Begriffs »Burnout«. Er erscheint ihnen etikettierend, pathologisierend und diskriminierend. Sie wenden dann ein: *»Ich bin doch nicht krank!«*, *»Ich muss doch nicht auf die Couch!«*, *»Ich muss doch nicht in die Klapse!«* (!)

Solche Einwände müssen wir ernst nehmen, wenn wir im Beratungsgespräch etwas erreichen wollen. Denn sie lassen ja die Furcht vor Isolation und Verstoßung aus der Gemeinschaft der Gesunden erkennen, gegen die sich jeder Mensch verständlicherweise zur Wehr setzt. Aus fachlicher Sicht können wir dem Gesprächspartner entgegenkommen, indem wir ihm das folgende Stufenmodell darstellen (Abb. 2).

Das Modell signalisiert: Einzelsymptome des Burnout werden nicht

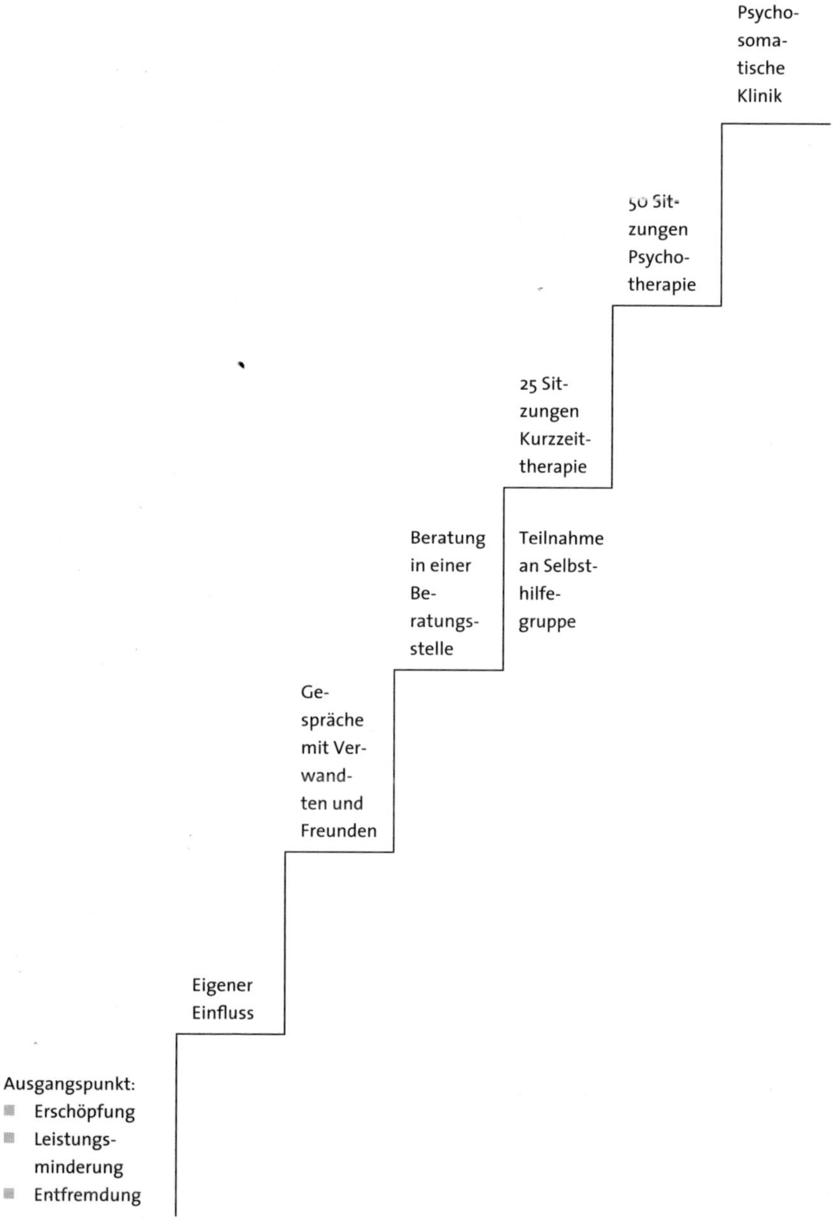

Abb. 2: Das Stufenmodell der Burnout-Prävention

als Erkrankung bewertet, sondern als Risikosignale, die oft durch entsprechende Umstellungen in der Lebensführung korrigierbar sind. Dabei können Angehörige und Freunde von Anfang an mit in die Überlegungen eingebunden werden. Wenn dies nicht ausreicht, um eine Besserung zu bewirken, so ist fachlicher Rat in Anspruch zu nehmen. Örtliche Beratungsstellen arbeiten in der Regel kostenlos und haben eine tolerable Wartezeit. Viele von ihnen sind mit der Burnout-Problematik vertraut und kennen lokale Adressen für eine vertiefte Beratung und gegebenenfalls Behandlung. Eine Kurzzeittherapie verpflichtet nicht dazu, 25 Sitzungen auszuschöpfen. Sie kann aber bei Bedarf und auf Antrag auf 50 Sitzungen verlängert werden.

Wer trotz mehrmaliger Versuche keinen Psychotherapeuten mit Kassenzulassung gefunden hat, kann mit der Dokumentation der Therapeutennamen und den dort erhaltenen Auskünften bei der eigenen Krankenkasse einen *Antrag auf Psychotherapie nach dem Erstattungsverfahren* stellen. Dies bedeutet: Wenn die Krankenkasse dem zustimmt und die Kosten für die Psychotherapie übernimmt, ist der Patient berechtigt, sich einen Psychotherapeuten zu wählen, der keinen Kassensitz hat, aber ebenfalls die Approbation als Psychologischer Psychotherapeut besitzt und so die gleiche therapeutische Qualifikation aufweist wie ein Kollege mit einer Kassenzulassung.

Perspektiven für Forschung und Praxis

Perspektivisch stehen Forschung und Praxis bei dem Thema Burnout-Prävention gegenwärtig vor folgenden Aufgaben:

1. Theoretische Validierung des Burnout-Konstrukts
2. Entwicklung valider, reliabler, objektiver, relevanter, ökonomischer und nützlicher Burnout-Messinstrumente
3. Differenzialdiagnostische Abgrenzung des Burnout: Gegenüber ICD-F-Diagnosen sowie im Vergleich zu anderen Z-Diagnosen
4. Überprüfung des bisherigen Z-Diagnosen-Status des Burnout
5. Entwicklung Burnout-spezifischer Präventionsmaßnahmen
6. Verankerung der Burnout-Prävention im betrieblichen Gesundheitsmanagement
7. Summative und formative Evaluation von Burnout-Präventionsprogrammen

8. Öffentlichkeitsarbeit der Wissenschaft mit dem Ziel, den gesellschaftlichen Diskurs über das Burnout-Konzept zu versachlichen

Der nun folgende Hauptteil des Buches behandelt die Burnout-Prävention auf 7 Ebenen. Dabei sind Leserin und Leser eingeladen, den verschiedensten Stimmen ihres Inneren Teams Beachtung zu schenken und Raum zu geben: der Neugierde, der Skepsis, der Selbstfürsorge, der Lebenserfahrung, der Freude, der Hoffnung und der Lust am Handeln.

II. Burnout-Prävention im Salamander-Modell

1. Burnout-Prävention der Person

Die Schlüsselposition in der Burnout-Prävention übernimmt an erster Stelle die Person selbst. Sie leidet und ist die erste Expertin für die eingetretene Fehlentwicklung. Sie ist imstande, Auskünfte über ihre Stresserlebnisse zu geben. Sie ergreift die Initiative für Hilfestellungen von außen.

Unter anderem werden folgende Belastungserfahrungen in Gesprächen mit Burnout-gefährdeten Personen immer wieder erwähnt:

Typische Stressoren der Person im Vorfeld einer Burnout-Gefährdung:

1. Familiäre Stressbiographie
2. Überzogene persönliche und berufliche Ideale
3. Fehlende Selbstabgrenzung
4. Maximales Mitleiden
5. Probleme mit der Distanzierung
6. Selbstbetäubung
7. Maximales Pflichtgefühl
8. Perfektionsdrang
9. Hoher Ehrgeiz
10. Bagatellisierung von Krankheitssymptomen
11. Psychische Störungen

Im folgenden Text werde ich Optionen darstellen, wie diesen und auch anderen individuellen Belastungen persönlich Burnout-präventiv entgegengetreten werden kann.

Lockerung der Stressbiografie

Die Weichenstellung hin zur späteren Burnout-Gefährdung erfolgt bei manchen Menschen bereits in früher Kindheit. Der Zeitpunkt ihrer Zeugung wird von den Eltern klug berechnet und eingehalten, damit die Geburt zweckmaßig einige Zeit nach dem großen Urlaub erfolgen kann. Dann lassen sich Mutterzeit, Vaterzeit und die nächste Ferienzeit gut zu einem Gesamtpaket verknüpfen. Das erste halbe Jahr nach der Geburt ist gut geregelt.

Danach geht es klug weiter mit KiTa, Kindergarten und Aufsichtspersonen – alles in sorgfältig geplanter Taktung. Es ist Eltern, die so verfahren und auch die Schulzeit ihrer Kinder in dieser Weise durchstrukturieren, kein Vorwurf zu machen: Vielleicht sehen sie aufgrund von Berufstätigkeit und weiteren Verpflichtungen keine Alternativen. Aber das *Eingezwängtsein* in solche Zeitpläne läuft dem kindlichen Bedürfnis nach Zeitgelassenheit ausgeprägt zuwider. Andererseits kann sich das kleine Kind in den frühen Jahren allenfalls durch Anzeichen von Missmut dagegen wehren. Jedenfalls ist absehbar, dass manche dieser Kinder später ihr eigenes Leben ähnlich streng getaktet führen werden, weil sie gar nichts anderes kennen und diese Form der Lebensführung zwar nicht angenehm, aber *normal* finden. Und: Ein Teil von ihnen wird diesen Stil der Abarbeitung von Terminen wahrscheinlich ungefiltert an ihre eigenen Kinder weitergeben, sodass er sich von Generation zu Generation fortschreibt.

Aber es ist möglich, die eigene Stressbiografie im Erwachsenenalter zu reflektieren, der Selbsterfahrung zugänglich zu machen, alte Redensarten auf diesem Gebiet zu identifizieren *(Nun mal hopp hopp!)*, ihre bisher verhaltenssteuernde Wirkung zu verstehen und sie zu lockern. Rückfälle in die alten Familienmuster sind auf diesem Gebiet nicht die Ausnahme, sondern die Regel. Aber auch sie sind der Selbstbeobachtung zugänglich und können durch neue Muster der Entschleunigung jedenfalls ergänzt werden: Atmung, Bewegung und Achtsamkeit.

Überprüfung von Idealen

Menschen orientieren sich oft an Leitbildern – Personen wie Institutionen –, die die Arbeit in idealer Weise verkörpern. Das Tun des Idols erscheint allerdings aus der Distanz des Verehrers leicht übermäßig klar, rein, konsequent, ganzheitlich, fehler- und widerspruchsfrei. Dem großen Ideal gegenüber fällt die eigene Praxis in der Regel bescheiden aus, ist oft konzeptionslos, konfus und dilettantisch, ein Flickwerk voller Irrtümer und Selbstzweifel. Sie ist mit allen Unzulänglichkeiten behaftet, die das Leitbild natürlich auch aufwies, als es noch lebte und am Werk war, die aber im Zuge der Historisierung und Heroisierung verschwinden oder retuschiert werden.

Leitbilder entstehen sehr früh im menschlichen Leben, oft schon mit dem fünften Lebensjahr. Sie sind wichtige Weichenstellungen auf dem Weg zur Entwicklung der Persönlichkeit. Aber in diesem Alter liegen Realität und Vision noch ziemlich dicht und ungetrennt beieinander; das Kind hält manches für wirklich, was in erster Linie seiner Phantasie entsprungen ist. So fällt es offenbar auch vielen Erwachsenen nicht leicht, ihr Leitbild entgegen den eigenen Idealisierungswünschen auf das zu beschränken, was vorbildlich und nachahmenswert an ihm ist und auch die eigenen Möglichkeiten nicht ständig übersteigt (Däumling, 1960).

Manche dieser Idealbildungen sind so weit verinnerlicht, dass sie den Menschen nun als abstrakte Maßstäbe knechten. Berufstätige mögen also selbst zu ihrer Belastung beitragen, indem sie sich im Übermaß von pflichtgemäßem Enthusiasmus treiben lassen. Oft sind beide miteinander verquickt und führen dazu, dass noch die beste eigene Arbeit unwert erscheint. Mit den folgenden vier Aussagen (aus Enzmann und Kleiber, 1989, S. 206) können Leserinnen und Leser ihre entsprechende eigene Neigung überprüfen.

Übung 1: Fragebogen über Idealismus

Im Folgenden finden Sie verschiedene Meinungen zu einer bestimmten Berufstätigkeit. Kreuzen Sie jeweils diejenigen Antwortmöglichkeiten an, von denen Sie persönlich der Meinung sind, dass sie für Ihren Beruf zutreffen.

Dabei bedeutet 1 = trifft gar nicht zu
2 = trifft wenig zu
3 = trifft mittelmäßig zu
4 = trifft überwiegend zu
5 = trifft völlig zu

1. Wer in einer Tätigkeit wie meiner nicht mit Idealismus bei der Sache ist, sollte besser den Beruf wechseln 1 2 3 4 5
2. In meinem Beruf kann man eigentlich nicht etwas wirklich Gutes erreichen, wenn man ihn vorwiegend als Mittel zum Broterwerb auffasst 1 2 3 4 5
3. Mein Beruf kann prinzipiell nicht mehr Befriedigung verschaffen als andere Berufe auch 1 2 3 4 5
4. Einen Beruf wie meinen sollte nur derjenige wählen, der bereit ist, um der Aufgabe willen auch beträchtliche persönliche Opfer zu bringen 1 2 3 4 5

Wer bei den Fragen 1, 2 und 4 die Ziffern 4 oder 5 ankreuzt, lässt eine Portion Idealismus erkennen, die sich am Ende gegen ihn wenden könnte.

Menschen, zu denen wir aufblicken, sind oft wertvolle Hilfen bei der Suche nach der eigenen Identität. Sie spornen uns an, inspirieren uns und erleichtern es uns, in schwierigen Situationen kluge Entscheidungen zu treffen. Wir können sie uns in kritischen Augenblicken vor Augen führen und uns fragen, wie sie wohl in einer solchen Situation handeln würden. Aber manche ideale Person (Buddha, Jesus, Albert Einstein, ein Sänger, Dichter, Arzt, Lehrer, Pfleger, Politiker, Jurist, Therapeut), die wir allzu hoch oben in den Wolken ansiedeln, machen uns den Alltag des eigenen beruflichen Handelns schwer. Denn im Vergleich zu ihnen und ihrem Handeln fallen unsere eigenen beruflichen Alltagserfolge oft bescheiden aus, und die Kluft zwischen ihnen und uns mag entsprechend zu täglichen Enttäuschungen führen: Wieder bin ich meinem glänzenden Ideal nicht so nahe gekommen, wie ich es mir gewünscht hatte. Besonders ausgeprägt begegnete mir ein solcher Vorgang einmal bei einer Team-Supervision von Pfarrern aus einem gemeinsamen Kirchenkreis: Sie konkurrierten latent miteinander um die Frage, wer von ihnen sich in der Nachfolge Christi besonders hervortue – natürlich in aller Demut und Bescheidenheit.

Übung 2: Personifizierte Ideale im Lebenslauf

Die folgende Übung kann uns dabei helfen, Ideale biografisch zu rekonstruieren und ggf. zu relativieren.

Mein Ideal	Die damalige befundene Qualität dieses Ideals	Meine heutige Stellungnahme
mit 10 Jahren		
mit 20 Jahren		
mit 30 Jahren		
mit 40 Jahren		
mit 50 Jahren		
mit 60 Jahren		
mit 70 Jahren		
mit 80 Jahren		

Diese frühen Ideale sollen uns dienen, statt uns zu entmutigen. Wir können die Überhöhung zurücknehmen, die wir in sie hineininterpretiert haben, und ihnen für den verbleibenden Anteil an Überlegenheit unseren Dank aussprechen. Diese seelische Leistung ist ein langer Weg. Er wird unter anderem in der Belletristik in Romanen von Leo Tolstoi und Hermann Hesse behandelt. – 1972 erschien das Buch *If You Meet the Buddha on the Road, Kill Him.* Damit war freilich nicht eine physische Tötungsaufforderung gemeint, sondern die Aufforderung, sich selbst von jedem Ideal aus der Außenwelt zu lösen und stattdessen eine innere Leitlinie für den eigenen Lebensgang zu entwickeln.

Die Idealisierung einer anderen Person kann unmerklich in eine Selbstidealisierung übergehen. Der Mensch betrachtet dann sich selbst als ähnlich genial, fromm, geistreich, witzig, spirituell oder kreativ wie sein Vorbild und beginnt, Gestus und Habitus seines Ideals in peinlicher Weise zu imitieren (Fengler, 2013). In solchen Fällen hilft manchmal das beherzte Feedback einer nahestehenden, wohlgesonnenen Person.

Relativierung von Amt und Arbeit

Es ist nur zu natürlich und üblich, dass Menschen die eigene Bedeutung für Institution, Kollegen und Zivilgruppen ein wenig überschätzen. Vermutlich ist dies das Salz in der Suppe der Berufsmotive. Es führt aber leicht dazu, dass Verpflichtungen eingegangen werden, die die Kräfte des Betreffenden weit übersteigen: mehr Aufgaben, mehr Teamsitzungen, noch ein Protokoll, noch ein Vorgang und ein Schriftwechsel, noch ein Kommissionsvorsitz, noch eine Regional-, Landes- oder Bundeskonferenz usw. Eugen Roth hat diese Haltung in einen Vierzeiler gebracht:

Ein Mensch sagt – und ist stolz darauf –
er geh' in seinen Pflichten auf.
Bald aber, nicht mehr ganz so munter,
geht er in seinen Pflichten unter.

In einem ähnlichen Gedicht treibt Wilhelm Busch Absurdität und Gedankenanarchie auf die Spitze:

Wirklich, er war unentbehrlich!
Überall, wo was geschah
zu dem Wohle der Gemeinde,
er war tätig, er war da.

Schützenfest, Kasinobälle,
Pferderennen, Preisgericht,
Liedertafel, Spritzenprobe,
ohne ihn da ging es nicht.

Ohne ihn war nichts zu machen,
keine Stunde hatt' er frei
Gestern, als sie ihn begruben,
war er richtig auch dabei.

Für manche Menschen ist dies ein berufliches Aphrodisiakum; eine Fülle von Aufgaben, Orten und Begegnungen, viele Töpfe, in denen sie abwechselnd rühren können und sich dabei zugleich von anderen erholen. Aber für einige ist es zu viel. Dabei ist zu beobachten, dass die zusätzliche Funktionsübernahme von gewissen Sommerschlussverkaufs-Gefühlen angespornt wird (»Greifen Sie zu! Eine einmalige Chance!«). Wenn dann der Betreffende sieht, mit welchen Terminbeanspruchungen das neue, zweifellos ehrenhafte Amt verbunden ist, so mag ihm klamm zumute werden. Die Klügsten unter ihnen machen dann noch rasch einen Rückzieher, ehe es sie ganz auffrisst. Andere lassen sich von inneren und äußeren Ansprüchen immer wieder zu Höchstleistungen anspornen und müssen dann heftig abbremsen, um für eine Weile zu einem vernünftigen Tonus zu finden, vergleichbar manchen Rasern auf der Autobahn, die den nächsten Stau doch zuverlässig einholen.

Die Unersetzlichkeitsphantasien (oft auch Unersättlichkeitsphantasien) verführen uns dazu, auf allerlei Angebote begeistert einzugehen, weil sie uns schmeicheln. Das Neinsagen fällt solchen Menschen oft schwer. Sie würden also in manchen Fällen durchaus gern ablehnen, bringen aber das Nein nicht über die Lippen, zumal wenn Mandanten und Kollegen sehr bitten oder drängen. Ich empfehle manchen dieser Gefährdeten, einmal zehn Minuten lang vor dem Spiegel das Nein zu üben, in allen Tonlagen, Körperhaltungen, mimischen Varianten und Betonungen. So lernen sie die Verspannungen, aufsteigenden Ängste und Verlegenheiten kennen, die ihnen immer wieder im entscheidenden Augenblick einen Streich spielen und zur Überflutung mit ungeliebten Verpflichtungen führen. Ich selbst habe es mir fast ganz abgewöhnt, am Telefon Zusagen sofort zu geben; vielmehr erkundige ich mich detailliert nach dem Projekt und biete einen Rückruf an.

Manche Menschen übernehmen Aufgaben, die nicht nur einmalig Zeit beanspruchen, sondern fortlaufend weitere Termine nach sich ziehen. So werden aus harmlosen zwei Stunden, die gewiss fast jeder Mensch irgendwo in einer Woche freimachen kann, leicht zwei Stunden in *jeder* Woche – dann sind es gewiss bald die Abendstunden. Richtig ist also, wenn man arbeitsmäßig gut ausgelastet ist und eine neue Aufgabe sich stellt, zuerst zu fragen, welche andere Verpflichtung abgelegt werden kann. Das schafft eine gewisse Frische im eigenen Leben.

Manche Menschen erfahren eine besondere Belastung dadurch, dass sie beruflich attraktive Positionen einnehmen und dadurch im Mittelpunkt von erhöhter Aufmerksamkeit stehen. Wenn sie dann noch über ein einnehmendes Wesen verfügen und Gratifikationen zu vergeben haben, können sie leicht Adressaten von Bewunderung und Annäherung werden und sich damit recht gemütlich einrichten. Kritisch wird die Sache dann, wenn sie bei der Einschätzung dieser ihnen zugeschriebenen Attraktivität nicht mehr zwischen Amt und Person zu unterscheiden vermögen und sich allzu sehr in diesem Licht sonnen. Denn dies kann zur Selbstüberschätzung führen, aber auch zu einem Anspruch an die eigene Person, nun immer und überall diesen Maßstäben genügen und kontinuierlich attraktiv in Erscheinung treten zu müssen. Eine Selbstüberforderung mag also zu fassadenhaften Attraktivitäts-Darbietungen führen und so zu Enttäuschungen auf beiden Seiten. Denn der Mensch ist etwas anderes als sein Amt. Wenn er in seiner Vollständigkeit und in dem Nuancenreichtum seiner Licht- und Schatten-Serien sichtbar wird, wird sich vielleicht mancher Bewunderer von ihm abwenden – und das ist gut so.

In Fällen einer übertriebenen Selbstinszenierung, die offenbar eine riskante Eigendynamik zu entwickeln vermag, hilft manchen Menschen ein kleines Gedankenexperiment.

Übung 3: Selbstwert-Bewahrung

Stellen Sie sich bitte einmal vor, Sie verlieren Ihren Arbeitsplatz und haben auch keine Chance mehr, beruflich wieder Fuß zu fassen. Da Sie kein Vermögen besitzen und keinen Rentenanspruch erworben haben, werden Sie in Zukunft in jeder Hinsicht sehr sparsam leben müssen. Was werden die Personen, die Sie in dieser Situation antreffen, an Ihnen trotzdem schätzen, lieben und bewundern?

1.
2.
3.
4.
5.

Die Übung bedarf gewiss keiner näheren Erläuterung. Was Sie in den freien Zeilen geschrieben haben, beschreibt diejenigen positiven Merkmale, die an zentraler Stelle zu Ihnen gehören, auch wenn sie nicht durch zusätzliche Gratifikationen eine Erhöhung erfahren.

Dosierung der beruflichen Identifikation

Verschiedene Formulierungen der Alltagssprache beschreiben übermäßige Identifikationen mit Amt und Beruf:

- *Jemand ist mit seinem Beruf verheiratet*
- *Jemand kann von nichts anderem sprechen als vom Beruf*
- *Jemand denkt Tag und Nacht an nichts anderes als an den Beruf*
- *Fachidiot*
- *Leben im Elfenbeinturm*

Dieses besondere Engagement bringt Vorteile mit sich, was Gratifikation, Sinnerfüllung und Spezialkenntnisse des Betreffenden angeht. Viele Menschen berichten von beruflichen Flow-Erlebnissen, die sie als Erfahrungen tiefen Glücks beschreiben. Aber das alles ist eine Frage der Dosierung, die zwischen Optimum und Maximum variieren kann. In den USA und in Deutschland läuft seit vielen Jahren eine Serie über ein paar junge Physikstudenten bzw. junge Physiker, die ihr ganzes Leben ausschließlich im Rahmen der Physik und der IT-Sprache verstehen und zu gestalten versuchen. Der Genuss des Zuschauers besteht u.a. darin, die Schauspieler dabei in ihrer Verschrobenheit und Weltfremdheit miterleben zu können, gewürzt mit allerlei witzigen Katastrophen, in die sie dabei hineinstolpern.

Durch diese Über-Identifikationen entstehen tatsächlich Einseitigkeiten und Abhängigkeiten. Denn bei beruflichem Misserfolg, Herabstufung oder Arbeitsplatzverlust kann das ganze Leben ins Wanken geraten.

In Coaching und Supervision empfehle ich den Klienten, für ihr Arbeitsleben eine einfache Formel zu beherzigen:

Ganz rein – Ganz raus!

Das bedeutet: Die Identifikation sowie das Arbeiten mit Leidenschaft und Hingabe sind gewiss wünschenswert. Aber am Ende der Arbeitszeit soll konsequent ein Wechsel der Perspektive vorgenommen werden. In diesem Zusammenhang sei noch einmal an die Arbeit von Schaarschmidt und Fischer erinnert, aus der ich in Kapitel I berichtet habe. Diese Autoren erwähnen in der Diagnostik von Arbeitsverhaltens-Mustern als wichtigen Beitrag zur seelischen Gesundheit die Fähigkeit zur Distanzierung, die manchem beruflichen »Nerd« abhandengekommen ist.

Die sogenannte Arbeitssucht

Eine Burnout-Gefährdung kann sich aus Eigenschaften und Verhaltensweisen ergeben, die dauerhaft in der Person verankert sind. Dazu gehört u. a. die sog. Arbeitssucht. Sie ist entgegen ihrer eingängigen Formulierung weder eine Sucht noch eine Störung der Impulskontrolle oder eine ICD-10-Diagnose anderer Art, sondern eine Einseitigkeit in Einstellung und Verhalten Arbeitsaufgaben gegenüber. Poppelreuter (1997) operationalisiert sie durch drei Teilmerkmale:

1. Übermäßige gedankliche Beschäftigung mit Themen aus der Arbeit
2. Zeitlich stark erhöhtes Arbeitspensum
3. Das Leiden daran.

Wir können wohl ergänzen:

4. Es sind dabei vermutlich multiple Ambivalenzen im Spiel: Das Leiden wird relativiert
   - durch die Freuden an der Arbeit, was eine Korrektur erschwert;
   - durch den unüberwindlichen Zwang, arbeiten zu müssen, nahezu unabhängig davon, ob eine sinnvolle wichtige Aufgabe zu bewältigen ist oder nur ein ruheloser Drang zur Aktion befriedigt wird;
   - durch die Spannungsreduktion, wenn nach Phasen der *Un*-Tätigkeit *endlich* (!) wieder mit dem Arbeiten begonnen werden kann;
   - durch rationalisierende Argumente über Verantwortungs- und Pflichtgefühle, die eigene *Unersetzlichkeit* in der Sache und in Hinblick auf die Unaufschiebbarkeit der Aufgaben.

Wer also wie unter einem Zwang arbeitet, bis er nicht mehr kann oder, wie wir im Scherz sagen: *bis er umfällt* (!), der mag einem Burnout rasch näher kommen. Denn die Arbeitsangebote stellen sich ihm so dar, wie das Meeres-Ungeheuer Hydra sich dem tapferen Herakles zeigte: Als er sie enthauptete, wuchsen ihr zwei Köpfe nach. Als er ihr beide Köpfe abschlug, hatte er es bald danach mit vier Köpfen zu tun usw. Er stand also vor einer unlösbaren Aufgabe. Herakles fand schließlich eine überraschende Lösung, indem er von dem *Mehr-vom-Gleichen-Muster* (Watzlawick, 2009) zurücktrat. Er entfachte ein großes Feuer und brannte mit glühenden Holzpfählen das Fleisch an den Hälsen der Hydra ab, sodass keine weiteren Köpfe mehr nachwachsen konnten. Diese Möglichkeit steht uns im Arbeitsleben nicht immer in ähnlich brachialer Weise zur Verfügung. Wir müssen also über ethisch vertretbare Alternativen nachdenken.

Kurzkonferenz mit dem Über-Ich

Äußere Vorgaben wie auch innere Antreiber bringen manche Menschen immer wieder in Drucksituationen, deren Sinn und aktuelle Gültigkeit sie kaum zu reflektieren vermögen. Die Gouldings (2007) haben schon vor vielen Jahren auf den Wert von *Neuentscheidungen* in jedem Lebensabschnitt hingewiesen. So können wir uns auch nach langjähriger ungeliebter Stresspraxis in einer nun auftretenden ähnlichen Situation die folgenden Fragen stellen:

Übung 4: Kurzkonferenz mit dem Über-Ich

Die ganze Übung stellt eine kleine Einladung zur Entschleunigung dar. Sprechen Sie also jede einzelne Frage langsam, deutlich und gut vernehmbar aus und machen Sie danach zunächst eine kleine Pause von Ruhe und Besinnung, bevor Sie sie beantworten.

1. Muss – das – sein?
2. Jetzt?
3. Bis wann?
4. In welcher Qualität?
5. Wer treibt mich da an?
6. Oder was?
7. Welche Nachteile werden entstehen, wenn ich die Aufgabe nicht erledige?
8. Welche Sanktionen sind zu erwarten?
9. Welches sind die Alternativen?
10. Ist Nicht-Erledigung eine echte Option?

Oft zeigt sich dann, dass für sehr nebensächliche Dinge sehr viel Zeit vergeudet wird, und zwar aufgrund recht vager und unspezifischer Befürchtungen, die sich bei ruhiger Betrachtung in Luft auflösen.

Vom Ehrgeiz zum Anspruch

Die Redensart spricht eine deutliche Sprache: *Jemand ist vom Ehrgeiz zerfressen,* heißt es, und dies kann wirklich geschehen. Wer also auf irgendeinem Gebiet des Arbeits- oder Privatlebens der Beste, Erfolgreichste, Angesehenste, Sportlichste, Bekannteste usw. sein oder werden möchte, fühlt sich vermutlich Tag und Nacht gejagt. Jeder Erfolg eines Konkurrenten nagt an ihm und macht ihn ruhelos. Denn dieser Kampf ist bereits verloren, noch bevor er begonnen hat: Auf allen Gebieten gibt es erfolgreichere Menschen als uns selbst, und sogar ein Sieg wäre von kurzer Dauer: Mittlerweile wird sogar Einsteins Relativitätstheorie in manchen Details in Zweifel gezogen, verriet mir neulich ein Physiker. Wozu sich also bemühen?

Dem steht der gesunde Wunsch gegenüber, die eigenen Fähigkeiten zu nutzen, um wichtige gemeinschaftsfähige Aufgaben zu bewältigen und dabei das Anspruchsniveau vielleicht sogar noch schrittweise zu erhöhen. Die Humanistische Psychologie hat die Annäherung zwischen Selbstbild und Idealbild der Person zu einem entscheidenden Parameter einer erfolgreichen Psychotherapie erklärt. Am Ende einer guten Behandlung ist demnach die Kluft zwischen Real-Ich und Ideal-Ich geringer als bei deren Beginn. Dabei können wir offenlassen, ob das Real-Ich zum Ideal-Ich aufsteigt oder ob sich das Ideal-Ich im Sinne der Selbstversöhnung mit dem Real-Ich auf niedrigerem Niveau versöhnt. Das eine wie das andere Ergebnis trägt zu einer Konsolidierung der Persönlichkeit bei und ist ein Beitrag zu seiner Burnout-Prävention.

Die Geschichte vom rechten Winkel

Der Maler Friedensreich Hundertwasser (* 15. Dezember 1928, Wien, † 19. Februar 2000, Pazifischer Ozean) hat einmal die These formuliert, der in der Geometrie entwickelte rechte Winkel sei eine unmenschliche Zumutung. In der Natur gebe es ihn nicht; mithin sei eine Architektur, die das Lineal zum obersten Prinzip erhebe, das gefährlichste Umweltgift, da sie die Seele des Menschen zerstöre (Restany, 2013). Entsprechend hat er seine eigenen Malerei- und Architekturkonzepte mit Rundungen und unregelmäßigen Winkeln gestaltet, wie es übrigens auch Rudolf Steiner bereits in seinen Schriften zur Architektur vertreten hat.

Kehren wir von dieser Vorrede zur Burnout-Prävention zurück, so können wir den rechten Winkel als den Inbegriff eines starren Perfektionsanspruchs betrachten, den es bei der Arbeit nicht in allen, aber doch in vielen Kontexten zu relativieren gilt. Natürlich wünschen wir uns, wenn wir selbst betroffen sind, eine perfekte Leistung z.B. bei Operation und Flugzeuglandung. Aber andererseits lohnt es sich im Arbeitsleben, in dieser Hinsicht zwei Dinge zu bedenken:

1. Perfektion kann auf keinem Gebiet des Lebens gewährleistet werden. Mit dieser Ungewissheit muss der Mensch leben. Dafür gibt es unzählige Beispiele:
    - Eine amerikanische Raumsonde verglühte kurz vor der Landung, nachdem sich beim Abflug ein paar Isolier-Verschalungen gelöst hatten.
    - Eine Concorde stürzte in Paris ab, weil auf dem Rollfeld ein Metallstab lag und mitgerissen wurde.
    - Das Fukushima-Atomunglück geschah u.a. deshalb, weil die Forscher, Planer und Ingenieure ein Erdbeben von der Stärke 9 auf der (immerhin nach oben offenen!) Richterskala für nur theoretisch möglich hielten – dann trat genau dieser Fall ein.

Perfektion wird also nicht erreichbar sein, solange Dinge von Menschen getan werden.

2. Perfektion ist nicht bei allen Arbeitsvorgängen in gleicher Weise erforderlich. Dieser zweite Aspekt betrifft die Burnout-Prävention unmittelbar. Denn wer in all seinem Handeln versucht, perfekt zu handeln, verzettelt sich vielleicht in Kleinigkeiten. Manche Menschen bringen kein einziges Projekt zum Abschluss, weil sie immer wieder an fiktiven letzten 5% feilen. Andere zwingen sich zum Abschluss. Aber nachher fällt ihnen noch Hunderterlei ein, was sie besser hätten machen können – leider ist es nun zu spät. Oder sie sorgen und quälen sich danach noch wochenlang damit, dass vielleicht irgendetwas nicht völlig richtig sein könne, auch ohne dass sich jemand in diesem Sinne beschwert hat.

In solchen Fällen hilft eine Kontrolle der eigenen Gedanken und auch der eigenen Entscheidungen. Manche Arbeitsvorgänge können eben in einer Variationsbreite von gut bis brillant absolviert werden. Gut heißt dabei: *Gut genug*, sodass die Leistung als hinreichend gut für den angestrebten Zweck betrachtet und beurteilt werden kann.

Auskunft unserer Stressorgane

Wir können den folgenden Abschnitt mit einer Übung beginnen:

Übung 5: Botschaften unserer Stressorgane

Notieren Sie bitte zu jeder der folgenden Fragen eine kurze Antwort:

1. Welches ist Ihr Stressorgan, d.h. das Organ, das sich in Stresssituationen mit einer spezifischen Empfindung bei Ihnen meldet? (Es können auch 2 oder 3 sein)
2. Was tun Sie dann als Erstes?
3. Wie lange meldet sich Ihr Stressorgan in der Regel?
4. Wodurch gelingt es Ihnen, das Stressorgan zu Ruhe und Stille zu bringen?

Das Stressorgan übernimmt u.a. die Funktion, uns zur Überprüfung unseres aktuellen Handelns zu veranlassen:

- Habe ich mir zu viel zugemutet?
- Zu schnelle Bewegung?
- Zu gieriges Essen und Trinken?
- Zu viele Sorgen?
- Zu viele innere Antreiber?
- Zu viele Pflichten?
- Zu viele Risiken?
- Zu wenig Zeit?

Am stärksten gefährdet sind vermutlich diejenigen Personen, die ihre Belastung nicht mehr spüren und erleben. Hier scheint eine psychophysiologische Rückmeldung zu fehlen, die Belastungssignale angemessen anzeigt. Entsprechend ist eine Selbstkorrektur erschwert: Wer nichts fühlt, fühlt sich auch nicht pausenbedürftig und urlaubsreif und kann nichts gegen die Belastung unternehmen. Boemen et al. (1982)

konnten z. B. anhand von Pulsfrequenzmessungen bei Lehrern zeigen, dass zwischen physiologischer Aufzeichnung und Selbsteinschätzung keine Beziehung erkennbar war, d. h. die Lehrer die in ihrem Körper sich äußernde Belastung subjektiv nicht wahrnehmen.

Wir können also froh sein, wenn wir spontan ein Stressorgan zu nennen vermögen. Manchen Menschen fällt auf die Frage nach ihrem Stressorgan keine Antwort ein. Das kann bedeuten, dass es ihnen gelingt, ihr Leben in völliger Gelassenheit zu führen. Viel wahrscheinlicher ist aber eine andere Erklärung: Die Betreffenden leben in einem Level an Stress und Erregung, dass sie sich körperlich in einem Zustand fortschreitender Betäubung befinden. Sie registrieren die Signale der Missempfindung einfach nicht mehr, die ihnen ihr Körper sendet. Dementsprechend können sie auch keine selbstschützenden Burnout-präventiven Maßnahmen ergreifen. Denn Vernunft und Einsicht allein reichen bei der Selbstfürsorge oft nicht aus, um tätig zu werden.

Wenn Sie hingegen Ihr Stressorgan kennen und auch registrieren, dass es Ihnen Stresssignale sendet, verfügen Sie über gute Voraussetzungen zur Stressreduktion und Burnout-Prävention. Denn nun können Sie 4 einfache Dinge tun:

1. Halten Sie inne und registrieren Sie das Stresssignal bewusst.
2. Klären Sie, auf welchen vermutlichen Auslöser des Stresssignals Sie in welcher Weise Einfluss nehmen können: Entschleunigung, Atmung, Lockerung ängstlicher Gedanken und Gefühle usw.
3. Machen Sie diesen Einfluss geltend.
4. Danken Sie Ihrem Stressorgan und dem Stresssignal mit einer freundlichen Geste. Denn beide sind uns ja offenbar wohlgesonnen, indem sie uns mit unermüdlicher täglicher Zuverlässigkeit auf Gefahren hinweisen, die uns drohen.

Versuchen Sie, aus der Stresssequenz zu lernen. Vielleicht gelingt Ihnen in der nächsten Situation die Unterbrechung der Stresskette schon früher, eben bevor das Stressorgan sich bei Ihnen melden muss.

Würdigung von Erkrankungen

Eine Erkrankung wird aus unterschiedlichen Gründen oft nicht wirklich ernst genommen: Tapferkeit und Männlichkeit; Schmerzindolenz; Gleichgültigkeit gegenüber der eigenen Gesundheit; Pflichtgefühl;

Angst, für hypochondrisch gehalten zu werden; Selbstmedikation mit Mitteln sehr unterschiedlicher Qualität; Befolgung nachbarschaftlicher Ratschläge usw. stehen einer adäquaten Selbstfürsorge oft im Weg. Dass eine Erkrankung in gleicher Weise wie ein Stresssignal des Körpers einen Gefahrenhinweis darstellt und nicht immer einfach reparierbar ist, ist unabhängig vom Bildungshintergrund manchen Menschen nicht bewusst. Wer sich halb krank zur Arbeit schleppt, dem fällt natürlich jede Tätigkeit doppelt schwer. Vielleicht nimmt die Zahl der Fehler zu; Kollegen werden angesteckt; oder der Heilungsprozess verzögert sich. Jedenfalls gilt es, außer den Vorteilen des Weiterarbeitens auch die Risiken im Einzelfall abzuklären. Die Gegenthese lautet, Krankheitsanzeichen deutlich zu registrieren und in vertretbarem Umfang eher präventiv als kurativ zu reagieren. Aus manchen amerikanischen Firmen wird berichtet, dass *well-being days* genommen werden dürfen, wenn eine Krankheit sich ankündigt, statt ihren Ausbruch abzuwarten und dann vielleicht für längere Zeit auszufallen. Die Krankschreibung in der deutschen Hausarztpraxis steht einem solchen Vorgehen nicht grundsätzlich entgegen. In manchen Fällen ist sie die angemessene Lösung für Betroffene und Gefährdete.

Selbstwürdigung

Manche Menschen erleben den Arbeitsalltag als eine schnelle Folge von Einzelaufgaben, zwischen denen es kaum einen Moment des Innehaltens gibt. Wenn sie am Abend von Angehörigen oder Freunden gefragt werden, wie denn ihr Tag verlaufen sei, so sagen sie wahrheitsgemäß: *Ich weiß es nicht! Es ist alles so schnell gegangen!* Dem können wir entgegenwirken. Denn dieses Vorbeirauschen der Aufgaben enthält Fehlerrisiken, und die Selbstgratifikation kommt dabei zu kurz.

Ich kann dazu die folgende kleine Übung empfehlen:

Übung 6: Würdigung der eigenen Arbeit

1. Halten Sie nach Abschluss jeden Arbeitsvorgangs einen kurzen Moment lang inne.
2. Betrachten Sie diesen Arbeitsvorgang noch einmal freundlich und sagen Sie sich und auch ihm: *Das habe ich nun gemessen an meinen begrenzten Kompetenzen und Ressourcen in der mir möglichen Qualität erledigt!*

3. Diese kurze Besinnung führt dazu, dass der Vorgang wirklich abgeschlossen wird. Danach ist das Bewusstsein wieder frei für die nächste Aufgabe.

C.G. Jung hat einmal empfohlen, vor jeder Mahlzeit eine kurze Zeit innezuhalten und erst dann mit dem Essen zu beginnen. Dann ist die Aufgeschlossenheit für die neue Tätigkeit größer, und wir können unsere gesamte Konzentration auf sie richten.

Hilfsbereitschaft mit Augenmaß

Die Empfehlung, die eigene Hilfsbereitschaft wohldosiert zum Einsatz zu bringen, richtet sich nicht allein an Menschen in Helferberufen. In diesem Bereich des Arbeitslebens ist oft zu beobachten, dass sich jemand über alles Maß in Anspruch nehmen lässt. Hier ist der problematische Begriff des *Helfersyndroms* entstanden (Schmidbauer, 1982). Aber Menschen in allen Berufen sind gefährdet, sich zu verausgaben, wenn sie sich von Personen im privaten und beruflichen Bekanntenkreis immer wieder für *kleine* (?) Gefälligkeiten in Anspruch nehmen lassen:

- Der Jurist für eine kleine Rechtsberatung
- Die Sozialarbeiterin für einen Tipp bei einer undurchsichtigen familiären Situation
- Der Arzt für eine kleine unbürokratische Rezeptur
- Die IT-erfahrene Studentin, die dem Mitstudenten bei der Entfernung eines Trojaners von dem Computer hilft
- Der Bankangestellte für eine kleine Empfehlung zum Aktienmarkt
- Die Ingenieurin für eine Kurzdiagnose über die Ursache des komischen Knarrens im Auto usw.

Es geht meistens nur um eine Kleinigkeit. Dem Bittsteller bleiben komplizierte Wege zu unbekannten Spezialisten erspart, deren Kompetenz er nicht einzuschätzen vermag; die Sache wäre auch mit Zeitaufwand und Kosten verbunden. Da liegt es doch nahe, dass der Freund oder Bekannte ihm diesen *kleinen* Gefallen tut, und *kleine* Geschenke erhalten ja bekanntlich auch die Freundschaft.

Es ist aber günstig, wenn der Angefragte dabei drei Dinge berücksichtigt:

1. Die Hilfsbereitschaft soll auf Zeiten beschränkt werden, in denen der Hilfsbereite über einen gewissen Zeitluxus verfügt und eigene Interessen nicht einschränken oder opfern muss.
2. Der Bekanntenkreis, dem diese Hilfsbereitschaft zuteil wird, soll auf nahestehende Personen beschränkt bleiben: Familienangehörige, Freunde, Nachbarn, Kollegen und weitere persönliche Gesprächspartner. Manche Mitmenschen neigen nämlich dazu, ratsuchende Freunde, denen sie selbst fachlich oder zeitlich nicht helfen können, an eigene Bekannte weiterzuverweisen, u. U. sogar verbunden mit der Andeutung, diese würden die Aufgabe natürlich gerne übernehmen und sicher auch kostenlos, um dem Vermittler einen Gefallen zu tun.
3. Es soll nach Möglichkeit das Prinzip des Gebens und Nehmens herrschen, also der soziale Ausgleich, der für eine gute Balance sorgt. Wenn sich also der Gesprächspartner verabschiedet und bedankt, so ist es manchmal sinnvoll, dessen Freude zu akzeptieren, aber ergänzend auch zu erwähnen, dass man sich selbst im umgekehrten Fall eines Hilfebedarfs gern an den jetzt Ratsuchenden wenden werde.

Andererseits sind manchmal rasches Entgegenkommen und Großzügigkeit angezeigt. Wenn jemand sich für großzügige Unterstützung revanchieren möchte, ihm aber die Mittel und Möglichkeiten dazu fehlen, so mag ihn die Empfehlung entlasten, doch in einer zukünftigen, vergleichbaren Situation ähnlich unbürokratisch einem anderen Bedürftigen gegenüber zu verfahren (Fengler, 2013). – Viele Menschen erinnern sich noch nach Jahren oder Jahrzehnten dankbar an eine völlig uneigennützige Unterstützung und Förderung, die ihnen einmal zuteil geworden ist (vgl. Kapitel II.5 Karriere-Förderung).

Die vier Buchstaben der Selbstfürsorge: N-E-I-N

Vielen Menschen gelingt die Selbstabgrenzung gegenüber Ansprüchen anderer Menschen deshalb nicht, weil sie die Folgen ihres Tuns nicht abzuschätzen vermögen oder sich vor ihnen fürchten. Vage antizipieren sie Kritik und Enttäuschung, Vorwürfe oder Weinen. Sie verlieren dabei aus dem Blick, dass Selbstabgrenzung nicht per se egoistisch ist, sondern dem Selbstschutz dient. Dabei hilft manchen Menschen die Formel aus der Überschrift als kleine Willens-Unterstützung:

Übung 7: Selbstfürsorge hat vier Buchstaben: N-E-I-N

Gehen Sie bitte die folgenden 5 Fragen einmal durch, um eine gute Selbstfürsorge zu entwickeln.

1. Wem bin ich in der Vergangenheit zu weit entgegengekommen?
2. Welche dieser Belastungen will ich im kommenden Monat beseitigen?
3. Was hat mich bisher daran gehindert, solche Pläne in die Tat umzusetzen?
4. Welche Person kann ich, wenn ich sie ins Vertrauen ziehe, dabei unterstützen?
5. Wie kann ich mich auf das Nein-Sagen vorbereiten?

Sinnbesinnung

Es lohnt sich, ab und zu darüber nachzudenken, ob die Institution, in der wir arbeiten, und die Tätigkeit, die wir ausüben, uns noch in ähnlicher Weise wertvoll erscheinen wie zu dem Zeitpunkt, als wir diesen Beruf und diesen Arbeitsplatz gewählt haben. Wenn wir diese Frage weitgehend bejahen können, so verringert dies gewiss unsere Burnout-Gefährdung. Aber manchen Personen geht der Sinnbezug verloren, wenn sie zu viel vom Gleichen, zu viel Verschiedenes, zu Monotones, zu Belangloses oder ethisch nicht vertretbar arbeiten. Wer sich in dieser Frage rasch eine erste Orientierung verschaffen möchte, kann sie in der folgenden Übung finden.

Übung 8: Sinnbindung meiner Arbeit

Füllen Sie bitte die folgenden Spalten aus und besprechen Sie das Ergebnis Ihrer Notizen mit einer vertrauenswürdigen Person, ggf. auch mit jemandem, der oder die gleichzeitig in Ihrer Anwesenheit die gleichen Fragen für seine oder ihre Lebensplanung beantwortet.

Die wichtigsten Tätigkeiten meines Arbeitstages	Sinnbindung dieser Tätigkeit von 0 = völlig sinnlos bis 10 = sehr erfüllend	Mein eigener Einfluss auf diese Tätigkeit
1.		
2.		
3.		
4.		
5.		
6.		
7.		
8.		
9.		
10.		

Wenn sich im Resümee der Übung zeigt, dass der Sinnbezug in einem größeren Teil der Tätigkeiten weitgehend verloren gegangen ist, so ist dies ein guter Grund für Neubesinnung und ggf. Neuorientierung.

Eine Korrektur kann auf verschiedene Weisen vorgenommen werden:

1. Schwerpunktwechsel
2. Themenwechsel
3. Zielgruppenwechsel
4. Aufgabenwechsel
5. Tempowechsel
6. Arbeitsplatzwechsel
7. Stellenwechsel
8. Branchenwechsel
9. Ortswechsel
10. In seltenen Fällen: Ausstieg aus dem Arbeitsleben

Life-Planning

In jedem Fall einer geplanten beruflichen Veränderung ist eine Risikoabwägung vorzunehmen, an der Angehörige und gute Freunde beteiligt werden sollen. Eine systematische Gesprächsinstruktion zu diesem Thema ist die gruppendynamische Übung *Planung der beruflichen Laufbahn* (Antons, 2011). In diesem Life-Planning werden sechs scheinbar einfache Fragen gestellt:

1. Lebenslinie
2. Wer bin ich?
3. Identitätsuntersuchung
4. Unerfüllte Berufswünsche
5. Weitere Wünsche und Vorstellungen
6. Berufliche Lebensbilanz

Dieses Life-Planning dauert 2–4 Stunden und wird oft mit Erfolg zu zweit oder in Dreier-Gruppen durchgeführt, wobei jeder sich u. a. auch als Modell und als Feedback-Geber für die anderen Beteiligten zur Verfügung stellt.

Kunsterfahrung und künstlerischer Ausdruck

Manchen Menschen gelingt es, in der Begegnung mit Werken der Kunst zu innerer Ruhe, Klarheit und Kraft zu finden: Musik, Formen, Darstellungen, Theater, Tanz. Nicht ohne Grund hat Alfred Adler die Ehrfurcht vor den Werken von Natur und Kultur als einen Hinweis auf seelische Gesundheit betrachtet. Man muss dabei über sich selbst hinausblicken und sich für etwas öffnen, das gerade nicht von der eigenen Seelenlage handelt. Das ist oft lehrreich und heilsam. Noch deutlicher wird die psychohygienische Funktion der Kunst dann, wenn der Mensch versucht, selbst einen künstlerischen Ausdruck für seine seelische Situation zu finden: in der Arbeit mit Bildern und Texten, in Ausdruck und Bewegung und in der plastischen Arbeit mit Materialien.

Es ist günstig, sich nach dem Ende des Arbeitstages u. a. solchen Themen zu widmen, die aus ganz anderen Bereichen des Lebens stammen. Darunter nimmt die Kultur eine besondere Position ein.

1. Sie bringt einen Kanalwechsel mit sich
2. Sie ist eine intellektuelle, ästhetische und motorische Herausforderung
3. Sie spricht uns unmittelbar an und fordert zu einer eigenen Stellungnahme heraus.

Die Teilhabe an der Kultur kann rezeptiv erfolgen durch die Besuche von Theater, Konzert, Museum, Vortrag, Diskussionszirkel, Salon und Ausstellung. Sie kann aber auch aktiv erfolgen, z. B. in Chorsingen, Üben eines Instruments oder in anderen künstlerischen Ausdrucksformen.

Die künstlerische Betätigung vermittelt ein sofortiges Feedback:
- Der Strich sitzt beim Malen an der richtigen Stelle – oder auch nicht
- Die Farbkomposition stimmt – oder es fehlt etwas
- Der Ton auf dem Musikinstrument wird getroffen – oder er klingt schrill und falsch
- Die Textformulierung gelingt – oder sie bleibt holprig
- Der reparierte Motor springt am Ende an – oder nicht.

Viele Menschen haben im Arbeitsleben nur sehr begrenzt Möglichkeiten zu einer unmittelbaren Rückmeldung, z. B. manche Pfarrer, Aufsichtsbeamte in Forensik und Gefängnis, Anästhesisten, Berater in sozialen Brennpunkten usw. Das unmittelbare Feedback in der künstlerischen Gestaltung ist demgegenüber oft eine angenehme, diesen beruflichen Mangel ausgleichende Erfahrung. Entscheidend ist dabei nicht das Ergebnis, das hinter den Leistungen professioneller Künstlerinnen und Künstler meistens zurückbleiben wird, sondern das lebendige Tun. Manchmal kommt es im künstlerischen Erleben und Handeln zu Flow-Erlebnissen, die eine nachhaltige stärkende Wirkung haben. Kontinuität und gemeinsames Tun mit Freunden tragen ebenso zum Ausgleich beruflicher Belastungen bei.

Teilhabe an der Kultur hilft auch dabei, Einseitigkeiten und Tunnelblicke zu lockern und Perspektiven zu weiten: Bewegung, andere Gesichter und Themen, zweckfreies Denken und Erleben sind gute Ergänzungen zum beruflichen Tun.

Ich lernte einmal in einer Psychotherapie einen Patienten kennen, der außer an einer Depression auch an einem Burnout litt. In einer der Sitzungen erzählte er ziemlich verstört: »Ich habe in den letzten Wochen bemerkt, dass ich mich, egal, wo ich mich aufhalte, nur noch über berufliche Themen unterhalten kann! Aber es gibt doch auch noch meine Familie, die Natur, den Sport, die Politik und tausend andere Dinge! Das alles ist mir völlig aus dem Blick geraten!« Tatsächlich war dieser Schrecken, der ihn da überfiel, von heilsamer Art. Denn einige Wochen später gelang es ihm, sein Arbeitspensum an einigen Tagen etwas zu reduzieren und sich in der so gewonnenen Zeit den, wie er sagte, *schönen Dingen des Lebens* zu widmen.

Manche Menschen wehren *sich* gegen solche Aktivitäten mit dem Ausdruck des Entsetzens: *Keine Zeit, und abends bin ich dafür viel zu müde!* Ja, das ist möglich. Aber vielleicht ist der Rückzug manchmal nicht die Lösung, sondern ein Teil des Problems. Dazu passt der folgende Scherz: In einem schönen Konzert ruft ein Besucher mehrmals laut in den Konzertsaal hinein: »Ist hier ein Arzt? Ich brauche einen Arzt!« Nach einiger Zeit meldet sich tatsächlich jemand. Da ruft der erste: »Ist das Konzert nicht wunderbar, Herr Kollege?« Er kann sich offenbar nur noch mit Menschen seines Berufsstandes unterhalten.

Introversion und Extraversion

Menschen, die sich tagtäglich in Kontaktsituationen aufhalten, entwickeln daraus manchmal eine gewisse Kontakterstarrung: Sie sind ununterbrochen extravertiert, schlagfertig, geistreich, freundlich und nie um eine Antwort verlegen. Aber im Laufe vieler Jahre wird daraus manchmal eine Kontaktfassade, und die eigene innere Ruhe und Selbstbesinnung kommen dabei zu kurz. Entsprechend lautet die Empfehlung zur Burnout-Prävention, sich feste Zeiten für Alleinsein und selbstgewählte Stille frei zu halten. Es soll in diesen Zeiten auch keine Verpflichtung zu zweckmäßigen Erledigungen, Hobby, Spaß oder anderen aktivierenden Tätigkeiten bestehen. Der Dalai Lama hat empfohlen, jeden Tag eine Stunde lang der inneren Sammlung, der Ruhe und der Wiedergewinnung des inneren Kompasses zu widmen: Denken, Fühlen und Handeln finden zu einem gelassenen Tempo und zu einer Ordnung zurück, die von innen kommt. Auf Franz von Sales geht ein dementsprechender Sinnspruch zurück:

Eine halbe Stunde Meditation pro Tag ist unerlässlich. Wer dazu keine Zeit hat – eine ganze Stunde.

Sehr zurückgezogen und isoliert lebende und arbeitende Menschen entwickeln andererseits manchmal Eigentümlichkeiten und Marotten oder verrennen sich in bizarre Ideen. Wer viel für sich allein arbeitet, tut wohl gut daran, mindestens einmal am Tag Kontakt und Gespräch mit anderen Menschen zu suchen. C. D. Jung spricht auch in dieser Richtung eine Aufforderung zur Balance aus: In der Extraversion finden sozialer Abgleich, Realitätsprüfung und Nähe zum *common sense* statt. Jung hat unter anderem seinen Lehranalysandinnen und -analysanden empfohlen, Wohngemeinschaften zu bilden, die der Vereinseitigung und Vereinsamung entgegenwirken und ihnen als Ergänzung zur Innenschau eine genügende Portion Extraversion zur Verfügung stellen.

Wenn andererseits im bewussten Handeln die Extraversion sehr überwiegt, so C. G. Jung (1999), bestehe das Risiko, dass die Introversion im Unbewussten destruktive Züge annimmt. Dem gilt es in der Planung des Tages Rechnung zu tragen.

Begegnung mit der Natur

Viele Menschen erleben die Begegnung mit der Natur als etwas Tröstendes, Schützendes und Beruhigendes. Dabei soll der Anspruch je nach Wohnlage flexibel bleiben und sich den Gegebenheiten anpassen können, statt mit ihnen zu hadern und bescheidene verfügbare Naturerlebnisse zu entwerten. Die Begegnung mit der Natur ist für viele Menschen eine dem Arbeitsleben entgegengesetzte Erfahrung: Die meisten Dinge entwickeln sich hier langsam und von selbst. Eine Einflussnahme des Besuchers ist weder erforderlich noch möglich. Die Natur begegnet uns in der ihr eigenen Schönheit, Harmonie und Ordnung (*The Mountains Speak for Themselves,* heißt es in der Erlebnispädagogik). Der Mensch kann sich als Bezwinger der Natur verstehen oder als Teil von ihr; sie besteht auch ohne den Menschen weiter.

Allerdings ist auch die Naturbegegnung so wie alle bereits erwähnten und noch folgenden Optionen nicht als *Empfehlung* zu betrachten, sondern nur als eine von zahlreichen *Möglichkeiten* zur Burnout-Prävention. Manche Menschen fühlen sich in der Natur vereinsamt und werden traurig. Andere empfinden die Einsamkeit und das Alleinsein in der Natur als gefährlich; in solchen Fällen ist es richtig, andere Formen der Sammlung zu wählen, die weniger ortsgebunden sind.

Flow-Erlebnisse

Flow-Erlebnisse sind Erlebnisse einer intensiven Wach-Trance, in denen wir Zeit und Raum um uns her nahezu vollständig vergessen und uns ganz auf ein einziges Erlebnis konzentrieren. Csikszentmihalyi (2005) nennt 8 Voraussetzungen, die das Auftreten eines Flow-Erlebnisses begünstigen (S. 74):

1. Eine Aufgabe, der wir uns gewachsen fühlen
2. Fähigkeit zur Konzentration
3. Deutliche Ziele
4. Unmittelbare Rückmeldung
5. Handeln mit Hingabe
6. Kontrolle über das Geschehen
7. Aktuelle Sorgenfreiheit
8. Vergessen von Zeit und Raum

Flow-Erlebnisse können wir nicht absichtlich und gezielt herbeiführen oder gar herbeizwingen. Wohl aber können wir bei fast allen Tätigkeiten versuchen, von der multiplen Beanspruchung zurückzutreten:

1. dem Multi-watching
2. dem Multi-tasking
3. dem Multi-thinking
4. dem Multi-feeling
5. dem Multi-doing
6. dem Multi-asking
7. dem Multi-listening
8. dem Multi-answering
9. dem Multi-planning und
10. dem Multi-acting.

Wenn es uns gelingt, den Lärm im eigenen Kopf ein wenig zu mildern, so können sich Flow-Erlebnisse bei nahezu allen Tätigkeiten einstellen: Sport, Gespräch, Schreiben, Zärtlichkeit, Sexualität, Meditation, Gehen, Atmen, Tüfteln, Beten, Warten, Sich ärgern, Hoffen, Betrachten usw. Von manchen Flow-Erlebnissen bleibt ein unvergesslicher Eindruck zurück: So intensiv wie in diesem Moment kann unser Leben in jedem Augenblick sein oder, alltagstauglich für Anfänger im Flow wie mich: *in einigen Augenblicken des Tages.*

Entspannung, Aktivierung und Harmonisierung

Es kann alles empfohlen werden, was in moderater Weise den eigenen Körper herausfordert. Bei Entspannungsverfahren denken wir z. B. an Autogenes Training, Progressive Muskelentspannung, Atemtherapie, Massage und Eutonie. Zu den Aktivierungsverfahren gehören Kraft-, Kampf- und Ausdauersport, gezielte Bewegungsübungen und Gymnastik. Der Harmonisierung dienen u. a. Tanz, Tai-Chi, Yoga und Eurythmie. Auch diese Zugangswege zur eigenen Person stellen einen Kanalwechsel gegenüber den Tätigkeiten des Arbeitslebens dar. Sie wirken sich, selbst wenn sie nur in sehr niedriger Dosis praktiziert werden, günstig auf Herz, Kreislauf, Gewicht, Hormone, Gewebe und Stimmungen aus und tragen zur seelischen Stabilität der Person bei.

Übung 9: Absichtslosigkeit in der Großstadt

Eine kleine Entspannungsübung für Menschen, die in der Stadt leben und diese als eher unruhig denn als beruhigend erleben:

Gönnen Sie sich einmal den Luxus, sich eine halbe Stunde lang ohne Einkaufs- und Erledigungszettel langsam, planlos und neugierig in den Straßen zu bewegen und sich für jeden Augenblick die Freiheit zu bewahren, neu über Richtung, Tempo und Aufmerksamkeitsfokussierung zu entscheiden. Betrachten Sie dabei diese halbe Stunde nicht als Diktat einer Entschleunigung, sondern als selbst gewählte Gemächlichkeit, und verweilen Sie bei ihr auch nur so lange, wie Sie sich dabei wohlfühlen.

Kurzurlaube

Ich hatte bereits den kumulativen Stress im Laufe des Tages dargestellt: Wer eine Stresshäufung im Tagesablauf erlebt und sie nicht reduzieren kann, benötigt fast seine gesamte Freizeit am Abend dazu, wieder in den »grünen Bereich« zurückzufinden. Ähnliches gilt für den Stress im Jahreslauf. Manche Menschen arbeiten Woche für Woche unter schwersten Belastungen und haben nur den Sommerurlaub im Blick, in dem sie sich erholen wollen. Dann sagen manche von ihnen: *Unter drei Wochen geht bei mir gar nichts!* Oder: *Zwei der drei Wochen brauche ich, um wieder normal zu werden!* Eine Alternative dazu ist die Selbstfürsorge durch mehrere Kurzurlaube im Verlauf des Jahres. In diesem Fall kumuliert der Stress nicht, sondern wird zwischendurch immer wieder abgebaut. Natürlich eignen sich für Kurzurlaube keine fernen Urlaubsziele. Aber die Stressregulation gelingt bei dieser Lösung oft besser. Verwaltungen haben sich früher oft gegen Kurzurlaube gesperrt, weil sie aufwendige Vertretungsregelungen notwendig machen. Mittlerweile beobachte ich in dieser Hinsicht aber ein Umdenken: Dem Erholungswert der Mitarbeiter wird nun immer öfter die erste Priorität eingeräumt. Auch Vorgesetzte können in dieser Hinsicht Vorbilder sein, indem sie selbst Kurzurlaube nehmen und sich dafür einsetzen, dass Mitarbeiter diese Möglichkeit ebenfalls erhalten.

Fachliche Kompetenz

Nahezu jede berufliche Höherqualifikation kann Burnout-präventiv wirken – wenn wir denn der Falle entgehen, uns nach dem entsprechenden Seminar weniger kompetent zu fühlen als vorher, was manche Fortbildner leider inszenieren und genießen. Fachliche Kompetenz hilft uns, Aufgaben besser zu bewältigen. So wird manche Tätigkeit leicht (was nicht mit Routine verwechselt werden soll), die uns zuvor tief beunruhigt hat. Wir haben dann mehr Kraft für Situationen frei, in denen wir wirklich grenzwertig herausgefordert sind. Für manche Menschen ist allerdings schon die Teilnahme an einem Seminar zum Thema Burnout-Prävention eine so hohe Belastung ihres Zeitetats, dass sie lieber darauf verzichten, als sich kundig zu machen. Diesen Sachverhalt bildet der Scherz von Holzfäller ab:

Ein Wanderer sieht einem Holzfäller längere Zeit bei dessen Arbeit zu, wie dieser mühsam mit dem Fällen eines Baums beschäftigt ist und doch nicht recht vorwärts damit kommt. Schließlich tippt er dem Holzfäller auf die Schulter und sagt: »Wenn du mal die Axt ordentlich schleifst, dann wird die Arbeit danach viel besser vorangehen!« Da antwortet der Holzfäller verärgert: »Dazu habe ich keine Zeit!«

Für manche Teilnehmerinnen und Teilnehmer von Seminaren zum Thema Burnout-Prävention ist es eine Überraschung zu erfahren, dass diese Fortbildung selbst schon eine Burnout-prophylaktische Wirkung entfalten werde. Aber genau dies ist der Fall: Sie können danach nicht mehr in der gleichen unbekümmerten Art und Weise belastend mit sich und anderen Menschen umgehen wie vorher.

Spiritualität

Spiritualität umfasst unterschiedlichste Einzelüberzeugungen und Glaubenssysteme, die sich an einer höheren Macht, einer Gottesidee oder bestimmten überdauernden Werten orientieren. Vielen Menschen hilft Spiritualität bei Fragen der Selbst- und Fremdfürsorge, der Gemeinschaftsgestaltung, der Sinnbindung und der Hoffnung. Insofern kann Spiritualität zur Burnout-Prävention beitragen. Das eigene Leben findet sich dann eingebettet in eine größere, helfende und oft gütige Ordnung. Schicksalsschläge erscheinen nicht als Zufall oder als Pech, sondern als Herausforderungen, die es zu bestehen gilt. Manchen Menschen eröffnet sich zusätzlich eine Perspektive für ein Leben nach dem Tod. Diese Gedanken hat in Deutschland schon in den 60er-Jahren die Deutsche Gesellschaft für Pastoralpsychologie ausformuliert. Später hat die Positive Psychologie die günstige Wirkung der Spiritualität auf die Lebensgestaltung empirisch untersucht und weitgehend bestätigen können.

Brief, Tagebuch, gute Gedanken und Gebet

Es handelt sich bei den hier erwähnten 4 Medien um verschiedene Formen des Dialogs: mit anderen Menschen, mit sich selbst, mit imaginären Gesprächspartnern oder mit Gott. Offenbar hilft das Aussprechen oder Niederschreiben von Gedanken, Gefühlen und Wünschen manchen Menschen, Belastungen abzulegen, mehr Klarheit in ihr Leben zu bringen und neue Handlungsimpulse zu entwickeln (vgl. Kaiser, 1981). Aber dies gilt nicht für jeden. Manche Menschen werden beim Schreiben erst recht traurig. Dann sind Brief und Tagebuch nicht ihr Weg. Das Gebet kann man andererseits kaum ›empfehlen‹. Es ist ein zu intimer Vorgang, als dass es pragmatisch angeraten werden könnte. Dennoch: Menschen berichten recht oft, dass im Moment tiefster Not oder Angst ihnen der Gedanke zu beten ganz von allein kam. Auch Menschen, die keine religiöse Bindung erleben, machen vielleicht die Erfahrung, dass gute Gedanken demjenigen guttun, der sie hat, und manchmal denjenigen erreichen, dem sie gelten.

Hilfen zur Regeneration

In Zeiten der Erschöpfung finden Menschen zu ganz individuellen Formen der Erholung, die sie im Laufe ihres Lebens gewiss auf vielen Wegen kennengelernt oder entwickelt haben. Im Verlauf eines Vortrags zum Thema Burnout-Prävention bat ich einmal die Teilnehmerinnen und Teilnehmer, diejenigen Vorgehensweisen zu notieren, die bei ihnen selbst bereits gut funktioniert hatten. Dabei entstand die folgende Liste (Tab. 4):

Tab. 4: Hilfen zur Regeneration

1. Ich wechsele den Aufenthaltsort möglichst radikal. Ich lasse meine Kinder Eis essen und beobachte sie dabei – das ermutigt sehr.
2. Ich jogge oder ich mache Yoga.
3. Ich musiziere und denke dann von Neuem über den Tag nach.
4. Ich flüchte zu Freunden oder gehe in die Stadt.
5. Ich suche mir eine praktische Tätigkeit, z. B. Basteln, Arbeit mit Holz.
6. Ich denke daran, welche Probleme ich selbst in meinem Leben hatte und überwunden habe.
7. Ich gehe in den Garten und gucke in den Teich, füttere die Fische und streichele den Hund.
8. Ich lehne mich zurück, höre intensiv Musik und denke an die eigene Jugendzeit.
9. Ich spreche mit meiner Frau, nehme anschließend den Dackel an die Leine und mache einen langen Spaziergang durch den Wald.
10. Ich setze mich irgendwo ganz allein hin und bete.
11. Ich nehme ein Bad und schimpfe wie ein Rohrspatz.
12. Ich ärgere mich kräftig, spreche mit meiner Frau, gehe spazieren, mache Gartenarbeit oder Autogenes Training.
13. Ich schreibe ein Tagebuch als Form der Reflexion und Distanzierung.
14. Ich verkrieche mich in mein gemütliches Zimmer, krulle mich ins Bett und lese, lese, lese … und bin erst mal weg.
15. Ich überlege, ob ich nicht den Beruf wechseln und wieder wissenschaftlich arbeiten soll.
16. Dann stecke ich mir ein Pfeifchen an.
17. Ich gehe Pilze sammeln.

Gedankenstopp

Es ist manchmal notwendig, über die beruflichen Anforderungen und Schwierigkeiten, denen man ausgesetzt ist, immer wieder nachzudenken und ausführlich zu sprechen. Zu anderen Zeiten ist es richtig, damit aufzuhören. Das ist eine ganz einfache Erkenntnis; aber viele Menschen sind nicht imstande, dem zu folgen. Stattdessen kreist ihr Denken grüblerisch und quälend immer wieder um die gleichen Möglichkeiten, Unwägbarkeiten, Eventualitäten und Risiken, spult zurückliegende Begegnungen und Gespräche wiederholt ab oder sucht nach Schlupflöchern und Lösungen, wo es keine gibt. Das Denken kommt nicht zur Ruhe; diese Personen können nicht Abstand von sich nehmen. In solchen Fällen ist der Gedankenstopp eine schiere Notwendigkeit und ein Gebot der Vernunft. Entscheidend ist eben immer die richtige Dosierung. Im Rheinland gibt es dazu eine sehr nützliche, heilsame Redensart: ›Mer müsset nit öwwerdriewe!‹ (›Wir müssen es nicht übertreiben.‹) Tatsächlich hat die Psychohygiene oft damit zu tun, dass man etwas nicht übertreibt (vgl. dazu das empfehlenswerte Integrierte Stressbewältigungsprogramm ISP von Diana Drexler, 2006).

Selbstbelohnung

Nach herkömmlichem Denken müssen Anerkennung und Belohnung von anderen Menschen kommen, um den Menschen zu erfreuen und zu stärken. Die Verhaltenstherapie hat aber gezeigt, dass Selbstbelohnung möglich ist, dass man sie lernen kann und dass die Fähigkeit dazu ein zentrales Kennzeichen der gesunden Person ist.

Von gleichem Wert mag es freilich sein, die Anerkennung im eigenen Inneren zu finden. Dies gelingt oft umso eher, wenn man sein Handeln nicht als besondere Leistung und Tüchtigkeit definiert, sondern als geliehene Gabe dankbar betrachtet und zur Verfügung stellt.

Lektüre

Einerseits erwerben Personen durch Lektüre fundierte Kenntnisse. Die Lektüre dient hier dazu, mit soliderem Hintergrund begleiten, entscheiden und handeln zu können. Der Aufwand an Zeit und Kräften wird durch den Gewinn an Verständnis und Handlungssicherheit aufgewogen. Es ist aber auch an Texte zu denken, die beim Leser spontan Gefühle von Ruhe, Frieden und Hoffnung wecken. Manche Menschen werden in der Lektüre ausgewählter Bibelstellen Trost und Kraft finden. Manche Texte muss man mehrere Male lesen, bevor sie sich erschließen, oder sie zeigen sich zuerst in einer Weise und später in einer ganz anderen. Es muss wohl jeder, der aus Lektüre Kraft schöpfen will, selbst suchen, bis er etwas findet, das in ihm diese Wirkung hervorruft.

Tages-Resümee

Beim Tagesresümee handelt es sich um eine dem Gedankenstopp ähnliche kleine Übung, die sich besonders für Personen eignet, die sich schwer mit dem Loslassen und Abschalten tun. Man kann sie vielleicht um 17 Uhr oder abends vor dem Abendbrot machen, aber jedenfalls so rechtzeitig, dass danach vom Tag noch eine nennenswerte Zeitspanne übrig bleibt. Man notiert auf ein Blatt alles, was man im Laufe dieses Tages getan und gedacht hat: Gespräche, Erkundigungen, Teamsitzungen, Telefonate, Terminabsprachen, Gedanken, Pläne, Konzeptentwicklung, Erledigungen – in chronologischer Reihenfolge bis zu dem Zeitpunkt, zu dem man eben jetzt diese Niederschrift anfertigt. Und unter diese kurze oder lange Liste schreibt man dann mit energischer Schrift den Satz: »Damit soll es nun für heute genug sein!!!« – Dies stellt dann das Ende des Arbeitstages dar, und in der verbleibenden Zeit werden alle Gedanken, die wieder daran aufkommen, mit diesem einen Satz »Damit soll es nun für heute genug sein!!!« energisch abgewiesen. – Grundsätzlich sind Maßnahmen der Burnout-Prävention immer dann geeignet, wenn sie leicht verfügbar sind, von Wohlwollen gegen sich selbst und andere geprägt sind und dem eigenen Wohlbefinden dienen. Jeder Mensch muss sich selbst auf die Suche nach den Maßnahmen machen, die für ihn diese Bedingungen erfüllen und zugleich einen Beitrag zur Gemeinschaft leisten. Ein wenig tägliche Aufmerksamkeit ist dabei von Vorteil.

Bewältigungskompetenzen

Unter Coping versteht man heute die individuellen Formen, in denen Menschen auf Belastungen reagieren. Dabei werden Eigenschaften, Entscheidungen, Formen der Informationsverarbeitung, Kognitionen und Ich-Leistungen der Person als vermittelnde Größen zwischen Belastung und Verhalten berücksichtigt (Rüger et al., 1990). Die Bewältigungsstrategien, die eine Person wählt, scheinen nicht sonderlich konstant oder einheitlich zu sein, sodass man tunlichst nicht von »Bewältigungs-Stilen« sprechen sollte. Vielmehr reagieren Menschen wohl recht situationsbezogen und entsprechend variabel auf Belastungen.

Generell wird eine große Zahl von Coping-Strategien unterschieden. Die folgende Skala von Sidle et al. (Tab. 5; entnommen und frei übertragen aus Rüger et al., 1990) bietet zehn Coping-Formen an. In der Diagnostik wird den Befragten in wenigen Sätzen der durchschnittlich problematische Anfang einer normalen mittelglücklichen Ehe beschrieben; danach werden sie gebeten, in den folgenden Fragen ihre eigenen bevorzugten Coping-Strategien zu kennzeichnen und anzugeben, mit welcher Wahrscheinlichkeit sie jede der zehn Zugehensweisen wählen würden. Dieser Selbstversuch steht auch Leserinnen und Lesern offen, für sich selbst, vielleicht auch für den eigenen Partner oder einen Klienten.

Tab. 5: Copingfragebogen nach Sidle et al. (1973)

1. Versuchen, mehr über die Situation herauszufinden; zusätzliche Information suchen.
2. Mit anderen Menschen über das Problem sprechen.
3. Versuchen, die heitere Seite der Situation zu sehen.
4. Sich nichts daraus machen (»Wahrscheinlichkeit, wird alles gut werden«).
5. Sich anderen Aktivitäten zuwenden, um von dem Problem loszukommen.
6. Auf der Grundlage des gegenwärtigen Verständnisses der Situation einen konstruktiven Impuls geben.
7. Aufs Schlimmste vorbereitet sein.
8. Verschiedene Alternativen zur Beeinflussung der Situation vorbereiten (»Letztendlich wissen Sie nie genau, welche davon zum Erfolg führen wird«).
9. Sich auf eigene frühere Erfahrungen stützen (»Vielleicht sind Sie schon mal in einer ähnlichen Situation gewesen«).
10. Versuchen, die Spannung zu reduzieren.

Die zehn Strategien sind recht klar und trennscharf formuliert. Aber natürlich wird jeder Mensch ab und zu jede der Vorgehensweisen wählen und allenfalls milde, nicht übermäßig stabile Präferenzen entwickeln. Auch sind die Sätze recht abstrakt, vermutlich, um die Zahl der Kategorien in überschaubaren Grenzen zu halten. Aber die Suche nach

Information z. B. wird doch recht verschieden ausfallen, je nachdem, ob man eine rasche Zugverbindung benötigt, eifersüchtig ist oder eine Forschungsarbeit abfassen will. Wir müssen also mehr ins Detail gehen.

2. Burnout-Prävention im Privatleben

Das Privatleben verstehen wir in der Regel als denjenigen Teil unseres Lebens, der uns einen schützenden und tröstenden Ausgleich für die beruflichen Härten des Lebens zur Verfügung stellt. Aber auch hier können Stressoren auftreten, die zu einer Burnout-Gefährdung beitragen:

Mögliche Stressoren im Privatleben:

1. Dauerstreit um die immer gleichen Themen
2. Drogenkonsum
3. Einsamkeit zu zweit
4. Einseitige Verantwortungsübernahme
5. Fehlende wechselseitige Unterstützung
6. Fehlende Zuneigung
7. Heimliche Bonus-Sammlungen
8. Kinder mit Entwicklungsproblemen
9. Konfliktscheu
10. Konträre Weltbilder
11. Kranke Angehörige
12. Kriminalität in der Familie
13. Langwierige Rechtsauseinandersetzungen
14. Latente und manifeste Gewalt
15. Museum der Kränkungen
16. Öffentlichkeit der Partnerschaft
17. Psychische und körperliche Beeinträchtigung und Erkrankungen
18. Schulden
19. Selbsttötungs-Drohungen
20. Streit in Nachbarschaft und Freundeskreis
21. Trennung und Scheidung
22. Trennungsankündigungen
23. Übertriebene Hilfsbereitschaft
24. Eifersucht

25. Ungewisse berufliche Perspektive
26. Ungewisse und belastende Wohnverhältnisse
27. Ungleiche Lastenverteilung
28. Untreue
29. Verstummen
30. …

Aber die privaten Lebenskontexte können auch Kraftquellen sein, die uns vor einer Burnout-Gefährdung schützen.

Liebe und Vertrauen

Vermutlich hat nahezu jeder Mensch ein elementares Bedürfnis nach Liebe und Vertrauen und benötigt Menschen im Nahbereich, mit denen in dieser Hinsicht ein Geben und Nehmen stattfindet: Eltern, Geschwister, Partner und Partnerin, Kinder, Großfamilie, Nachbarn, Freunde, Vereinsmitglieder. Die Gegenthese im Normalbereich heißt manchmal: *Der ist mit seiner Arbeit verheiratet!* Das sind riskante Entwicklungen; denn wenn schon private Verhältnisse durch Unsicherheiten gekennzeichnet sind, so sind es berufliche umso mehr, und eine Zuverlässigkeit der Bindung ist im Beruf gewiss nicht immer zu erwarten.

Ich erfuhr neulich von einem Coaching-Partner, dass eine Firmenleitung den Begriff *Mitarbeiterbindung* per Weisung aus dem Vokabular des Unternehmens entfernt hatte, gerade noch rechtzeitig, bevor die nächste Entlassungswelle eingeleitet wurde. Manche Menschen versuchen, Liebe und Vertrauen von ihren Klienten und Patienten zu erhalten. Aber auch diese sind ungewisse Liebeslieferanten und können stabile private Beziehungen nicht ersetzen. Falls also einem Menschen keine liebevollen privaten Beziehungen zur Verfügung stehen, kann sich das Burnout-Risiko dadurch erhöhen. Wenn aktuell Enttäuschung und Zerrüttung herrschen, dann können Trennung oder Neubeginn, Wiederbelebung und gemeinsames Wachstum angestrebt und empfohlen werden.

Einen ersten Schritt zur Klärung der Frage, über welche Unterstützung eine Person verfügt, stellt Übung 10 dar.

Übung 10: Unterstützungskreise

Schreiben Sie bitte in den inneren Kreis in Großbuchstaben das Wort »Ich« und in die weiteren Kreise die Namen der Personen, die Ihnen im persönlichen Vertrauensverhältnis am nächsten stehen und von denen Sie annehmen, dass Sie sich auf diese in Not und Gefahr verlassen können. So entsteht eine Landkarte der sozialen Unterstützung, über die Sie verfügen.

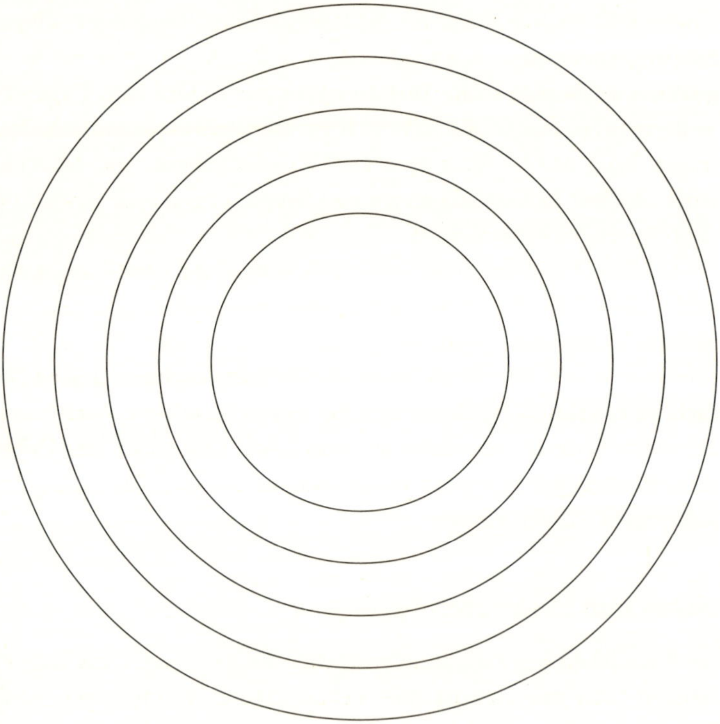

Abb. 3: Unterstützungskreise

Selektive Authentizität

In den Anfängen der Humanistischen Psychologie und der Gruppendynamik galt das Postulat der unbedingten Offenheit, Transparenz und Aufklärungspflicht. Das *Transparente Selbst* war mit einem gewissen Absolutheitsanspruch Ziel der Selbstöffnung in Therapie und Beratung. In *Encounter*-Gruppen wurde die Fassadenhaftigkeit der Teilnehmer bekämpft, oft ohne Einfühlung und bis hin zu spürbarer Rücksichtslosigkeit. Die sogenannte *Hidden Agenda* in Gruppen und Teams, also die Geheime Tagesordnung, galt es sichtbar zu machen. Dies käme, so dachten wir damals, unbedingt der Transparenz der Gruppenprozesse zugute.

Heute können wir diese Fragen mit etwas mehr Gelassenheit betrachten. Offenheit in der Partnerschaft ist eine Tugend. Aber sie bedarf der Geschwister-Tugend Takt und Rücksichtnahme (Hellweg 1969). Andernfalls kann sie Züge der fanatischen Entblößung oder Selbstentblößung annehmen. Nicht jede alte Wunde muss immer wieder neu geöffnet, nicht jede frühe Verletzung immer wieder zum Gegenstand weiterer Erörterungen gemacht werden. Manches inquisitorische Nachfragen klärt nichts, führt aber zu Verdächtigungen und Misstrauen einerseits und zu Verteidigungen und Beteuerungen andererseits, ohne dass eine Beruhigung eintritt.

Diesem Diktat der Offenheit haben Ruth Cohn (2009) sowie Farau und Cohn (1995) die These von der *Selektiven Authentizität* gegenübergestellt. Demgemäß sollen wir in dem, was wir mitteilen, offen und transparent sein. Aber es bleibt uns die Freiheit erhalten, manche Dinge nicht zu erwähnen, bei denen uns dies angezeigt scheint. Auch hier gibt es, wie in anderen Interaktionen, manchmal Grauzonen des Unbehagens, in denen wir weder der einen noch der anderen Tugend angemessen gerecht werden können.

Nähe- und Distanzregulierung

Im Privatleben wie auch im dienstlichen Kontext (vgl. dazu Kapitel 4) müssen Nähe und Distanz einer Feinabstimmung unterzogen werden. Denn wir treffen sehr selten auf Partner mit sehr ähnlichen Nähe- und Distanzwünschen. Vielmehr mag der eine sich mehr Nähe wünschen, was der andere als klebrig oder klettenhaft erlebt. Der andere wieder wünscht sich mehr Distanz, von der der eine sich kühl zurückgewiesen fühlt.

> Den krassesten derartigen Fall erlebte ich einmal in einer Paartherapie: In dieser Beziehung wünschte sich die Frau, nach dem schönen gemeinsamen Sex den Rest der Nacht in enger Umarmung mit ihrem Mann zu liegen, sich im Halbschlaf zwischendurch immer wieder gegenseitig ein-

mal zu streicheln und Atem, Duft und Berührung des anderen während der ganzen Nacht weiter zu spüren. Er hingegen hatte nach dem Sex das Bedürfnis, eine Flasche Bier aus dem Kühlschrank zu holen, auf dem Balkon zu rauchen und dann die Nachrichten in der Sportschau zu verfolgen. Es ist in solchen Fällen nicht immer ganz leicht, Annäherungen herbeizuführen. Aber der Respekt vor dem, was sich der andere wünscht, und kleine eigene Schritte des Entgegenkommens führen manchmal zu Besserungen.

Stabilität und Wandel

So wie Nähe und Distanz bilden auch Stabilität und Wandel zwei Pole auf einer Achse, die in Partnerschaften das Risiko einer Abwärtsspirale bergen. Je mehr Stabilität der eine sich wünscht und praktiziert, desto ungeduldiger fordert und praktiziert der andere den Wechsel. Umgekehrt sieht der Vorgang genauso aus: Jeder sucht die Schuld beim anderen, der mit seinem Verhalten die Fehlentwicklung angeblich verursacht hat und sie nun weiter vorantreibt. Fatalerweise beginnen Partnerschaften oft gerade *auf Grund* dieser Unterschiede: *Wir sind total unterschiedlich*, schwärmen Paare kurz nach dem Kennenlernen. Es gilt also offenbar bei der Partnerwahl oft die Redensart *Gegensätze ziehen sich an.* Aber diese Weisheit gilt überwiegend für die ersten Monate der Liebe. Später bewahrheitet sich für die Dauerhaftigkeit der Beziehung eher die entgegengesetzte These: *Gleich und Gleich gesellt sich gern.*

Balancierte Verantwortung

Personen, die beruflich sehr viel Verantwortung tragen, neigen manchmal dazu, sich auch im Privatleben für alles Mögliche verantwortlich zu fühlen. Wir sprechen in diesem Fall von *Falscher Fürsorge* (Hambrecht, 1987). Übung 11 gibt die Möglichkeit dazu, eigene entsprechende Tendenzen einmal einer kurzen Überprüfung zu unterziehen.

Beantworten Sie bitte die folgenden Fragen rasch und spontan mit ja oder nein.

Übung 11: Fragebogen über ›Falsche Fürsorge‹ in Partnerschaft, Familie und Beruf (Hambrecht, 1987)

Die folgenden Fragen sind als Hilfe zur Selbstbeobachtung des Verhaltens gedacht. Statt ›Partner‹ kann man jeweils ›Kind‹, ›Klient‹, ›Kollege‹ usw. einsetzen.

1. Haben Sie oft besser als Ihr Partner gewusst, was gut für ihn ist? ○ ja ○ nein
2. Machen Sie sich häufig Sorgen über Ihren Partner? ○ ja ○ nein
3. Getrauen Sie sich oft nicht zu zeigen, dass es Ihnen schlecht geht? ○ ja ○ nein
4. Haben Sie manchmal das Gefühl, alles könnte zusammenbrechen, wenn Sie es nicht zusammenhalten? ○ ja ○ nein
5. Haben Sie sich manchmal so sehr mit dem Verhalten Ihres Partners befasst, dass Sie nur noch wenig Aufmerksamkeit für sich selbst hatten? ○ ja ○ nein
6. Empfinden Sie Verantwortung für die Probleme Ihres Partners? ○ ja ○ nein
7. Versuchen Sie, auf den anderen Optimismus auszustrahlen? ○ ja ○ nein
8. Haben Sie manchmal Ihre ganze Energie darauf verwandt, jemand anderen ändern zu wollen? ○ ja ○ nein
9. Machen Sie Ihrem Partner häufig Vorwürfe? ○ ja ○ nein
10. Gebrauchen Sie bisweilen Notlügen, um Ihrem Partner zu helfen? ○ ja ○ nein
11. Haben Sie Ihre eigenen Ziele häufig hintangestellt? ○ ja ○ nein
12. Haben Sie schon oft den Wunsch verspürt, sich einfach auch einmal gehen lassen zu können? ○ ja ○ nein
13. Hoffen Sie manchmal, daß Ihr Partner Ihnen zuliebe seine Symptome aufgibt? ○ ja ○ nein
14. Haben Freunde gelegentlich zu Ihnen gesagt: »Jetzt denk' auch mal an Dich!«? ○ ja ○ nein
15. Versuchen Sie öfter, Ihrem Partner negative Konsequenzen seines Tuns zu ersparen und selbst auf sich zu nehmen? ○ ja ○ nein
16. Ist es für Sie riskant, sich offen und frei auszudrücken, wenn Sie die Reaktionen Ihres Partners fürchten? ○ ja ○ nein

17. Wenn Sie sich nach Ihren eigenen Wünschen und Bedürfnissen fragen, fällt Ihnen dann wenig ein, was Sie nur für sich möchten?
    ○ ja ○ nein
18. Neigen Sie dazu, die Probleme von anderen zu Ihren eigenen zu machen? ○ ja ○ nein

Die Zahl der Ja-Antworten kann ein Indikator für Falsche Fürsorge sein. Unter Umständen genügt aber auch eine einzige bejahte Antwort, den Leser in eine heilsame Beunruhigung zu versetzen. Für manche Menschen lohnt es sich, diese Fragen im Abstand einiger Wochen oder Monate wiederholt zu beantworten und zu prüfen, ob die Zahl der Ja-Antworten zunimmt, gleich bleibt oder abnimmt. Für andere kann es hilfreich sein, den Fragebogen hinsichtlich des eigenen Einsatzes für verschiedene Hilfsbedürftige zu beantworten. Es mag dann sichtbar werden, dass eine Person in einigen Bereichen richtig und sinnvoll handelt, in anderen ihre Kräfte weit überfordert oder ohne Einfluss bleibt.

Die Auswertung des Fragebogens zur Falschen Fürsorge dient weniger der diagnostischen Abklärung der Frage, ob Sie zu übertriebener Fürsorge neigen oder nicht. Vielmehr soll sie der Selbstklärung auf diesem Gebiet dienen. Dabei können die folgenden Fragen hilfreich sein:

Lockerung Falscher Fürsorge:

1. Wie kommt Ihnen die Zahl Ihrer Ja-Antworten vor? Bedenklich? Unproblematisch? Belastend? Belanglos? Typisch für Sie? Wichtig für Sie?
2. Welche Ihrer Antworten finden Sie selbst unerwartet und überraschend? Markieren Sie sie bitte mit einem Ausrufungszeichen und gehen Sie diesen Gefühlen des Überraschtseins nach.
3. Welche Ihrer Antworten finden Sie alarmierend? Markieren Sie sie mit zwei Ausrufungszeichen.
4. Falls Sie an sich eine Tendenz zu Falscher Fürsorge sehen: Welches ist der erste Schritt, diese zu lockern?
5. Welche anderen Personen werden betroffen sein, wenn Sie Ihre bisherige Fürsorge etwas zurückfahren?
6. Wann werden Sie damit anfangen?

Wer außer in Ausnahmefällen mehr als die Hälfte der Verantwortung für die eigene Lebenspartnerschaft übernimmt, wird vielleicht nach einiger Zeit unter dieser Last ächzen oder insgeheim ein *Konto von Rabattmarken* einrichten, wie es die Transaktionsanalyse nennt (Berne, 2012). Wenn er oder sie dieses Schuldenkonto dem Partner dann eines Tages vorlegt und einen Ausgleich fordert *(Ich habe für Dich ja immerhin jahrelang ..., und jetzt kann ich ja wohl einmal erwarten, dass Du mir bei einer so kleinen Sache entgegenkommst!)*, mag dieser überrascht reagieren. Denn dass da seit Jahren ein Schuldenkonto über ihn geführt wurde, war ihm nicht bekannt; so mag er jetzt von einer Tilgungspflicht wohl nichts wissen. Die Übernahme von zu viel Verantwortung kann aber auch zu einer latenten Entmündigung des Partners führen: Er oder sie wird dabei gewissermaßen für weniger kompetent erklärt, Differenzen zu ertragen, für einen Ausgleich zu sorgen und den eigenen Anteil an Partnerschafts-Aufgaben zu übernehmen.

Günstiger ist es, wenn ein Ausgleich zwischen den Lasten und Genüssen beider Partner an jedem Tag oder jedenfalls in jeder Woche vorgenommen wird. Dann bleibt die Bilanz ausgeglichen; Ressentiments über die angebliche Selbstaufopferung bleiben dem Paar erspart.

Für Burnout-Präventions-Seminare kann ich bei diesem Thema die folgende Übung empfehlen:

Übung 12: Einübung angemessener Fürsorge und Selbstfürsorge

1. Bilden Sie als SeminarleiterIn aus dem Teilnehmerkreis auf freiwilliger Grundlage zwei Gruppen: *Selbstfürsorger und Angehörige.*
2. Instruktion für die *Selbstfürsorger:*
   Sie haben in der Vergangenheit einem Familienangehörigen, Verwandten, Freund oder Nachbarn regelmäßig einen bestimmten Teil Ihrer knapp bemessenen Zeit für einen Freundschaftsdienst zur Verfügung gestellt, z. B. wöchentlicher Besuch, regelmäßiger gemeinsamer Spaziergang, Kinderbeaufsichtigung, Haushaltsunterstützung, Einkäufe, Vorlesen, Erledigung von Behördengängen, Korrespondenz, Telefonate und sonstige Erledigungen. Daraus hat sich im Laufe der Zeit eine Gewohnheit mit ausgeprägtem Verpflichtungscharakter entwickelt. Diese Person rechnet also fest damit, dass Sie in diesem Entgegenkommen auch in Zukunft fortfahren werden. Nun haben Sie aber die Absicht, die dafür aufgebrachte Zeit, was die Zeitmenge und auch die Termine angeht, anders zu nutzen. In diese Tätigkeit können und wollen Sie diediese Person (wir nennen sie in Zukunft zur Vereinfachung einfach

Angehörige) nicht einbinden. Sie wollen und können den bisherigen Kontakt auch nicht auf eine andere Zeit verlegen, weil Ihre Wochenplanung durch weitere berufliche und private Verpflichtungen ohnehin sehr straff getaktet ist. Machen Sie sich nun ein paar Notizen, damit Sie in dem folgenden Gesprächstraining Ihren Part gut, klar und stringent übernehmen können.

Dabei wird Ihnen die Beantwortung der folgenden Fragen helfen:

(1) Welche Person haben Sie für das Ihnen bevorstehende Gespräch im Sinn?
(2) In welchem Verwandtschafts- oder Freundschaftsverhältnis stehen Sie dieser Person gegenüber?
(3) Welchen Dienst haben Sie bisher für ihn oder sie übernommen?
(4) Seit wann?
(5) In welchem zeitlichen Umfang?
(6) In welchem Rhythmus?
(7) Wie wollen Sie das Gespräch aufbauen?
(8) Wie werden Sie Ihre Entscheidung erklären?
(9) Wie werden Sie auf Gegenargumente, Enttäuschung, Vorwürfe, Unterstellungen, Klagen, Anklagen und Weinen reagieren?
(10.) Wie werden Sie an Ihrem Ziel festhalten, sich aus dieser bisherigen Verpflichtung zu lösen?

Wenn Sie diese Fragen beantwortet haben, tauschen Sie sich darüber mit einer Kleingruppe aus! Nach insgesamt 15 Minuten kehren Sie bitte wieder ins Plenum zurück.

3. Instruktion für die *Angehörigen:*
Sie werden in 15 Minuten mit einer Person aus Familie, Verwandtschaft, Freundeskreis oder Nachbarschaft zu einem Gespräch zusammenkommen, das Ihnen diese Person angekündigt hat. Wir nennen diese Person im weiteren Verlauf der Übung der Einfachheit halber *Selbstfürsorger*. Sie wissen nicht genau, worum es in dem Gespräch gehen wird. Aber Sie vermuten, dass diese Person irgendetwas am Rhythmus der bisherigen gemeinsamen Treffen oder einer anderen bisher zuverlässig übernommenen Unterstützung ändern möchte.
(1) Die Selbstfürsorgerin wird Ihnen im Gespräch Angaben dar-

über machen, in welchem Verwandtschafts- oder Freundschaftsverhältnis sie beide stehen. Bitte akzeptieren Sie diese Festlegung.

(2) Sie wird Ihnen auch sagen, welchen Dienst sie Ihnen, seit wann und in welchem Rhythmus geleistet hat.

(3) Sie wird dann versuchen, etwas an dem bisherigen Ablauf zu verändern, was zu Ihrem Nachteil ist.

(4) Wenn das so sein sollte, so werden Sie sich natürlich mit Gegenargumenten zur Wehr setzen und im Gespräch mit allen Mitteln dafür sorgen, dass es nicht zu dieser Veränderung der bisherigen Verhältnisse kommt.

(5) Bereiten Sie sich auf dieses Gespräch gründlich vor. Lassen Sie es auf keinen Fall zu, dass Ihnen da ein Unrecht geschieht.

(6) Tauschen Sie sich über das bevorstehende Gespräch in einer kleinen Gruppe Gleichbetroffener aus und machen Sie sich Notizen über Ihre Strategie der Gesprächsführung.

(7) Wählen Sie, wenn die Vorbereitungszeit abgelaufen ist, in dem wieder einberufenen Plenum aus dem Kreis der Selbstfürsorger diejenige Person aus, von der Sie denken: *Der oder die wird mich nicht über den Tisch ziehen können. Dem oder der werde ich es zeigen, wenn er oder sie versucht, mir etwas von meinen angestammten Rechten wegzunehmen!*

Auswertung der Übung: Im kollegialen Austausch der SeminarteilnemerInnen können folgende Gesichtspunkte angesprochen werden.

- Beidseitige Kommunikationsstrategien
- Neigungen zum Nachgeben
- Halbherzige Festlegungen
- Druck und Gegendruck
- Kompromissversuche
- Empfindlichkeiten bei Reizwörtern
- Schuld- und Schamgefühle
- Abgleich mit tatsächlich Erlebtem und mit bisherigen Befreiungsversuchen daraus

Zuverlässigkeit im Kleinen

Unzuverlässigkeit im Alltag führt in vielen privaten Beziehungen zu dauerhafter Missstimmung und gewinnt das Gewicht von sogenannten *daily hassles,* von denen jede für sich genommen nahezu bedeutungslos ist, die in der Summe und auf Dauer aber durchaus zu einer Burnout-Gefährdung beitragen können. Die *daily hassles* der Unzuverlässigkeit können sich zu einer Frustration im wörtlichen Sinne des Wortes summieren: Das Zusammenleben mit diesen Menschen erscheint nach einiger Zeit wie ein vergeblicher Versuch der Partnerschaftsgestaltung, an dessen Erfolgsaussichten Zweifel aufkommen. Im Umkehrschluss ist Zuverlässigkeit im Alltag eine große Entlastung für beide Seiten: Aufgaben werden in der zugesagten Zeit und im Konsens über die Qualität ausgeführt. Dazu gehören auch Pünktlichkeit bei Verabredungen und Berechenbarkeit in den Tagesabläufen mit moderat flexiblen, aber angekündigten Spielräumen. Die Gegenthese zu den *daily hassles* ist also die tägliche kleine Achtsamkeitspflege in allen zwischenmenschlichen Beziehungen, die dem Burnout entgegenwirkt.

Würdigung der Tätigkeiten

Wir erleben täglich, dass unterschiedliche Tätigkeiten, in sehr nuancierter Weise abgestuft unterschiedliche gesellschaftliche Bewertungen erfahren. Dies lässt sich an typischen Gesprächsmustern bei ersten Begegnungen beobachten:

1. Frage an eine Frau: *Was machen Sie beruflich?*
   Antwort: *Ich bin Hausfrau!*
   Frage: *Und was macht Ihr Mann?*

2. Frage an einen Mann: *Was machen Sie beruflich?*
   Antwort: *Ich bin zur Zeit (!) Hausmann!*
   Kommentar: *Ach, toll! Aber ist das nicht schwierig für Sie?*

3. Frage an einen Mann: *Was machen Sie beruflich?*
   Antwort: *Ich bin Wasserexperte im Bundesministerium!*
   Kommentar: *Ach, das ist ja interessant! Was machen Sie denn da genau?*

4. Frage an eine Frau: *Was machen Sie beruflich?*
   Antwort: *Ich bin Wasserexpertin im Bundesministerium!*
   Kommentar: *Ach, und wie machen Sie das mit Ihren Kindern? Ist das nicht schwierig für Sie?*

In politisch korrekten Verlautbarungen kommt so etwas natürlich nicht vor, aber im Alltag durchaus.

Die Zahl der Scheidungen in Partnerschaften, in denen der Mann Hausmann ist, ist sehr hoch. Auch in dieser Hinsicht besteht auf beiden Seiten Emanzipationsbedarf. Aber selbst wenn beide Partner berufstätig sind, ist manchmal ein zäher verdeckter oder offener Kampf bei der Frage zu beobachten, welcher der beiden Berufe als höher- und welcher als geringerwertig einzuschätzen ist. Manchmal geht es auch um die Frage, welcher der beiden Berufe edler und ethischer ist und welcher trivial und materialistisch orientiert. Oder es wird um die Höhe der Gehälter konkurriert.

Im Gegenzug bedarf es im Interesse der Burnout-Prävention der täglichen wechselseitigen Würdigung der Tätigkeiten, die Partner und Partnerin ausüben. Dies beginnt mit dem lebendigen Interesse daran, was Partner und Partnerin tun, welche besonderen Herausforderungen dabei bestehen und welche Belastungen wie auch Erfolge erlebt werden. Dabei soll Würdigung nicht mit ›Dauer-Thema Beruf‹ im privaten Lebenskontext verwechselt werden. Manche Paare einigen sich bei der Beschäftigung mit beruflichen Themen erfolgreich auf eine Zeitbegrenzung: Sie räumen aktuellen Erlebnissen aus diesen Bereichen eine halbe Stunde ein, die noch vor dem Abendessen endet, und wenden sich danach privaten Themen zu.

Die 1:5-Regel

In Partnerschaften, Freundschaften und im Arbeitsleben wird oft nach der Annahme gehandelt, man könne einen eigenen Fehler in der Beziehung mit einer kleinen Bemerkung oder flüchtigen Entschuldigung *einfach wiedergutmachen*. Tatsächlich gelingt dies bei fast allen menschlichen Konflikten wie Versäumnis, Unzuverlässigkeit, Beleidigung, Kränkung, Vertrauensbruch, Untreue und vielen anderen Anlässen zu Trauer, Wut und Enttäuschung nicht: Einfache Lösungen wie Entschuldigung, Blumenstrauß, Kino- oder Essenseinladung, großzügiges Geschenk, Sex, gemeinsames Wochenende, ein Entschuldigungsbrief und Ähnliches reichen meist nicht aus, den Schaden zu beheben, besonders dann nicht, wenn sie widerwillig, mechanisch oder floskelhaft absolviert werden. Vielmehr orientieren sich Menschen, die sich in dieser Weise einmal von ihrem Partner oder ihrer Partnerin verletzt gefühlt haben, wohl eher an dem Sprichwort:

Wer einmal lügt, dem glaubt man nicht,
und wenn er auch die Wahrheit spricht.

Auf dieser Erkenntnis beruht die 1:5-Regel. Sie geht auf ein interessantes Ergebnis aus der Partnerschaftsforschung zurück: In guten Partnerschaften kommen pro Tag auf ein negatives gemeinsames Ereignis fünf positive gemeinsame Erfahrungen (Gottman, 1999). Die einfache Vorstellung einer Balance von 1:1 zwischen positiv und negativ scheint also nicht zu greifen. Vielmehr werden negative Erfahrungen im Gedächtnis mit fünffacher Gewichtung abgespeichert und bedürfen einer umfangreichen glaubhaften Reparatur, bevor die ursprüngliche Zuneigung sich wieder stabil einstellen kann. Wenn Menschen also in Liebe, Freundschaft und Zusammenarbeit die 1:5-Regel beherrschen und im Tageslauf zum Selbst-Monitoring benutzen, wird die subjektive Tagesbilanz der gefühlten Bindung positiv ausfallen.

Dabei sind besonders der frühe Morgen und der späte Abend sensible Zeiten. Es macht sich positiv bemerkbar, wenn die gemeinsame verbrachte Zeit am Morgen gut beginnt und am Abend gut endet (Fengler, 2013). Dafür kann jeder der Partner eigenständig seinen Teil der Verantwortung übernehmen.

Damit trägt er zur Burnout-Prävention in der Partnerschaft bei: Der Tag beginnt und endet in Frieden, man findet seinen Frieden mit sich selbst und den wichtigsten Bezugspersonen.

Faires Streiten

Das Privatleben ist im günstigsten Fall durch Liebe und Vertrauen, wechselseitige Inspiration, lebendige Gespräche, eine für beide Beteiligten befriedigende Zärtlichkeit und Sexualität, Humor und viele andere Erlebnisse wechselseitiger Bestätigung ausgewiesen. Von größter Bedeutung scheint in länger dauernden Beziehungen die Art und Weise zu sein, wie Partner, aber auch Eltern und Kinder, Geschwister wie auch Mitglieder von Wohngemeinschaften mit Konflikten umgehen, die sich zwischen ihnen ergeben. Die Kunst des Fairen Streitens ist ein Konzept, das von Bach und Wyden (2004), Klenk (2009) und Nuber (2012) entwickelt wurde, und zwar in Seminaren mit einer der härtesten Zielgruppen, die in diesem Bereich denkbar sind: amerikanische Ehepaare, die bereits die Scheidung eingereicht hatten und vom Gericht die Auflage erhielten, vor dem Urteilsspruch an einem Partnerschaftstraining teilzunehmen. Dieses Training diente und dient nicht dazu, zerrüttete Partnerschaften künstlich zu kitten: Wohl aber trägt es dazu bei, die Kommunikation gewaltfrei zu gestalten. Dies ist gewiss in allen Lebensbereichen ein wichtiger Beitrag zur Burnout-Prävention. Zum Fairen Streiten gehören mehrere Teilaufgaben:

1. Verabredung zum Streiten

Schon dieser Punkt stellt für viele Menschen eine Verstörung ihres bisherigen Denkens dar. Denn im Alltag beschreiben wir den Streit oft als etwas, das ohne Möglichkeiten der Kontrolle einfach losbricht:

- »Da ist der Streit unvermittelt losgegangen.«
- »Da hat mein Partner (es ist fast immer der Partner, der den Streit beginnt, fast nie der Berichtende) den Streit vom Zaun gebrochen.« Dieses Phänomen der nicht klärbaren sog. Interpunktion der Ereignisfolgen, d.h. der Klärung der Frage, was Ei und was Henne war, haben erstmals Watzlawick, Beavan und Jackson (2003) in schöner Prägnanz beschrieben.
- »Ein Wort gab das andere!«
- »Plötzlich hatten wir Zoff!«
- »Es lag schon länger so eine Gereiztheit in der Luft, und plötzlich ging es dann los!«

Um dieser Konstruktion von Ohnmacht und Schicksalhaftigkeit entgegenzutreten, bedarf es einer Verabredung zum Streiten, und diese wiederum fordert beiden Partnern eine hohe seelische Leistung ab: Der eine tut gut daran, seinen zunehmenden Ärger oder sein deutlicher werdendes Bedürfnis nach dem Lospoltern zu registrieren und seinen Gesprächsbedarf zu erkennen. Er muss sich zusätzlich den Ruck geben, diesen Wunsch dem Partner zum Ausdruck zu bringen, ohne gleichzeitig mit dem Streiten zu beginnen.

Leider stehen dem einige Bedenken und menschliche Unzulänglichkeiten im Wege:

a. Harmonie: »Es ist doch gerade so schön. Da will ich uns nicht die Stimmung verderben.«
b. Konflikt: »Wir haben doch ohnehin gerade Streit. Da will ich nicht noch eins draufsetzen.«
c. Bagatellisierung: »So schlimm und eilig ist es ja nun gerade nicht. Bis morgen wird es sich von allein erledigt haben.«
d. Katastrophisierung: »Wenn ich das jetzt anspreche, dann mache ich ein Riesenfass auf. Vielleicht wird das dann der Anfang vom Ende unserer Beziehung sein.«
e. Prokrastination: »Gerade jetzt ist es ungünstig, besser später.«
f. Posteriorisierung: »Im Augenblick habe ich Wichtigeres zu tun. Besser später.«

Aufseiten des Empfängers der Botschaft besteht die Kunst darin, die Bitte zu registrieren und zu würdigen, die nächsten Stunden und Tage in Gedanken durchzugehen, gegebenenfalls zum Terminkalender zu greifen, dann Datum und Uhrzeit mit dem Partner zu vereinbaren, frei von Panik, Schuldgefühlen, Impulsen zur Gegenattacke oder grüblerisch kreisenden Gedanken. Um solchen Sorgen entgegenzuwirken, kann derjenige Partner, der das Streitgespräch wünscht, noch ein Stichwort zu einem Thema geben, um das es gehen soll.

Für manche Menschen ist die Vorstellung, sich zum Streiten zu verabreden, sehr ungewohnt. Sie finden die Idee künstlich und unnatürlich *(typisch Psycho)* und bekennen, dass sie selbst, wenn sie wütend sind, dies sofort äußern müssen, weil sie sonst platzen würden.

Ich habe keineswegs die Absicht, diese Personen zu kritisieren oder sie für die Verabredung zum Streiten anzuwerben. Ich gebe aber zu bedenken: Manche Streitigkeiten nehmen einen sehr unerfreulichen Verlauf, weil sie zu ungünstigen Zeiten begonnen werden oder den Streitpartner völlig überrumpeln und überfordern. Letzteres ist in der Regel der Fall, wenn der Streit z. B. am Frühstückstisch kurz vor dem Aufbruch zur Arbeit, in Gegenwart der Kinder oder Freunde oder während einer Feier in Anwesenheit von Dritten ausgetragen wird. Dann ist der Druck, der auf beiden Beteiligten lastet, groß. Es fehlen Zeit und Gelassenheit, die Sache in Ruhe zu klären. Später muss dann im Laufe des Tages telefoniert werden, um ein wichtiges Argument nachzuschieben, das in der anfänglichen Eile aus dem Blick geraten war, oder eine kleine Versöhnungsgeste zu platzieren, um die hässliche Stimmung beim Abschied jedenfalls nicht bis zum Abend mit sich herumzuschleppen – unsägliche Verläufe des Streitens zum falschen Zeitpunkt.

Manche Menschen, die auf ihrem Recht zum spontanen Wutausbruch beharren, können jedenfalls abwägen, welche Vor- und Nachteile sich daraus bisher für sie selbst und ihr Beziehungsglück ergeben haben, und dann entscheiden, wie sie auf diesem Gebiet in Zukunft handeln wollen.

2. Nur ein Thema zu einer Zeit

Derjenige Partner, der die Initiative ergreift, tut gut daran, sich auf *ein* Thema zu beschränken, und zwar besonders dann, wenn Ärger sich schon lange in ihm gestaut hat und er gern mit einer Flut von Vorwürfen beginnen würde. Wird nur ein Thema angesprochen, so kann dies konkret, erfahrungsnah, leidens- und lösungsorientiert geschehen. Der Initiator des Gesprächs möchte ja, dass *sein* Thema behandelt wird. Damit wird er auch zum ersten Wächter über den Gesprächsverlauf. Er ist an erster Stelle eingeladen, Gesprächskorrekturen vorzuschlagen und vorzunehmen, wenn er den Eindruck gewinnt, dass das Gespräch nicht im Sinne *seines* Klärungswunsches verläuft.

Falls er aus seiner Selbstbeobachtung weiß, dass er dazu neigt, an das vereinbarte Thema weitere Themen anzuhängen (»Gut, dass wir jetzt darüber sprechen, aber die Sache muss ja in einem größeren Zusammenhang gesehen werden! Ich beobachte nämlich schon seit längerer Zeit, dass du dazu neigst …«). Damit setzt er für sich selbst und den Partner den Erfolg des ersten Gesprächsthemas aufs Spiel, statt innezuhalten und für beide gemeinsam einen begrenzten Gesprächsfortschritt zu sichern. Er ist aber auch gehalten, Einspruch einzulegen, falls der Partner versucht, offen oder verdeckt weitere Themen in das Gespräch einzuschmuggeln (»Gut, dass du das ansprichst. Also, ich beobachte die Sache schon seit längerer Zeit, denn das Problem liegt doch bei dir. Ich habe dir schon zigmal gesagt, dass … Also, komme mir bitte jetzt nicht so! Du hast doch neulich, an diesem Mittwoch, du weißt wohl ganz genau, wovon ich spreche, aber jetzt willst du plötzlich nichts mehr davon wissen, gell!«). Wenn also einer der beiden Partner merkt, dass er selbst oder der andere auf diese Weise ein zusätzliches Thema in das Gespräch einfädelt, dann ist es immer noch möglich, mit moderater Nachdrücklichkeit zum ursprünglichen Thema zurückzufinden.

3. Vom Konflikt zur Differenz

Der Begriff Konflikt bleibt semantisch im Umfeld von Ungemütlichkeit angesiedelt, auch wenn wir längst von einer konstruktiven Konfliktkultur sprechen. Es haftet dem Begriff weiterhin etwas von Entzweiung und unüberbrückbaren Differenzen an. Dem steht der Begriff Harmonie gegenüber. Auch ihm können wir heute nicht mehr ganz unbefangen unsere Zustimmung erteilen, wie etwa die Begriffe *harmonieselig, harmoniesüchtig und Harmoniesauce* und auch die Trias *Friede, Freude, Eierkuchen* erkennen lassen. Aber wenn wir zwischen Konflikt und Harmonie wählen müssen, so besteht gewiss bei den meisten Menschen die Neigung, der Harmonie den Vorzug zu geben. Andererseits wissen wir: Konflikte sind ein Teil der *conditio humana*, und manche Menschen bezeichnen sich selbst als konfliktfreudig. Wenn dies allerdings in einem Arbeitszeugnis stehen würde, wäre es gewiss das Todesurteil für die berufliche Zukunft des Betreffenden.

Wir können den Begriff Konflikt entdämonisieren, indem wir ihm den Begriff *Differenz* zur Seite stellen. Ausgangspunkt einer notwendigen Erörterung ist natürlich oft das Ärgernis über enttäuschte Erwartungen oder empörendes Handeln. Es ist hilfreich, wenn der Themensteller dem Partner beschreibt, in welchem Bereich nach seiner Wahrnehmung und Einschätzung eine besprechungsbedürftige Differenz zwischen ihnen besteht, und zwar in Gefühlslagen, Erwartungen, Bewertungen, Überlegungen und Handlungen. Auch dies ist eine nicht ganz einfache Aufgabe, weil manche Menschen schon die Benennung einer Differenz als Kränkung oder Bedrohung oder als den Anfang vom Ende der Beziehung erleben. Dennoch ist diese Verdeutlichung der Differenzen durch beide Gesprächspartner unerlässlich. Denn sie ist ja die Grundlage der nun folgenden Bemühungen um Teilkonsens, Kompromiss und Lösungen. Jeder der Konfliktpartner hört dem anderen bei der Darstellung von dessen Enttäuschungen, Hoffnungen, Erwartungen und Wünschen offen zu und sichert sein Verständnis. Danach wird ein Kompromiss ausgehandelt. Da eine solch disziplinierte Form der gemeinsamen Klärung für viele Menschen sehr ungewohnt und in Eigenregie auch kaum zu leisten ist, ist die Hinzuziehung eines Mediators oder Paarberaters anfänglich oft hilfreich.

Eine vereinfachte Form der gemeinsamen Klärung von Differenzen, die mir ebenfalls sehr aussichtsreich erscheint, ist das gegenseitige Versprechen, sich eine halbe Stunde lang konzentriert und wohlwollend zuzuhören, ohne zu unterbrechen und ohne mit Gesten, Grunzen und Grimassen Missbilligung, Empörung oder Verachtung dem Partner gegenüber zu signalisieren (Moeller, 1997). Auch diese kleine Übung im Dienste der Entschleunigung der Kommunikation im Privatleben kann, mit und ohne gutes Verhandlungsergebnis, schon ein wichtiger Beitrag zur Burnout-Prävention im Privatleben sein.

Risiken beim Aussprechen von Differenzen

Gerade weil das Aussprechen von Differenzen für einen oder für beide Gesprächspartner gefühlsmäßig eine echte Stress-Situation darstellen kann, ist es gut, auf 28 »Vs« zu verzichten:

1. Vorwurf
2. Vortäuschung
3. Verachtung
4. Verallgemeinerung
5. Verbiegung
6. Verbrämung
7. Verdrängung
8. Verdummung
9. Verengung
10. Vergrößerung
11. Verharmlosung
12. Verheimlichung
13. Verleitung
14. Verletzung
15. Verleugnung
16. Vermutung
17. Verneinung
18. Vernichtung
19. Verniedlichung
20. Verrat
21. Verriss
22. Verrohung
23. Verschärfung
24. Verspätung
25. Verspottung
26. Verteidigung
27. Verunsicherung
28. Verzerrung
29. …

4. Validierung des Verstehens

Während der eine Partner spricht, ist es hilfreich, wenn der andere durch Blickkontakt und Körperhaltung seine Aufmerksamkeit signalisiert, nachfragt, um ein Beispiel bittet und ab und zu in knapper Form zusammenfasst, was er verstanden hat. Dies ist deshalb notwendig, weil schon bei ganz einfachen, nur wenig affektbesetzten Mitteilungen Teile des Gesagten beim Empfänger nicht ankommen und andere Inhalte hinzufügt werden, die jedenfalls in der akustisch gesprochenen Sprache nicht gesagt worden sind. Davon handelt der sogenannte Kontrollierte Dialog aus der frühen Gruppendynamik (Antons, 2006), der auch heute noch für manche Menschen ein Schlüsselerlebnis über ihre Kommunikation wird. Gesprochenes und Verstandenes entsprechen einander also keineswegs im Verhältnis 1:1, wie man früher angenommen hat. Dies gilt umso mehr bei stark gefühlsbetonten Themen, bei denen jeder der beiden Beteiligten daran interessiert ist, sein Terrain zu verteidigen. Das Grundmodell der Gesprächsvalidierung geht auf das sogenannte Aktive Zuhören zurück (Gordon, 2012): Jeder der Gesprächspartner gibt in eigenen Worten wieder, was er von den Aussagen des anderen verstanden hat. Diesem Modell wiederum liegt die sogenannte Personenzentrierte Gesprächsführung in Psychotherapie und Beratung zugrunde, die Carl R. Rogers (2012) im Rahmen seines Humanistischen Psychotherapiemodells entwickelt hat.

5. Beherzigung der VW-Regel

Im Gegenzug zu den eben genannten Schädigungen des Gesprächs ist der Initiator eingeladen, die sogenannte VW-Regel zu beherzigen (Prior, 2009). Sie ist die Abkürzung für den Vorschlag, **V**orwürfe in **W**ünsche zu verwandeln, die der Initiator in Zusammenhang mit dem Thema an seine Partnerin hat. Auch dies ist eine bemerkenswerte Herausforderung an beide Gesprächspartner. Für den Themensteller des Gesprächs bedeutet dies, die eigentlich recht angenehme Rolle des Anklägers zu verlassen und den Gesprächspartner aus der Rolle des Angeklagten zu entlassen. Wenn er ihm tatsächlich Wünsche, Bitten, Vorschläge oder Empfehlungen unterbreitet, so stehen sich plötzlich zwei gleichrangige Erwachsene in einer vernunftgeleiteten zugewandten Verhandlung gegenüber. Auch für den Partner bringt die VW-Regel die Notwendigkeit zum Umdenken in der Beziehung mit sich. Er mag sich schon mit allen möglichen Gegenargumenten gewappnet haben, um die erwartete Anklage erfolgreich abschmettern zu können. Nun steht er plötzlich vor der Aufgabe, seinen eigenen Streitplan loszulassen und ernsthaft statt polemisch und sorgsam statt rhetorisch zu den Vorschlägen seines Gegenübers Stellung zu beziehen. Der Verzicht auf die Rollen »Angeklagter« und »Ankläger« wird vermutlich zu einer erheblichen beidseitigen Spannungsreduktion führen: Es geht nicht mehr um

Sieg und Niederlage, die ja beide Beteiligten treffen könnten, sondern um gemeinsame Suche nach Lösungen, die für beide einen Vorteil mit sich bringen. Letztendlich ist das Spiel um Sieg und Niederlage für beide riskant. Denn wenn der eine gewinnt und dem anderen geht es danach schlecht, dann kann dies auch für den Gewinner kein Erfolg sein, an dem er sich erfreut.

6. Erfüllbare Wünsche

Es ist sinnvoll, nur solche Wünsche an Partnerin bzw. Partner zu richten, die durch diese auch erfüllbar sind. Dies verlangt dem Wünschenden eine doppelte seelische Leistung ab:

1. Er muss mit sich selbst klären, welche konkreten Wünsche er aus der gegenwärtigen Unzufriedenheit ableiten will, deren Erfüllung diesen Missstand beseitigen würde.
2. Er muss seine Wünsche mit einer Portion Empathie so weit herunterbrechen, dass der Partner sie erfüllen kann und auch wirklich geneigt sein mag, ihnen zu entsprechen.

Diese Konkretisierung erfordert ein erhebliches Maß an Selbsterkenntnis. Denn die anfänglichen Wunschimpulse sind oft vage, unerfüllbar oder als Verneinungen formuliert *(Sei nicht immer so wie deine Mutter! Behandle mich nicht immer wie ein Kleinkind! Werde nicht immer gleich so laut und empfindlich!).* Stattdessen sind wir nun eingeladen, uns in unseren Partner mit seinen Möglichkeiten und Grenzen hineinzuversetzen, was dessen Motivation und Wandlungskompetenz angeht. Er ist dann frei, unseren Wunsch jetzt, später oder nur partiell zu erfüllen oder ihn vollständig abzulehnen, ohne dass er dadurch in die Position des Angeklagten gerät. Wenn wir dabei allzu viel, zu groß oder zu schnell fordern, werden wir vielleicht gar nichts bekommen und haben das Gespräch selbst zum Scheitern gebracht.

7. Entschleunigung des Gesprächs

Nun sind die Wünsche auf dem Tisch, und der Partner muss abwägen: Was davon will ich akzeptieren? Was ist für mich eine Zumutung? Kann ich ein partielles Entgegenkommen anbieten? Werde ich wirklich einhalten, was ich jetzt zusage? Will ich pokern, um die Vorschläge im Niveau zu drücken oder den Preis zu erhöhen? Will ich in meiner Antwort vage bleiben *(Ich werde versuchen …, … in absehbarer*

Zeit, … im Rahmen meines eigenen Ermessens …) oder eine klare Selbstverpflichtung formulieren? Wenn das Gespräch gemächlich und frei von Zeitdruck stattfindet, in relativer Offenheit, was die eigenen Wünsche und Bedenken angeht, so mag es gut vorankommen. Wenn sich immer wieder die gleichen Argumentationsschleifen wiederholen, der Ton sich verschärft oder sich ein Pingpong wechselseitiger Vorhaltungen entwickelt, so stehen beide Seiten in gleicher Weise in der Verantwortung, zu einem konstruktiven Verständigungsmodus zurückzukehren.

8. Lösungsorientierung

Entscheidend für dauerhaft glückliche Partnerschaften ist offenbar an erste Stelle neben Liebe, zufriedenstellenden sexuellen Erfahrungen miteinander, ähnlichen Interessenlagen und der Freude am Zusammensein die Fähigkeit, Differenzen auf konstruktive Weise beizulegen. Dies beginnt unter anderem mit dem beidseitigen Willen, konsensfähige Lösungen zu finden. Dies schließt eine Rekonstruktion der Konfliktentstehung nicht aus, widmet aber den größten Teil der Zeit dem Blick nach vorn.

Lösungsorientierung heißt:
1. aus Fehlern rasch zu lernen
2. die Energie auf Gegenwart und Zukunft zu konzentrieren
3. die Vorschläge des anderen mit Neugier aufzugreifen
4. realistische Pläne für die nächsten Wochen zu entwickeln
5. die Pläne anziehend und belohnend zu formulieren, damit sie dauerhaft praktiziert werden
6. den gefundenen Konsens leidenschaftslos einer Prüfung zu unterziehen.

In Einzelberatung und -therapie hat sich dabei die Skalenarbeit von Steve de Shazer mit den folgenden Grundfragen besonders bewährt:

1. Wie heißt die denkbar schlechteste Gefühlslage, die wir mit 0 bezeichnen?
2. Wie lässt sich ein spürbar besserer Zustand beschreiben, der aber im Bereich des Realistischen bleibt? Er erhält die Ziffer 10.
3. An welchem Punkt der Skala zwischen 0 und 10 hat die thematisierte Gefühlslage in den letzten 6 Wochen überwiegend gelegen?

4. Um welchen Schritt von der unter 3. angegebenen Ziffer soll heute nach oben in Richtung 10 eine Veränderung im Verhalten angestrebt werden?
5. Was kann der Themensteller tun, um diese Differenz zu überwinden? Was noch? Was noch? Was noch? …

Dieses Vorgehen kann, nur geringfügig modifiziert, auch in Paar-Beratung und Paar-Therapie genutzt werden. Dabei ist besonders aufschlussreich zu erfahren, wie die Partner zu den Lösungsideen ihrer Partner Stellung nehmen und wie sich daraus ein Lösungspaket schnüren lässt.

In der Paar-Beratung können wir noch eine Reihe weiterer Fragen stellen:

1. Was hat bei diesem Thema zwischen uns in der Vergangenheit nicht geklappt?
2. Die Verschlechterungsfrage: Was müssten wir tun, damit es noch schlimmer wird?
3. Was hat schon einmal ein bisschen geklappt?
4. Was hat schon einmal sehr gut geklappt?
5. Die Ausnahmefrage: Wenn bisher nichts geklappt hat, was hat denn schon irgendwann einmal geklappt, als Ausnahme von der Regel der Vergeblichkeit?
6. Welchen guten Rat würde ein guter Freund uns geben, den wir sofort befolgen würden?
7. Die Wunderfrage: Woran würden wir, wenn über Nacht eine wesentliche Besserung eintreten würde, bemerken, dass dies geschehen ist?

Im Gespräch kann auch in die Vergangenheit geblickt und Raum für die Frage gegeben werden, wie es zu der Misslichkeit, Unklarheit, Kränkung oder Verletzung gekommen ist. Denn die Klärung dieser Fragen kann dazu beitragen, dass sich die Fehlentwicklung in Zukunft nicht wiederholt. Jedoch bürgt diese Rekonstruktion ein Risiko; denn wenn die Emotionen dabei sehr kontrovers und heftig sind, so bricht vielleicht bei diesem Thema ein neuer Streit los, und die Lösungsperspektiven geraten vollständig aus dem Blick.

Der größere Teil der Energie sollte dementsprechend der Entwicklung von Lösungen gewidmet werden, die von beiden Seiten bejaht und gemeinsam getragen werden. Denn die Besserung soll möglichst rasch eintreten und als gemeinsamer Erfolg betrachtet werden können. Wenn es in der Vergangenheit auf diesem Gebiet schon viele Absichtserklärungen und Versprechungen gegeben hat, die später nicht eingehalten wurden, so mag Skepsis darüber bestehen, ob der jetzige neue Anlauf zum Erfolg wird führen können. Diese Reserviertheit ist, so realistisch aus der vergangenen Erfahrung begründet, ist nicht ganz risikolos. Denn die signalisierte Hoffnungslosigkeit kann in die Falle der sich selbsterfüllenden Prophezeiung führen: Wer für die Zukunft keine Besserung erwartet, erfährt sie manchmal aus eben diesem Grund tatsächlich nicht. Demgegenüber kann eine kleine Portion Zuversicht (zu der man sich durchaus einen Ruck geben kann) genau den Schwung und die Inspiration in die Verabredung hineintragen, die den Neuanfang ermöglichen.

9. Begrenzung der Streitzeit

Die Zeit des Streitens ist in jedem Fall maximal auf eine Stunde zu begrenzen. Was in einer Stunde nicht zu klären ist, ist oft auch bei einer Fortsetzung nicht zum Konsens zu bringen – jedenfalls nicht in diesem Augenblick. Wenn das Gespräch sich im Kreis dreht, die Stimmung gereizt wird, wechselseitige Retourkutschen beginnen und dies sich nicht begrenzen lässt, ist ebenfalls ein frühes Ende des Gesprächs angezeigt. Denn solche Auffälligkeiten lassen Zweifel an der Chance auf eine gegenwärtige gütliche Einigung in Richtung Nullpunkt absinken.

Aber dies ist keine Katastrophe. Denn immerhin haben sich ja beide auf das Thema eingelassen, dabei jedenfalls einige Punkte erwähnt und gemeinsam beobachten können, auf welche kontroversen Interessen, Standpunkte und Animositäten sie dabei stoßen. Dies ist ein erster Schritt.

Wenn allerdings einer der Partner nach einer Stunde das Gespräch einseitig abbricht, so schlägt der andere manchmal gekränkt und feindselig genau in diese Kerbe und wirft ihm vor: *Da ist ja mal wieder typisch für dich! Immer an der gleichen Stelle weichst du aus.* Aber die rechtzeitige Beendigung des Gesprächs kann auch verhindern, dass das Gespräch eskaliert und zu weiteren Verletzungen führt, die ein späteres Wiederaufgreifen des Themas erschweren. Besonders dramatisch entwickeln sich nach meinen Erfahrungen aus der Paar-Therapie manche Paar-Gespräche am Abend, wenn sie ohne Zeitbegrenzung beginnen, sehr kontrovers verlaufen und dabei noch Alkohol im Spiel ist: In solchen Fällen kommt es manchmal zu sprachlicher oder physischer Gewalt.

Tab. 6 enthält einige Empfehlungen für Gestaltung und Steuerung des Streitgesprächs.

Tab. 6: Zeitbegrenzung und Dank

1. Legen Sie vorab eine Streitzeit von maximal einer Stunde fest. Vieles lässt sich viel rascher regeln.
2. Beenden Sie das Gespräch konsequent spätestens zur vereinbarten Zeit.
3. Verlängern Sie diese Zeit nur im Konsens.
4. Stellen Sie ggf. fest, dass Sie kein Ergebnis erzielt *(Let´s agree to disagree!)* oder nur ein Teilergebnis erreicht haben. Beides verdient eine gemeinsame Würdigung und ist eine gute Grundlage für die spätere Fortsetzung des Gesprächs.
5. Verabreden Sie, wann genau Sie das Gespräch fortsetzen wollen. Derjenige, der das Gesprächsthema als seinen Wunsch angemeldet hat, übernimmt die Verantwortung dafür, dass es auch wirklich stattfindet.
6. Danken Sie Ihrem Gesprächspartner auf jeden Fall dafür, dass er Ihnen, sowie auch Sie ihm, diese Stunde zur Verfügung gestellt hat, um an dem Thema zu arbeiten, und dass er sich mit Ihnen zusammen um eine tragfähige Lösung bemüht hat – mit oder ohne Erfolg.
7. Bringen Sie Ihren Wunsch zum Ausdruck, sich erneut gemeinsam mit dem Thema auseinanderzusetzen, und danken Sie ihm dafür, dass auch er dazu bereit ist.

10. Streitfreie Zonen

Für unerfreuliche anstrengende und quälende Themen und bei Anliegen, für die sich in der Vergangenheit keine Lösungen haben finden lassen, kann ich empfehlen, eine Reihe von streitfreien Zonen einzurichten. Dazu gehören:

Tab. 7: Streitfreie Zonen

- (Natürlich!) Das Schlafzimmer
- Das Wohnzimmer
- Das Kinderzimmer
- Der Essplatz
- Die Küche
- Das Arbeitszimmer
- Die Fernsehecke
- Der Flur
- Der Balkon

Tab. 7 *(Fortsetzung)*: Streitfreie Zonen

- Der Keller
- Das Bad
- Der Dachboden
- Die Terrasse
- Der Garten und der Vorgarten
- Das Auto beim Stillstand und beim Fahren (Wer in einem fahrenden Auto streitet, lebt lebensgefährlich)
- …

Der Grund für diese Empfehlung ist einfach: Die Räume, in denen wir uns aufhalten, sind einerseits physikalische, architektonische und funktionale Gegebenheiten. Sie sind aber auch Erweiterungen unserer Persönlichkeit; denn wir gestalten sie ja nach unserem Geschmack. Entsprechend werden sie mit allen ihren Anmutungsqualitäten Teile unseres Gedächtnisses. Sie bilden gleichsam eine Art Fotoalbum aller schönen Erlebnisse, die wir in ihnen hatten. Genauso bleiben in Betten, Sesseln, Wänden, Teppichen, Fenstern, Schränken und Bücherregalen aber auch alle Streiteren, Kränkungen, Verletzungen, Unterstellungen, Enttäuschungen und Drohungen hängen. Sobald wir diese Räume betreten, sind alle diese Erlebnisse lebendig präsent. Entsprechend kommt es darauf an, dass wir uns derartige Fehlausstattungen in den Räumen ersparen, in denen wir leben.

11. Spaziergang in der Natur

Wenn wir also streiten wollen, bietet sich als Alternative ein Spaziergang in der Natur an. Die Natur ist allen unseren menschlichen Kleinlichkeiten und Empfindlichkeiten gegenüber relativ resistent: Das Grün ist am nächsten Tag noch genauso schön wie am Vortag; der Jahreswechsel schreitet trotz unserer Streitereien ruhig voran. Das gemeinsame Spazierengehen bringt Entschleunigung und Bedächtigkeit mit sich. Denn wir eilen ja nicht auf ein geografisches Ziel zu, das wir erreichen *müssen*. Beim ruhigen Gehen können wir sorgfältig formulieren, statt rasch und heftig zu kontern. Auch ein paar Minuten des Schweigens sind im Gehen möglich, während dies im Sitzen leicht als Verlegenheit, Trotz oder Ratlosigkeit interpretiert wird *(Gell?! Jetzt fällt dir wohl nichts mehr ein! Wieso sagst du schon wieder nichts? Sag doch mal was!)*.

Der gemeinsame Spaziergang in der Natur weist noch einen weiteren Vorteil auf: Bevor wir ihn beginnen können, müssen wir uns mit unserem Gesprächspartner über 6 Dinge einigen:

1. Thema: bitte nur 1 Thema
2. Datum: sodass wirklich beide Streitpartner Zeit haben
3. Uhrzeit: mit Pufferzeit davor und danach
4. Ort: möglichst rasch zu Fuß erreichbar
5. Route: eine einfach gehbare Strecke; breit genug, dass die Streitpartner nebeneinander gehen können; frei von Ablenkungen
6. Dauer: maximal 1 Stunde

Wenn es Partnern gelingt, sich über diese 6 Dinge zu einigen, fällt es danach leichter, sich auf das Thema und Lösungsoptionen zu konzentrieren, als wenn der Streitbeginn überfallartig ausfällt und am falschen Ort stattfindet.

Ein Ehepaar, das ich einmal in der Paartherapie behandelte, wohnte an einem See und nahm die Idee des Streitens im Spazierengehen mit Interesse auf. In der darauffolgenden Sitzung berichteten sie, dass sie beim ersten darauffolgenden Streit die Route um den See gewählt hatten, die etwa 45 Minuten Zeit beanspruchte. Beim zweiten Streit waren sie, als sie den See einmal umrundet hatten, mit ihrem Thema noch nicht weit gekommen, blickten sich fragend an, und dann sagte die Frau zu ihrem Mann: »Ich glaube, wir müssen noch eine Runde drehen.« Da brachen sie beide in ein gemeinsames Gelächter aus und begannen mit neuem Mut, sich dem kontroversen Thema zu widmen.

12. Humor

Humor ist eines der wichtigsten Bindemittel in allen menschlichen Beziehungen. Oft beschreiben Partner den Beginn ihrer Liebesbeziehung nach vielen Jahren im Rückblick über das freundliche Wesen des anderen, über die gleiche Wellenlänge oder über die Erfahrung, dass man mit dem neuen Bekannten zusammen über die gleichen Dinge lachen konnte. Dabei geht es um eine spezifische Form des Humors. Er soll frei von Häme, Spott, Sarkasmus und Zynismus sein. Wenn er in eine Dauerwitzelei ausartet, wird er anstrengend. Wer Wut und Feindseligkeit in Witze kleidet, verbirgt zugleich seine Gefühle von Verletztheit und Aggressivität. Für das ruhige ernsthafte Gespräch kann Humor ein gutes Mittel zur Auflockerung der Konfliktschwere bilden.

13. Vergeben

Das schnelle Versprechen *Vergeben und Vergessen!* ist gewiss unrealistisch. Wohl ist aber ein gebilligtes Verblassen kränkender Erfahrungen denkbar. Sie verlieren im Konsens der Partner im Laufe der Zeit an Bedeutung.

Ein Scherz macht deutlich, wie das Gegenteil erreicht wird: Ein Mann hat seiner Frau während der Partnerschaft einmal eine tiefe Enttäuschung bereitet, die sie im Laufe des weiteren Zusammenlebens immer wieder vorwurfsvoll zur Sprache bringt. Eines Tages bittet er sie inständig, das Thema doch abzuschließen und ihm zu verzeihen, und sie stimmt dieser Bitte zu. Am nächsten Tag bringt sie aber die gleichen Vorwürfe wie in den Jahren zuvor wieder zur Sprache. Er sagt etwas fassungslos: »Aber du hast mir doch gestern versprochen, dass du es mir verziehen hast!« Da antwortet sie: »Das habe ich ja auch. Ich will dich heute nur daran erinnern, dass ich dir das gestern verziehen habe. Und darüber kannst du dich dann heute doch von Herzen freuen!«

10 Thesen zur Vergebung können in diesem Zusammenhang hilfreich sein:

1. Verzeihen kann ein langer Prozess sein.
2. Verzeihen ist nicht von einem Geständnis abhängig.
3. Verzeihen erfordert keine übereinstimmende Auffassung von der Vergangenheit.
4. Verzeihung bedeutet, mein Recht auf Rache loszulassen.
5. Verzeihung bedeutet nicht Vergessen.
6. Verzeihung bedeutet, das Unrecht nicht immer wieder zur Sprache zu bringen.
7. Verzeihung bedeutet nicht, das Verhalten einer anderen Person zu entschuldigen.
8. Verzeihung bedarf vorab einer Entscheidung.
9. Verzeihung bedeutet nicht unbedingt, erneut zu vertrauen.
10. Verzeihung ist Voraussetzung für einen Neuanfang.

(Andere Zeiten. e.V. 2012 Initiative zum Kirchenjahr. www. Anderezeiten.de. Samstag 15.12.2012. Luxemburger Kommission »*Justitia et Pax*«: Verzeihen und Versprechen. Der Gerechtigkeit und dem Frieden eine Chance geben im dritten Jahrtausend.)

Beim ruhigen Lesen der 10 Thesen stellen sich gewiss spontane Bejahung und Zustimmung bei einigen der Aussagen ein, Zweifel und

Protest bei anderen. Dann ist es sinnvoll, im eigenen Leben mit den anschlussfähigen Positionen zu beginnen und die anderen der weiteren Selbstreflexion zu unterziehen. Manche Botschaft kommt erst mit einer Verzögerung von mehreren Jahren an, und das ist gut so.

14. Wiederbelebung der Zuneigung

Von Erich Kästner stammt ein sehr trübe stimmendes Gedicht (»Sachliche Romanze«), in dem die Liebe abhandenkommt wie ein Stock oder Hut.

Dies geschieht in Partnerschaften manchmal schleichend und wird von den Betreffenden erst nach einiger Zeit bemerkt, wenn der Verlust des wechselseitigen Enthusiasmus für Außenstehende längst erkennbar ist. Gut gemeinte Empfehlungen für ein gemeinsames Urlaubswochenende, ein 3-Gang-Menü bei Kerzenschein oder der Kauf von Reizwäsche greifen dann oft nicht mehr. Hingegen hat mich eine Gesprächseinladung überzeugt, die ich in kollegialen Intervisionen kennenlernte.

Übung 13: Signale der Liebe

Notieren Sie bitte auf diesem Blatt 30 Signale Ihres Partners bzw. Ihrer Partnerin, an denen Sie selbst erkennen, dass diese(r) Sie liebt. Füllen Sie dieses Blatt allein und in Ruhe aus. Falls Ihnen nicht auf Anhieb 30 solche Signale einfallen, so geben Sie sich mit einer geringeren Zahl zufrieden.

1.	16.
2.	17.
3.	18.
4.	19.
5.	20.
6.	21.
7.	22.
8.	23.
9.	24.
10.	25.
11.	26.
12.	27.
13.	28.
14.	29.
15.	30.

Laden Sie Ihren Partner oder Ihre Partnerin ein, eine Liste gleicher Art über die Signale der Liebe anzufertigen, die Sie ihm oder ihr senden.

1. Deponieren Sie dieses Blatt an einer Stelle, an der Sie es leicht wieder finden können, z. B. in Ihrer Wiedervorlage-Mappe.
2. Beobachten Sie Ihren Partner bzw. Ihre Partnerin während der kommenden Woche bei allen Begegnungen aufmerksam. Wenn Ihnen ein zusätzliches Signal seiner oder ihrer Liebe zu Ihnen auffällt, notieren Sie es nach Möglichkeit sofort auf dem Blatt.
3. Wenn Sie am Ende der Woche immer noch nicht bei 30 Signalen angekommen sind, so ist dies kein Problem. Qualität geht in diesem Fall vor Quantität, und echt Erlebtes hat Vorrang vor höflich Ausgedachtem.
4. Vereinbaren Sie nun eine Zeit, in der Sie beide Muße haben. Sprechen Sie mit Ihrem Partner über Ihre Liste.
5. Nennen Sie ihm einen Ihrer Punkte und beschreiben Sie diesen ausführlich. Beantworten Sie die Fragen, die Ihr Partner Ihnen dazu stellt.
6. Bleiben Sie ruhig und gelassen, wenn Ihr Partner Ihre freundliche Interpretation bezweifelt oder bestreitet. Besinnen Sie sich darauf, dass für *Sie* entscheidend ist, dass sein Verhalten bei *Ihnen* als Signal der Liebe ankommt.
7. Bitten Sie Ihn dann, Ihnen das erste Signal aus seiner Liste zu nennen. Verfahren Sie mit seiner Darstellung genauso, wie ich es in den eben genannten Punkten 5–6 erwähnt hatte.
8. Nehmen Sie sich pro Gespräch maximal 3 Signale der Liebe pro Person vor. Dann haben Sie noch zahlreiche weitere erfreuliche Gespräche vor sich.
9. Wenn Ihnen während der Gespräche oder im weiteren Alltag zusätzliche Signale der Liebe auffallen, die Ihr Partner Ihnen sendet, so dürfen Sie Ihre Liste ergänzen, selbst wenn die Marke 30 längst überschritten ist.
10. Gewiss werden Sie dabei darauf verzichten, in eine Konkurrenz um die Zahl der Liebessignale zu verfallen.

Helfende Institutionen bei privaten Problemen

Es existiert in der Gesellschaft eine sehr große Zahl von Institutionen, die für Probleme im privaten und familiären Bereich Beratung, Training und weitere Ressourcen niedrigschwellig und zu einem nennenswerten Teil kostenlos zur Verfügung stellen. Diese ausgezeichnete Beratungskette kann dabei helfen, Stressoren im Privatleben zu beheben und auf dieser Ebene einer Burnout-Entwicklung vorzubeugen. Eine kleine Auswahl dieser Angebote sei hier einmal genannt:

Tab. 8: Institutionen, die dem Burnout-Risiko im Privaten entgegenwirken

Adoptionsberatung	Beschwerdenstelle
Alleinerziehenden-Beratung	Betriebliche Sozialarbeit
Allgemeiner Studierenden-Ausschuss (AStA)	Betriebsärztlicher Dienst
Allianz gegen Armut	Bikulturelle Partnerschaftsberatung
Alzheimer-Gesellschaft	Bundeswehrbeauftragte
Ambulante Rehabilitation	Burnout-Ambulanz
Anti-Diskriminierungsberatung	Chatrooms für nahezu alle psychischen Störungen
Anti-Gewalt-Beratung	Chatrooms für viele sexuelle Präferenzen
Arbeitslosenberatung	Ehrenamtliche Hilfe
Arbeitsvermittlung	Familienkonferenz-Seminar (Gordon, 1994, 2012)
Ärztlicher und Zahnärztlicher Notdienst	Frauen gegen Gewalt
Ausstiegsberatung für Mitglieder rechtsradikaler Organisationen	Frauen helfen Frauen
Babyklappe	Geburtsvorbereitung
Behinderten-Beauftragte	Gesprächsgruppen
Beratungsstellen	Gesprächskreise für Paare
Betreutes Wohnen	Gesundheitsberatung

Tab. 8 *(Fortsetzung)*: Institutionen, die dem Burnout-Risiko im Privaten entgegenwirken

Gewerkschaft	Mentorenprogramme
Gleichstellungs-Beauftragte	Mieterbund
Grüne Damen und Herren	Migranten-Beratung
Häuser der Offenen Tür	Mobbing-Beratung
Hilfe für Illegale Bewohner	Selbsthilfegruppen
Hobbygruppen	Notarzthilfe
Internetforen zu zahlreichen Themen	Notaufnahme Psychiatrie
Internetvernetzung zur Internet-Therapie	Notfallseelsorge
Jugendamt	Notschlafstelle
Jugendlichenberatung bei Zeugnissen	Nummer gegen Kummer
Jugendzentren	Offene Tafel
Kinder- und Jugendlichentelefon	Ombuds-Frauen und Ombuds-Männer
Kirchen	Palliativ-Versorgung
Klassensprecher	Personalräte und Betriebsräte
Einzel-, Paar- und Familienberatung	Philosophische Beratung
Krebsberatung	Philosophische Salons
Krisenberatung	Selbsthilfegruppen
Kronzeugenregelung	Sozialpsychiatrischer Dienst
Mailberatung	Täter-Opfer-Ausgleich (TOA)
Meditations-Zentren	Tagesklinik

Diese Liste berücksichtigt nur einen kleinen Teil der familienbezogenen gesellschaftlichen Unterstützungssysteme. Sie macht aber sichtbar, dass prinzipiell für viele familiäre Problemlagen Hilfsangebote zur Verfügung stehen und zugänglich sind. Wer sich aufgrund familiärer Belastungen als Burnout-gefährdet betrachtet, benötigt allerdings die Basiskompetenz, selbst den Kontakt zu ihnen herzustellen, oder er muss eine Leidensgeschichte durchstehen, während derer andere Hilfssysteme ihm diesen Zugang ermöglichen und eröffnen. Die Maßnahmen auf der Ebene des Salamanderbeins »Privatleben« bestätigen unsere Beobachtung aus Kap. I. der Burnout-Prävention auf der Ebene der Person: Verhaltens-Prävention und Verhältnis-Prävention finden in enger Verzahnung statt. Die Initiative liegt auch hier in erster Linie bei der Burnout-gefährdeten Person. Aber institutionelle und gesellschaftliche Unterstützungssysteme können ihn bzw. sie informieren, beraten, stützen und schützen, wenn die Grenzen der individuellen Selbsthilfe erreicht sind.

Wir wenden uns nun dem 3. Salamanderbein rechts und links zu: Den Belastungen und Präventionsmaßnahmen, die mit den Zielgruppen unserer Tätigkeit zu tun haben.

3. Burnout-Prävention in den Zielgruppen-Kontakten

Zu den Zielgruppen der eigenen Arbeit gehören alle Personen, Gruppen, Teams und Institutionen, mit denen wir während unserer Berufstätigkeit Kontakte pflegen oder pflegen müssen. Manche dieser Kontakte sind gewiss erfüllend und erfolgreich, andere quälend, abscheulich und sinnlos. Wenn wir in einem großen Mittelbereich unseres Zeitetats mit unseren Zielgruppen gut auskommen, so können wir dankbar sein und sind jedenfalls in einer potentiellen Stresszone entlastet. Die Prävention muss natürlich auch die entgegengesetzte Frage stellen: Welche Kontakte sind wiederkehrend besonders belastend? Da die Antwort meist an Personen festgemacht wird, mit denen wir es zu tun haben, also Kunden, Anbieter, Lieferanten, Mandanten, Klienten, Patienten, Mitarbeiter, Kollegen und Vorgesetze, so werden als besonders *schwierig* in erster Linie deren Persönlichkeitsmerkmale und Verhaltensweisen genannt.

Es ist seit vielen Jahren bekannt, dass Personen in der Begegnung Spuren aneinander hinterlassen: einerseits Befriedigung, Sinnerfüllung und Lebensbejahung, andererseits Erschöpfung und Beschädigung: Die chronische Müdigkeit im durchaus wörtlichen Sinne kann dabei als eines der zahlreichen Symptome betrachtet werden. Auch im Kontakt mit Kollegen und Institutionen trägt der Mitarbeiter leicht Blessuren davon, indem er sich selbst Fallen stellt, auf modische Unsitten hereinfällt, das Neinsagen versäumt u. a. Alle diese Vorgänge und ihr Niederschlag im Seelenleben des Mitarbeiters sollen hier beschrieben werden.

Eine Kollegin berichtete von einem wohnungssuchenden Mann, für den sie schließlich einen Platz in einer Gruppenwohnung gefunden hatte. An dem Tag, an dem er dort einziehen sollte, kam er in so jämmerlichem Zustand zu ihr, betrunken, verdreckt, voller Schürf- und Platzwunden, dass sie fürchtete, die Wohngemeinschaft werde ihn gleich wieder an die frische Luft setzen. Sie besorgte ihm saubere Sachen, ging unter Hintanstellung des eigenen Widerwillens mit ihm in eine öffentliche Badeanstalt und kleidete ihn frisch ein, bevor er seinen Wohnplatz aufsuchte.

Nachdem es ihr mit viel Aufwand schließlich gelungen war, ihn in der Wohngemeinschaft unterzubringen, warf er ihr vor, sie habe viel zu wenig für ihn getan.

Eine Sozialarbeiterin hatte mehrere Monate lang mit einem gehörlosen Mann zu tun, der arbeitslos, völlig überschuldet, verwahrlost und ohne eine Spur von Perspektive vor den Trümmern von gescheiterten Berufs- und Eheversuchen stand. Sie selbst konnte sich nur sehr schlecht mit ihm verständigen, da er weder sprechen noch von den Lippen ablesen oder gebärden konnte und auch keine der anderen Verständigungsmodi Hörgeschädigter (Fengler, 1990) beherrschte. Da ertappte sie, die ihm ebenfalls weder materiell noch auf andere Weise helfen konnte, von ihm aber ständig mit Forderungen und Vorwürfen überschüttet wurde, sich manchmal bei dem Gedanken, ob es nicht besser für ihn sei, wenn er seine Drohung, sich das Leben zu nehmen, wahrmachen würde. Sie verwarf diese Gedanken stets rasch, weil sie darin auch ihre eigenen heimlichen Wünsche erkannte, beobachtete aber, dass sie sich nach besonders schweren Gesprächen immer wieder einstellten.

Klärung eigener Empfindlichkeiten

Wenn es uns gelingt herauszufinden, auf welche Verhaltensweisen von Gesprächspartnern wir besonders empfindlich reagieren, so ist ein erster Schritt zu Entlastung und Burnout-Prävention bereits getan. Dazu lädt die folgende Übung ein.

Übung 14: Belastende Merkmale von Personen aus den Zielgruppen unserer Arbeit (bitte nicht als Persönlichkeits-Typologie zu verstehen!)

1. Markieren Sie bitte diejenigen Merkmale von Mitmenschen, unter denen Sie im Arbeitsleben besonders zu leiden haben.

    1. Aggressive
    2. Bagatellisierende
    3. Demütigende
    4. Destruktive
    5. Distanzlose
    6. Dramatisierende
    7. Drohende
    8. Einschüchternde
    9. Entwertende
    10. Gerüchte Verbreitende
    11. Grenzüberschreitende
    12. Intrigante
    13. Laute
    14. Lügnerische
    15. Manipulative
    16. Menschen mit üblen Gerüchen
    17. Minderleistende
    18. Sprücheklopfer
    19. Überfordernde
    20. Unappetitliche
    21. Uneinsichtige
    22. Unerreichbare
    23. Unerträgliche Optimisten
    24. Unerträgliche Pessimisten
    25. Unzuverlässige
    26. Vorwurfsvolle
    27. …

2. Beobachten Sie in den kommenden Wochen einmal, wie Kolleginnen und Kollegen von Ihnen erfolgreich mit solchen Menschen umgehen.
3. Prüfen Sie bitte, welche dieser Bewältigungsformen für Sie in Betracht kommen.

Dabei muss immer klar sein: Die Bezeichnung *schwierig* ist eine grobe Vereinfachung. Sie schiebt die Schuld für die Schwierigkeit der Gespräche einseitig der anderen Person zu. Natürlich wissen wir, dass nicht nur die Person schwierig ist, sondern auch unsere Kommunikation mit ihr, und dass wir in vielen Fällen 50% der Verantwortung für den Verlauf unserer Gespräche zu übernehmen haben.

Jeder Leser wird in der Liste aus Übung 14 unterschiedliche Merkmale ankreuzen. Dies ist ein Vorteil; denn es macht sichtbar: Ein für uns sehr schwieriges Verhalten eines Kooperationspartners ist für Kolleginnen und Kollegen ganz unproblematisch. Umgekehrt gilt das Gleiche: Gesprächspartner, die über die Kollegen klagen, sind für uns selbst leicht zu handhaben; oder wir mögen deren Art sogar recht gern und finden im Kontakt mit ihnen rasch eine gemeinsame Wellenlänge. Dies wiederum legt es nahe, manchmal *Gesprächspartner* aus den Zielgruppen kollegial auszutauschen, wenn dies institutionell möglich ist. Dann braucht keiner der beiden tauschenden Kollegen sich Sorgen zu machen, er belaste den anderen zu sehr dabei. Vielmehr entsteht eine *Win-Win*-Situation. Auch an einen Ringtausch ist zu denken.

Aneignung geeigneter Bewältigungsstrategien

Ein weiterer Schritt zur Aneignung von Bewältigungskompetenzen hinsichtlich der Zielgruppen in unserem beruflichen Umfeld besteht darin, einmal einen Perspektivenwechsel vorzunehmen und in die Eigenart des belastenden Gesprächspartners hineinzuschlüpfen. Dazu dient die folgende Übung, die auch in Burnout-Präventionsseminaren durchgeführt werden kann.

Übung 15: Simulation eines schwierigen Gesprächs

Bitten Sie als SeminarleiterIn die Teilnehmer, einmal an ein besonders schwieriges berufliches Gespräch zu denken, das diese in den letzten Wochen, Monaten oder Jahren geführt haben. Manche Teilnehmer wählen dann ein sehr weit zurückliegendes Gespräch oder verlegen ein aktuelles Gespräch in eine fernliegende Vergangenheit, um sicherzustellen, dass ihr gegenwärtiges Gesprächsverhalten weiterhin als kompetent gelten kann. Andererseits gibt es natürlich in jeder Zielgruppe, mit der wir es beruflich zu tun haben, Personen, denen es gelingt, uns im Gespräch ärgerlich, verwirrt, beschämt, ängstlich, ungeduldig oder zornig zu machen. Wenn dies wiederholt geschieht, so lohnt es sich im Sinne der Burnout-Prävention, der Sache einmal auf den Grund zu gehen. Übung 15 dient dazu,

- den Prozess des Stimmungswechsels zu untersuchen,
- den eigenen Anteil an dem Geschehen besser zu verstehen und
- für künftige vergleichbare Gesprächssituationen zusätzliche Handlungsoptionen zu entwickeln.

Übergeben Sie den Teilnehmern als Erstes das folgende Arbeitsblatt.

Analyse eines schwierigen Gesprächs:

1. Erinnern Sie sich bitte einmal an ein schwieriges Gespräch, das Sie im beruflichen Zusammenhang geführt haben und das Sie ärgerlich, verwirrt, wütend, verliebt, strafend, peinlich berührt, gestresst, hoffnungslos, ratlos, hilflos oder auf andere Weise sehr irritiert zurückgelassen hat.
2. Mit welcher Person haben Sie damals dieses Gespräch geführt? (Bitte nur Anfangsbuchstaben, damit die Verschwiegenheit gewahrt wird.)
3. In welcher dienstlichen Rolle befanden Sie sich dabei? (Z. B. Vorgesetzter, Mitarbeiter, Klient, Coachee, Patient, Mandant, Kollege, Anbieter, Kunde, Lieferant, Personaler, Betriebsrat, Mitarbeiter eines bestimmten Teams usw.)
4. In welcher Rolle befand sich Ihr Gesprächspartner im Gespräch?
5. Worin bestand für Sie das Ziel des Gesprächs?
6. Womit hat Ihr Gegenüber Ihnen die Kommunikation so schwer gemacht, dass das ganze Gespräch schwierig verlief?

Wenn alle Seminarteilnehmer mit diesen Notizen fertig sind, bitten Sie um freiwillige Rollenübernahme für die Hälfte der Seminarteilnehmer als *Schwieriger Gesprächspartner* bzw. als *Kompetenter Gesprächspartner.*

1. Instruktion für den *Schwierigen Gesprächspartner:*
   1. Schlüpfen Sie bitte für die nächsten 5 Minuten einmal so vollständig wie möglich in die Rolle und das Verhalten der Person hinein, die Ihnen seinerzeit so sehr zugesetzt hat. Übernehmen Sie deren Körperhaltung, Gestus, Tonfall, Sprechweise, Argumentationsform, Gefühle, Ansprüche, Wünsche, Forderungen, Ängste, Vorwürfe usw., also alles das, was diese Person damals mit Ihnen agiert hat.
   2. Bereiten Sie sich danach im kollegialen Austausch mit anderen

Seminarteilnehmern auf das Gespräch vor, die ebenfalls den Part *Schwieriger Gesprächspartner* übernommen haben.

3. Wählen Sie dann im Plenum aus dem Kreis der *Kompetenten Gesprächspartner* jemanden für das Gespräch aus, von dem Sie annehmen, dass es Ihnen gelingen wird, ihm oder ihr heftig zuzusetzen, und jedenfalls in der Intensität, in der seinerzeit *Ihr* Schwieriger Gesprächspartner sich *Ihnen* zugemutet hat.
4. Teilen Sie Ihrem *Kompetenten Gesprächspartner* aber nur Ihre Rollenverteilung für das Gespräch mit, nicht hingegen Ihre besondere Art, schwierig zu agieren.
5. Beginnen Sie dann das Gespräch mit ihm. Es wird 10 Minuten dauern.

2. Instruktionen für die *Kompetenten Gesprächspartner:*
   1. Legen Sie Ihre eigenen Notizen über einen schwierigen Gesprächspartner aus Ihrem Arbeitskontext beiseite.
   2. Bereiten Sie sich innerlich darauf vor, dass Sie nach wenigen Minuten einem Schwierigen Gesprächspartner aus dessen Arbeitskontext begegnen werden, dem Sie nicht ausweichen können.
   3. In dem wieder einberufenen Plenum werden Sie gleich von einem Schwierigem Gesprächspartner gewählt. Nehmen Sie bitte diese Wahl an, außer wenn dem sehr gravierende Gründe entgegenstehen.
   4. Sie wissen noch nicht, worum es in dem Gespräch gehen und wie er oder sie Ihnen dabei zur Last fallen wird. Er wird Sie aber über das Gesprächsthema und die Rollenverteilung kurz informieren.
   5. Bitte akzeptieren Sie diese Informationen von ihm oder ihr als Ausgangspunkt des Gesprächs und übernehmen Sie die Rolle, die Ihnen zugewiesen wird.
   6. Dann wird das Gespräch beginnen. Es wird 10 Minuten lang dauern, und Sie werden Ihre gesamte berufliche Kompetenz zur Gesprächsführung einbringen.

Danach wird das Gespräch von den beiden Gesprächspartnern gemeinsam ausgewertet. Dabei können folgende Aspekte Berücksichtigung finden:

1. Worin bestand die zugemutete Belastung?
2. Wann hat der *Kompetente Gesprächspartner* gemerkt, dass es sich um ein Muster handelt?
3. Wie hat er oder sie versucht, darauf kompetent zu reagieren?
4. Was davon war erfolglos, was erfolgreich?
5. Wie hat der Schwierige Gesprächspartner sich in seiner Rolle zurechtgefunden?
6. Ist es im Gespräch zu Eskalationen gekommen oder an den Rand eines Gesprächsabbruchs?
7. Wie war den Gesprächspartnern am Ende des Gesprächs zumute?

Diese Übung bringt in der Regel einige überraschende Einsichten mit sich:

1. Der Themensteller, der in die Rolle des Peinigers schlüpft, entdeckt dabei, dass diese Form der Kommunikation durchaus einen Genussanteil aufweist.
2. Während er in dieser Weise agiert, erkennt er zugleich, auf welche Weise der damalige Gesprächspartner ihm seinerzeit zugesetzt hat, und durchschaut dessen Manipulationsmuster.
3. In der Identifikation mit dem früher Fremden verliert dies seine Mächtigkeit und Unberechenbarkeit.
4. Zugleich nimmt die Empathie für den damaligen Gesprächspartner zu. Denn wir ahnen, dass hinter dessen Agieren durchaus verstehbare und nicht nur unsittliche Motive stehen und können diese teilweise respektieren.

In der Beobachtung des *Kompetenten Gesprächspartners* erkennt der Themensteller und *Schwierige Gesprächspartner,* dass andere Reaktionsweisen als die eigenen möglich und praktikabel sind, und nutzt den *Kompetenten Gesprächspartner* als Modell für die Erweiterung der eigenen Kompetenz.

Wenn genügend Zeit zur Verfügung steht, kann danach noch ein zweiter Durchgang mit vertauschten Rollen vorgenommen werden: Der bisherige *Kompetente Gesprächspartner* wird auf der Grundlage seiner anfänglichen Notizen zum *Schwierigen Gesprächspartner* und informiert den zum *Kompetenten Gesprächspartner* mutierten anderen Seminarteilnehmer entsprechend den Punkten 1–6. Danach findet das zweite Gespräch zu zweit statt. Dabei besteht neben der

Gelegenheit zum wechselseitigen Feedback auch die Gelegenheit, sich wechselseitig in die geheimen Absichten und Schachzüge einzuweihen, die von dem *Schwierigen Gesprächspartner* im Dialog-Verlauf entwickelt wurden und die vermutlich recht genau das abbilden, was auch echte *schwierige Gesprächspartner* aus der Zielgruppe im Gespräch inszenieren.

Im abschließenden Plenum wird oft deutlich, dass je nach anwesender Berufsgruppe spezifische *Schwierigkeiten* besonders gehäuft zum Gesprächsgegenstand gemacht wurden:

- In der Telefonseelsorge: Daueranrufe
- In der Hausarztpraxis: Vorwurfsvolle Patienten ohne *compliance*
- In der Verwaltung: Ungeduldige und verärgerte Bürger
- In der Gruppen-Psychotherapie: Passive Patienten
- Bei der Polizei: Unberechenbare und gewalttätige Bürger
- In der Forensik: Unerreichbare Patienten
- In der Rechtsanwaltskanzlei: Mandanten mit eigensinnigem Rechtsverständnis und Riesenansprüchen
- In der Auslands-Botschaft: Leichtsinnige, uneinsichtige deutsche Touristen

Es wird auch deutlich: Jede Belästigung, von der ein Teilnehmer als *Schwieriger Gesprächspartner* berichtet, kann jedem anderen Anwesenden demnächst in gleicher Weise begegnen; insofern führt die Übung der Teilnehmerinnen und Teilnehmer ein Panoptikum vieler ihrer beruflichen Belastungen vor Augen.

Die Fähigkeit zur Subjektivität scheint je nach Affektlage aber auch in positiver Richtung unendlich groß. Ein Klient erzählte mir einmal, wie ihm unsere erste Begegnung in Erinnerung war: »Am Ende der Sitzung gaben Sie mir die Hand – wie Sie da so riesenhaft mächtig und ruhig vor mir standen, gewann ich richtig ein bisschen Zuversicht für die nächste Woche« – aber er war eineinhalb Köpfe größer als ich und bemerkte dies erst, als er den Vorgang nun so erzählte.

Bejahte Zielgruppen

Es ist günstig, wenn wir die Zielgruppen unserer Arbeit im Grundzug bejahen und die Zusammenarbeit mit ihnen schätzen. Denn immerhin haben wir sie mit unserer Berufswahl und der Wahl dieses Arbeitsplatzes gewissermaßen im Gesamtpaket mit gekauft und müssen mit ihnen leben. Aber Differenzierungen sind erforderlich: Manche unserer Zielgruppen schätzen wir, andere nehmen wir seufzend in Kauf. Mit einigen Personen haben wir anfänglich gerne zusammengearbeitet, aber irgendwann wird es uns zu viel.

- So beobachte ich, dass mancher Helfer lange Zeit gerne in der Psychiatrie, mit behinderten Kindern, mit Wohnungslosen, Aidskranken oder mit misshandelten Mädchen arbeitet, aber eines Tages geradezu fluchtartig einen neuen Arbeitsplatz sucht.
- Eine 55-jährige Lehrerin wandte sich mit einer Burnout-Problematik an mich. Sie arbeitete an einer Gehörlosenschule und sagte: »Ich wusste schon im Referendariat, dass ich eigentlich nicht mit gehörlosen Kindern arbeiten wollte.« Ich erkundigte mich etwas entgeistert, warum sie es denn dann dort über 30 Jahre lang ausgehalten habe. Da antwortete sie: » Ich wusste ja nicht, ob es woanders besser sein würde.«
- Ein Kollege berichtete mir in der Teamsupervision, dass er nach langjähriger Arbeit in der Suchtklinik ein anderes Betätigungsfeld suche, wie übrigens auch alle anderen Teammitglieder. Beim nächsten Supervisionstermin erzählte er überglücklich, er habe jetzt einen anderen Arbeitsplatz gefunden. Auf Nachfragen der ein wenig neidischen, aber ihn auch bewundernden Kollegen sagte er dann: »Ab dem nächsten Quartal arbeite ich in einer Forensischen Klinik!« Aber mir als Supervisor und auch dem Team selbst kamen Zweifel, ob seine Arbeit in der neuen Stelle wirklich leichter sein werde als in der Fachklinik.
- In jüngster Zeit treten Autorinnen und Autoren in Erscheinung, die ihre bisherigen Arbeitsplätze gekündigt haben und nun in Buchform der Öffentlichkeit die schikanösen, unethischen und gesundheitsschädigenden Arbeitsverhältnisse schildern, denen sie bei Discountern, Banken und Produktionsstätten entkommen sind. Andere Autoren wählen nicht die nachträgliche Anklage, sondern die hu-

morvolle drastische Darstellung, um die Katastrophenlage ihrer gefühlten Realität darzustellen.

Wenn die Arbeit tatsächlich sehr unangenehm, monoton, belastend oder sinnlos wird, sind diejenigen Maßnahmen zu ergreifen, die ich in Kapitel I.1 erwähnt hatte: neue Schwerpunktsetzung, neue Zielgruppe etc. Auch die Freiberuflichkeit ist in Betracht zu ziehen, sollte allerdings, was voraussichtliche Arbeitsbelastung, neue Kontaktlage und finanzielle Besonderheiten angeht, gründlich vorbereitet werden.

Diversifikation der Aufgaben

Wenn die Arbeit mit den Zielgruppen überwiegend als belastend erlebt wird, so mag die Übernahme mehrerer unterschiedlicher Verantwortlichkeiten neben einer reduzierten Zahl der Zielgruppen-Kontakte und zum Teil an deren Stelle in Betracht gezogen werden: Projektgruppenleitung, Verbandsarbeit, Tätigkeit als Ausbilder oder Schulungsleiter. Diese Optionen sind schon seit den 70er-Jahren des letzten Jahrhunderts unter den Begriffen *Job enrichement und Job enlargement* konzipiert worden. Sie helfen bei manchen beruflichen Sackgassen. Die Heterogenität der neuen Aufgaben stimuliert und motiviert manchen Burnout-gefährdeten Mitarbeiter. Nimmt die Aufgabenfülle dabei nicht unmäßig zu, so scheint sich die Belastung zu reduzieren, weil jede der verschiedenen Aufgaben für sich genommen im Tageslauf als weniger belastungsintensiv wahrgenommen wird als bei der monotonen Stresskumulation durch eine einzige Tätigkeit.

Natürlich ist hier die eigene Initiative gefragt. Ich lernte einmal einen Kollegen kennen, der sich als Psychotherapeut auf dem Gebiet der pharmakologischen Psychosebehandlung so intensiv kundig gemacht hatte, dass er von dem gesamten Pflegepersonal seiner Klinik in dieser Hinsicht um Rat gefragt wurde. – Ein Mitarbeiter aus der Verwaltung galt in der gesamten Behörde als Experte für schwierige Fälle und fand immer wieder gute Lösungen für Fragen, an denen alle Kollegen bereits gescheitert waren. Die Diversifikation der Aufgaben bringt oft den Vorteil mit sich, dass der Blick sich für größere Zusammenhänge des Unternehmens weitet, dass mehr Wert auf ganzheitliche Lösungen gelegt und dass die entsprechend erforderliche Kompetenz erworben wird.

Lösbare Aufgaben

Es scheint paradox und nicht leicht vorstellbar, dass Mitarbeiter vor unlösbare Aufgaben gestellt werden. Aber es begegnet uns in den verschiedensten Arbeitsfeldern immer wieder:

- Mit weniger Personal sollen mehr Projckte bearbeitet werden.
- Ärztinnen und Ärzte sollen selbstverständlich 48-Stunden-Dienste absolvieren und mit Erfolg auf ihre eigene Gesundheit achten.
- Außendienstmitarbeiter werden verpflichtet, mehr Kundenkontakte zu übernehmen und gleichzeitig deren Zufriedenheits-Ratings zu verbessern.
- Lehrerinnen und Lehrern wird auferlegt, im Falle von Kollegen-Erkrankungen zwei Klassen gleichzeitig zu unterrichten und zugleich die Individualisierung in der Kindesförderung zu steigern.
- Psychotherapeuten müssen zum Zwecke der Zertifizierung zusätzliche zeitaufwendige Datendokumentationen vornehmen und gleichzeitig die Zahl der Einzel- und Gruppensitzungen mit Patienten erhöhen, um ihren Lebensstandard zu halten.
- Vom Vertrieb wird mehr Präsenz sowohl im Innen- als auch im Außendienst gefordert.
- Trotz zusätzlicher Aufgabenbelastung in anderen Tätigkeitsfeldern sollen Berater der Bank einen höheren Umsatz bei Kunden erreichen; dieser wird auch gut sichtbar für alle Mitarbeiterinnen und Mitarbeiter monatlich veröffentlicht.
- Im Transportwesen wird eine schnellere Lieferung der Produkte an die Kunden ohne polizeiliche Strafzettel erwartet.

Im Alltag sprechen wir hier von der Quadratur des Kreises, die mathematisch nicht möglich ist, wie mir ein Fachmann versicherte. Im Arbeitsleben gehört dies mittlerweile zur Alltagserfahrung.

Was ist in all diesen Fällen zu tun?

1. Zunächst ist es angemessen, dass Mitarbeiter das, was sie unter hohem Einsatz leisten, sich selbst gegenüber würdigen und anerkennen (vgl. Kap. II.1).
2. Danach sollte die Anerkennung der eigenen Grenzen stattfinden, statt sich mit Schuld- und Versagensgefühlen zu quälen.
3. Angestellte und Beamte sollten sich dann auf die Pflicht zur Über-

lastungsanzeige besinnen, die für ihr Arbeitsverhältnis gilt. Das bedeutet: Beamte und Angestellte sind nicht nur dazu berechtigt, sondern sogar verpflichtet, ihre Überlastung ihren Vorgesetzten mitzuteilen.

4. Als Erstes besteht danach für die Mitarbeiter die Option, ihre unmittelbaren Vorgesetzten anzusprechen und diesen die Zahl der unerledigten oder in nicht zufriedenstellender Qualität bearbeiteten Vorgänge realistisch zu schildern. Sie sollten ihre Sorge vor weiteren Fristüberschreitungen und Qualitätseinbußen unmissverständlich mitteilen, vielleicht sogar verbunden mit der Anfertigung einer Gesprächsnotiz mit Datum, Ort, Uhrzeit und Inhalt des Gesprächs.
5. Mitarbeiter können dann Vorschläge machen und Bitten aussprechen, wie nach ihrer fachlichen Einschätzung eine Besserung der Verhältnisse erreicht werden kann.
6. Sie können um die Setzung von Prioritäten durch ihre Vorgesetzten bitten, damit jedenfalls die wichtigsten Aufgaben in guter Qualität ausgeführt werden.
7. Sie können ihren Vorgesetzten daran erinnern, dass er unter anderem auch eine Fürsorgepflicht den Mitarbeitern gegenüber hat und deren Gesundheit zur Qualität der Arbeitsleistung beiträgt.
8. Sie sollen sich darauf vorbereiten, dass Vorgesetzte vielleicht antworten: *Da müssen Sie an Ihrem Zeitmanagement arbeiten!* Oder dass Vorgesetzte mit den Achseln zucken und antworten: *Da sind Sie nicht allein, das geht uns allen so!*
9. Dabei muss der Mitarbeiter auch abwägen, wie weit er sich vorwagen kann, ohne seinen Arbeitsplatz zu riskieren. Denn risikolos ist ein solches, vielleicht mehrfach stattfindendes, Gespräch nicht.

Differenzierte Rückmeldung

Jeder Mensch bedarf der Rückmeldung, die es ihm oder ihr ermöglicht, das eigene berufliche Handeln zu validieren oder zu korrigieren. Wer sich in dieser Hinsicht unterversorgt fühlt, hat die Möglichkeit, selbst die Initiative zu ergreifen und ein Feedback zu erbitten. Dies ist allerdings nicht in allen Arbeitsfeldern leicht durchzusetzen:

- Die Bitte um Feedback könnte wie ein *fishing for compliments* wirken.

- Vorgesetzte legen sich vielleicht ungern auf eine positive Rückmeldung fest, aus der der Mitarbeiter später den Anspruch auf eine Gehaltserhöhung herleiten könnte.
- Manche Feedback-Nachfrage wirkt übermäßig besorgt oder geradezu lästig, wenn die Vorgesetzte sich früher schon positiv über die Leistungen des Betreffenden geäußert hat.
- Vorgesetzte scheuen vielleicht positive Äußerungen, weil sie fürchten, alle anderen Mitarbeiter würden ebenfalls um ein Feedback bitten, sich dann darüber austauschen und minimale Unterschiede in der Formulierung der Rückmeldung als Vorgesetzten-Ungerechtigkeit interpretieren.

Trotzdem ist es richtig, jedenfalls einige Male im Jahr eine solche Rückmeldung zu erbitten, die die eigene Sicherheit in der Selbsteinschätzung erhöht.

Aber die Bitte um Feedback sollte nicht auf die Vorgesetztenposition beschränkt bleiben. Auch Kollegen, Mitarbeiter und Personen aus den eigenen Zielgruppen der Arbeit eignen sich dazu, auf gute wie auch auf unangenehme Momente der Zusammenarbeit hinzuweisen, wenn denn ihr Mut und ihre Formulierungskunst dazu ausreichen. Dabei sind positives und kritisches Feedback in gleicher Weise wichtig für den Sender wie für den Empfänger. Denn die anerkennende Äußerung vertieft die gute Beziehung der beiden, und der kritische Hinweis ermöglicht es, jedenfalls in Zukunft die Zusammenarbeit günstiger zu gestalten. Deshalb ist es für jeden Mitarbeiter von Vorteil, regelmäßig um ein Feedback zu bitten. Es hilft ihm bei der Orientierung und Standortbestimmung an seinem Arbeitsplatz.

Eine besondere Rolle spielt bei den Rückmeldungsfragen das sog. 360°-Feedback, das ich in Kapitel II.6 darstelle.

Wir müssen zwischen dem mündlichen und schriftlichen Feedback unterscheiden. Schriftliche Stellungnahmen, z. B. durch Teilnehmerinnen und Teilnehmer am Ende von Seminaren, sind ebenfalls hilfreich, in diesem speziellen Fall für die Orientierung des Dozenten. Sie werden aber manchmal lieblos, routiniert oder feindselig abgefasst, wozu die Anonymität einlädt. Die 4 wichtigsten Fragen in solchen schriftlichen Stellungnahmen sind für mich:

1. Was sehen Sie kritisch an diesem Seminar?
2. Was hat Ihnen gut gefallen an dem Seminar?

3. Was empfehlen Sie für das nächste Seminar an Veränderungen?
4. Würden Sie einem Angehörigen oder guten Freund, der sich in einer ähnlichen beruflichen Lage befindet wie Sie, die Teilnahme an dem Seminar empfehlen?
   - Ja, weil …
   - Nein, weil …

Die Antworten bieten die Möglichkeit, gute Leistungen zu würdigen, Kritik lösungsorientiert zu äußern und einen persönlichen Kontakt zwischen Seminarteilnehmer, Seminarleiter und Themengestaltung herzustellen.

Erfolgserfahrungen

Es ist der Burnout-Prävention sehr dienlich, wenn Mitarbeiterinnen und Mitarbeiter regelmäßig erleben, dass ihr Handeln etwas bewirkt. Auch dies ist nicht selbstverständlich, weil der Effekt des eigenen Tuns oft erst mit erheblicher Verzögerung eintritt und der Betreffende selbst vielleicht gar nichts darüber erfährt:

- Klinikpatienten verschwinden lebendig oder tot, und das Personal hört erst bei der nächsten Schicht davon.
- Pfarrer erfahren i. d. R. nicht, ob ihre Predigten und ihre Arbeit in der Gemeinde etwas zu Glaube, Liebe, Hoffnung, Spiritualität und ethischem Handeln im Kirchenkreis beitragen.
- Im Bereich der *palliative care* endet fast jeder Kontakt mit einem Patienten letztendlich mit dessen Tod.
- Wer in sozialen Brennpunkten Beratungen durchführt, muss die Erfahrung machen, dass manche Gesprächspartner trotz intensiver Unterstützung immer wieder die gleichen Fehler machen.
- Nach Alkohol- und Drogenkonsum wie auch nach Delinquenz ist die Zahl der Rückfälle trotz Beratung und Therapie erheblich.
- Bei Aids- und Krebskranken gibt es Lebensverlängerungen, aber keine sichere Heilung.
- Bei der Arbeitsvermittlung brechen viele Antragsteller immer wieder die Kontakte ab.
- Wohnungslose verlassen wiederholt Unterkünfte, die ihnen mit viel Mühe und Engagement zugewiesen worden sind.
- Manche gute juristische Beratung prallt an Mandanten ab.

- Die Empfehlung zur Fortbildung bei niedrig qualifizierten Jugendlichen und Erwachsenen wird, obwohl die Bedingungen dafür in der Gegenwart recht niedrigschwellig konzipiert sind, von einem nennenswerten Teil der Betroffenen nicht angenommen.
- Ein Gutachter erlebte in einer kleinen Außenstelle des Unternehmens, dass seine fachlichen Stellungnahmen aus der Zentrale immer wieder mit dem gleichen inhaltslosen Formschreiben beantwortet wurden, dies sei ein wichtiger Beitrag zum technologischen Know-how des Unternehmens. Als er schließlich einmal in der Zentrale anrief und um eine Spezifizierung der Rückmeldung bat, wurde er in gereiztem Ton auf den bisherigen Mailverkehr verwiesen, in dem doch alles Relevante gesagt worden sei – eine kafkaeske Erfahrung.
- Forscherinnen und Forscher in Wissenschaft und Wirtschaftsunternehmen müssen einen sehr langen Atem haben, bevor eine große empirische Untersuchung zum Abschluss kommt, und können selbst dann nicht sicher sein, ob sie die gewünschte fachspezifische und gesellschaftliche Beachtung findet.
- Politiker und Führungskräfte mit Planungsaufgaben müssen sich darauf einstellen, dass manche Großprojekte gesetzlicher und baulicher Art viele Jahre benötigen, bevor sie abgeschlossen werden können. Vielleicht ist der Initiator und Gestalter zu diesem Zeitpunkt längst nicht mehr im Amt.

Diese Unsicherheits- und Vergeblichkeitserfahrungen machen es notwendig, ggf. neue und bescheidenere Erfolgskriterien für das eigene Handeln zu entwickeln. Offenbar ist es nicht an allen Arbeitsplätzen möglich, Erfolg im herkömmlichen Sinn zu erleben, also als Defizit oder Desiderat am Anfang und als gute Erledigung nach kürzerer Zeit. Vielmehr kann in solchen Fällen empfohlen werden, die eigene Aufmerksamkeit und auch die persönliche Gratifikation in erster Linie aus dem Prozess des Handelns herzuleiten. Dabei können wir uns von den selbsthinderlichen Gedanken verabschieden und sie durch förderliche Sätze ersetzen, die den Prozesscharakter des Handelns betonen und würdigen.

Ich plane, also bin ich.
Ich tröste, also bin ich.
Ich forsche, also bin ich.
Ich predige, also bin ich.

Ich berate, also bin ich.
Ich behandle, also bin ich.
Usw.

Diese Prozessorientierung wird eine Anreicherung erfahren, wenn sie jedenfalls im engeren Kollegenkreis und im Privatleben Bestätigung, Anerkennung und Ermutigung erfährt. Dafür, dass dies geschieht, kann wiederum der Betreffende selbst am besten sorgen.

Bejahung von Erholungszeiten

Jeder Mensch hat die Gelegenheit, in der Selbstbeobachtung Phasen geistiger Frische von Phasen der Ermüdung zu unterscheiden. Pausen und Erholungszeiten sollen nicht mechanisch in bestimmten Stundenabständen genommen werden, sondern in Orientierung an den eigenen Wahrnehmungen von Frische und Ermüdung. Sie können in sehr unterschiedlichen Formen und nach persönlicher Passung gewählt werden: Essen, Trinken, Bewegung, Umhergehen, Spaziergang, Wechsel der Tätigkeit, Kurzschlaf im Sitzen oder im Liegen usw. Dazu kommt die Selbstaffirmation, dass die Pause der Qualität der Arbeit dient und ihre Inanspruchnahme rechtens ist.

Vorgesetzte können hier eine wichtige Vorbildfunktion übernehmen, indem sie selbst gut sichtbar Pausen einlegen und Mitarbeiter ermutigen, in gleicher Weise zu verfahren. In manchen Einrichtungen sind Pausen sogar informell verbindlich geregelt, z. B. in Beratungsstellen, wenn Gespräche maximal 45 Minuten bzw. 90 Minuten dauern sollen und danach bis zur nächsten vollen Stunde Pausen genommen und/oder Verwaltungsaufgaben erledigt werden können.

In der Psychotherapie erlebe ich jedoch regelmäßig Verstöße gegen dieses sinnvolle Reglement. Eine Psychotherapiesitzung dauert 50 Minuten. Bis zur nächsten vollen Stunde ist also, wenn spätestens nach 45 Minuten das Ende der Sitzung eingeleitet wird, genügend Zeit für Getränk, einen Blick ins Grüne, eine kleine Yogaübung, Toilettengang und kurze Notizen zur vergangenen Sitzung. Ich beobachte allerdings, dass viele Kollegen diese Zeit nicht zur Erholung nutzen, sondern stattdessen Telefonate führen und Texte diktieren. Verräterisch ist oft auch die Ansage auf dem Anrufbeantworter: *Herr X befindet sich zurzeit in einer Sitzung. Bitte rufen Sie kurz vor der vollen Stunde an – dann ist er er-*

reichbar. Im Gegenteil: Er sollte in diesen zehn Minuten nicht erreichbar sein, sondern seine Ansprechbarkeit auf eine Sprechstundenzeit beschränken.

In manchen Arbeitskulturen stellt das Pausen-lose Arbeiten bis in den späten Abend hinein geradezu ein Qualitätsmerkmal dar. Mitarbeiter kultivieren die Selbstüberlastung und Selbstausbeutung (Moosbrugger, 2012). Zur Rationalisierung dieser Torheit werden dabei manchmal absurde Gedankenkonstruktionen erzeugt. So berichteten mir Referenten und Referatsleiter des Auswärtigen Amtes, in dem ich viele Seminare durchführte, zwischen Lachen und Verzweiflung, dass sie im Interesse ihrer Karriere bis zum späten Abend an ihrem Schreibtisch verweilten. Und nun in wörtlicher Rede: *Denn wenn der Minister einmal am Abend im Büro eine ganz spezifische Frage hat und weiß, dass ich sie beantworten kann, er mich dann persönlich anruft und von mir auch wirklich sofort eine fundierte Stellungnahme erhält, dann ist mein nächster Karriereschritt zum Greifen nahe. Denn bei der nächsten Beförderungsgelegenheit wird er sich dann an mich erinnern und mir meinen Arbeitseinsatz danken!*

Das Illusionäre dieser Konstruktion ist leicht zu erkennen, denn der Minister ruft in der Regel nicht persönlich an, sondern veranlasst das Ministerbüro dazu. Dies entscheidet darüber, wer angerufen wird, und zwar in erster Linie nach Zuständigkeit im Geschäftsverteilungsplan und weniger nach persönlicher Kompetenz-Spekulation. Ob die Auskunft des Angerufenen ggf. sehr fundiert ausfallen wird, bleibt ungewiss, und ob irgendjemand sich bei der nächsten Beförderungsrunde daran erinnern wird, ebenfalls. Aber in einer Institution, die so sehr von dem Erfolgskriterium »Aufstieg« in einer Hierarchie von über 16 Gehaltsstufen geprägt ist wie das Auswärtige Amt, ist es verständlich, dass zu solchen Fantasmen gegriffen wird.

Minipausen

Minipausen sind Pausen, die entweder nur wenige Minuten dauern oder sogar in den Arbeitsablauf integriert werden, sodass gar keine Unterbrechung der Tätigkeit erforderlich wird. Minipausen sind für viele Menschen, die alle längere Pausen mit dem Hinweis auf den Zeitdruck als unrealistisch zurückweisen, besonders attraktiv. Minipausen mit einer kurzen Dauer sind zum Beispiel eine kleine Atemübung oder

Yogaübung, ein kurzes Augentraining, eine 5-Minuten-Meditation oder die Aktivierung des Organismus, indem jemand im Dienstgebäude vier Stockwerke hinauf- und hinuntergeht, ohne einen anderen Zweck als die Bewegung selbst zu verfolgen. Pausen, die in den Arbeitsablauf integriert werden, sind noch unauffälliger zu praktizieren, weil kein anderer Mensch sie überhaupt wahrnimmt. Minipausen haben im Wesentlichen mit Entschleunigung zu tun: verlangsamtes Sprechen, verlangsamtes Schreiben, verlangsamtes Gehen, verlangsamter Griff zum Telefon, verlangsamte Visualisierung von Sachverhalten, verlangsamtes Diktieren, konzentrierte ruhige Zwerchfell-Atmung usw.

Ich selbst habe auf diesem Gebiet unter anderem zwei besonders gute Erfahrungen gemacht: Wenn vor meinem Büro in der Universität eine große Zahl von Studierenden zur Sprechstunde ansteht, so öffne ich die Tür ruhig, rufe den ersten Namen der Warteliste ruhig auf und blicke ruhig in den Kreis der Wartenden. Kommt dann jemand auf mich zu, so strecke ich ihm ruhig die Hand entgegen und grüße ihn ruhig, kehre ruhig mit ihm in mein Zimmer zurück und biete ihm ruhig einen Platz an. Dann setze ich mich selbst ruhig hin und frage ihn ruhig nach seinem Anliegen. Ich höre ihm ruhig zu, antwortete ihm ruhig, gehe ruhig auf seine weiteren Fragen ein, nehme am Ende ruhig eine Zusammenfassung unseres Gesprächsergebnisses vor und erhebe mich ruhig, begleite ihn ruhig zur Tür, nehme noch einmal ruhig Blickkontakt auf und nenne ihn beim Namen, schüttele ihm ruhig die Hand und rufe danach ruhig den nächsten Namen von der Liste auf. Das alles dauert oft nur fünf Minuten, in denen wir beide Ruhe finden. Wem das nun alles zu quälend ruhig erscheint, der kann in dem ganzen Ablauf ruhig einmal jedes »ruhig« durch »hektisch«, »zappelig« und »nervös« ersetzen und prüfen, ob ihm dabei wohler zumute ist.

Minipausen können Krankenschwestern und -pfleger sich gönnen, indem sie Betten mit und ohne Patienten ruhig die Gänge entlangschieben; Telefonisten, indem sie ruhig ihre Anfangsansage machen; Schaltermitarbeiter, indem sie ruhig sprechen, und Autofahrer, indem sie ruhig fahren. Auf diese Weise werden viele Tätigkeiten, die im Alltag als stressig definiert werden, zu Zonen partieller Ruhe im Arbeitsablauf.

Eine zweite Erfahrung hat mich davon überzeugt, dass die Entschleunigung entgegen meiner eigenen Erwartung nicht mit einem Zeitverlust verbunden sein muss. Der Weg von meinem Büro bis zum

Vorlesungsgebäude der Fakultät dauert zu Fuß, wenn ich ganz ruhig gehe, ziemlich genau 10 Minuten. Aus Neugier ging ich ihn eines Tages in einem kleinen N=1-Experiment absichtlich in der größten Hast, kam stolpernd und keuchend puterrot im Gesicht und nach Atem ringend am Hörsaal an, blickte erneut auf die Uhr und sah, dass ich statt 10 Minuten 9½ Minuten benötigt hatte. Dies ist mir noch heute eine Lehre, wenn ich zu dem Mittel Beschleunigung greifen möchte, um Dinge rascher zu erledigen.

Supervision und Coaching

Der rascheste Schritt zur Selbstentlastung nach problematischen Kontakten mit den eigenen Zielgruppen sind Selbstsupervision und Selbstcoaching. Wir können also im Rückblick unser eigenes Verhalten im Kontakt mit Personen aus der Zielgruppe einer kleinen Rekonstruktion unterziehen und dabei herausfinden, an welchen Stellen eine ungeschickte Formulierung fiel, Gereiztheit oder Unsicherheit einsetzten, ein zu harter Konter erfolgte, ein Einschüchterungsversuch stattfand, die Spannung stieg, die Klarheit des Denkens Einbuße erlitt usw. Diese Selbstreflexion trägt, wenn sie nicht in zwanghaftes Grübeln übergeht, bereits einen Burnout-präventiven Impuls in sich. Denn es erfolgt dabei eine Distanzierung, indem wir dem Ablauf gegenüber die Position eines teilnehmenden Beobachters einnehmen. Wenn uns dann noch ein paar praktikable Ideen für unser eigenes zukünftiges Handeln auf diesem Gebiet in den Sinn kommen, hat die Selbstreflexion viel erreicht.

Wenn Selbstsupervision und Selbstcoaching nicht ausreichen, kann das Gespräch mit einem Supervisor oder Coach weiterhelfen. Supervision und Coaching sind zwei Beratungsformate für Personen, Teams und größere Arbeitseinheiten, die in ihren Zielen und Methoden miteinander verwandt sind. Sie stellen acht Effekte in Aussicht:

1. Entlastung
2. Selbstklärung der Motive und Impulse
3. Entwicklung neuer Handlungsoptionen
4. Verbesserung der Kommunikation
5. Klärung von Konflikten
6. Bewahrung und Erhöhung der Arbeitsqualität

7. Verbesserung der Zusammenarbeit und
8. Steigerung der Lebensqualität.

Der externe Supervisor und Coach ist Gast in der Institution. Er bringt neben Verschwiegenheit, allseitiger Parteilichkeit, Feldkompetenz und Empathie auch Lebenserfahrung und eigenständige Sichtweisen ein, hilft bei der Realitätsüberprüfung seiner Supervisanden bzw. Coachingpartner und trägt gegebenenfalls zur Burnout-Prävention von Person, Team und Institution bei. In Supervision und Coaching finden komplexe Probleme des Auftraggebers eine Würdigung, aber auch die sogenannten *daily hassles* des Arbeitslebens, die den Einzelnen auf lange Sicht zermürben können oder ihn bereits verstört haben (Fengler, 1996).

Arbeitszufriedenheit

Es ist gut, in regelmäßigen Abständen die eigene Arbeitszufriedenheit einer Bilanzierung zu unterziehen. Diese kann Anlass zu Freude sein, ggf. aber auch Ausgangspunkt für das Gespräch mit Familienangehörigen, Freunden und Vorgesetzten, wenn der Betreffende einen Änderungsbedarf erkennt.

Die folgende Fragenliste (Übung 16) erkundet den Grad und die Art der Bejahung, die Leserin und Leser gegenwärtig für Beruf und Arbeit empfinden.

Übung 16: Berufs- und Arbeitszufriedenheit (geringfügig modifiziert nach Enzmann und Kleiber, 1989, S. 207)

(1 = trifft gar nicht zu;
5 = trifft völlig zu)

1. Mein Beruf macht mir Spaß.	1	2	3	4	5
2. Mein Beruf ist ein Beruf, in dem man ständig überfordert wird.	1	2	3	4	5
3. Ich habe mir schon ernsthaft überlegt, aus dem Beruf auszusteigen.	1	2	3	4	5
4. Was meine Arbeit anbelangt, bin ich eigentlich rundum zufrieden.	1	2	3	4	5
5. Ich fühle mich in meiner Arbeit ständig kontrolliert und überwacht.	1	2	3	4	5

6. Ich habe das Gefühl, auch vor Kollegen ständig betonen zu müssen, dass ich viel arbeite.	1	2	3	4	5
7. Ich halte mich gern an meinem Arbeitsplatz auf.	1	2	3	4	5
8. Ich habe Konflikte mit Vorgesetzten, die mich belasten.	1	2	3	4	5
9. Ich fühle mich häufig überfordert.	1	2	3	4	5
10. Ich habe eigentlich selten das Gefühl, einmal richtig abschalten zu können.	1	2	3	4	5
11. Ich kann in meinem Beruf meine Fähigkeiten gut nutzen.	1	2	3	4	5
12. Oft habe ich ein schlechtes Gewissen anderen Menschen gegenüber.	1	2	3	4	5
13. Meine eigenen Berufsideale lassen sich in meiner Tätigkeit nicht verwirklichen.	1	2	3	4	5
14. Für andere Menschen verantwortlich zu sein belastet mich zu sehr.	1	2	3	4	5
15. Der Zeitdruck, unter dem ich arbeite, ist zu groß.	1	2	3	4	5

Hier weisen die Aussagen 1, 4, 5, 6, 8, 9, 10, 12, 13, 14 und 15 auf eine Belastung hin; die Aussagen 2, 3, 7 und 11 bezeichnen Entlastungsmomente.

In Kap. II.4 werden wir uns nun dem Team als Ganzem zuwenden, um herauszufinden, mit welchen Stressoren hier zu rechnen ist und welche Maßnahmen der Burnout-Prävention wir ergreifen können.

4. Burnout-Prävention im Team

Cherniss (1980) nennt 8 Burnout-Risikofaktoren am Arbeitsplatz:

1. Qualität der Einarbeitung
2. Arbeitsmenge
3. Intellektuelle Herausforderung
4. Qualität des Umgangs mit der Zielgruppe
5. Ausmaß der Kontrolle
6. Fehlende Eindeutigkeit der Arbeitsziele
7. Qualität der Führung
8. Qualität der Kollegenkontakte.

Auch das Team kann auf unterschiedlichste Weise dazu beitragen, dass der Stress zu einer Burnout-Gefährdung führt:

Beginnen wir mit den Belastungen, die von manchen Teams ausgehen.

Das Team als Stressor:

1. Zu kleines Team
2. Zu großes Team
3. Ungünstige Zusammensetzung
4. Schlechter Ruf
5. Fehlendes Feedback
6. Erfolglosigkeit
7. Neid, Lüge und Intrige
8. Mobbing
9. Zu homogenes Team
10. Zu großes Team
11. Zu heterogenes Team
12. Schlechter Ruf
13. Fehlendes Feedback
14. Erfolglosigkeit
15. Neid, Lüge und Intrige
16. Mobbing

Aber andererseits kann das Team sehr viel dazu beitragen, einem Mitarbeiter-Burnout entgegenzuwirken.

Merkmale ausgebrannter Teams

Ich habe vor einigen Jahren heuristisch versucht, den Begriff Burnout auf Teams zu erweitern. Nun ist dies begrifflich und theoretisch nicht ganz risikofrei, zumal das individuelle Burnout eine mittlere Stellung zwischen persönlicher Normalität und psychischer Störung einnimmt und eine Analogie zur psychischen Störung von Gruppen, etwa noch analog einer ICD-10-Diagnose, auf Gruppenebene als höchst problematisch zu betrachten wäre. Die Entscheidung, diesen Versuch dennoch zu unternehmen, fußte auf Beobachtungen von Teams, die ich supervidierte oder coachte bzw. im Rahmen von Team-Entwicklungsmaßnahmen kennenlernte. In ausgebrannten Teams fielen mir im Laufe vieler Jahre gehäuft Merkmale in Erleben und Verhalten auf, die ich in dieser Bündelung und Intensität aus anderen Teams nicht kannte.

Merkmale ausgebrannter Teams (Fengler, 2012):

1. Chronische Überforderungsgefühle
2. Kraftlosigkeit
3. Entschlusslosigkeit
4. Leistungseinbußen
5. Konsens ohne Folgen

6. Kollektive Selbstentwertung
7. Freude über Misserfolge – Sarkasmusstimmung
8. Beschuldigungsmuster
9. Demontage verfügbarer Ressourcen
10. Reizbarkeit im Binnenkontakt
11. Subgruppen-Polarisierung und Teamspaltung
12. Feindseligkeit gegen andere Subsysteme
13. Reflexionsverweigerung

Andrea Sanz (2012), eine österreichische Kollegin und die Mitherausgeberin des Buches *Ausgebrannte Teams: Burnout-Prävention und Salutogenese*, hat die Entwicklung von Teams bis hin zum Burnout in Form von 8 Etappen beschrieben:

1. Enthusiasmus
2. Überforderung
3. Schuldsuche
4. Angestrengtheit
5. Misserfolg
6. Hilflosigkeit
7. Erschöpfung
8. Burnout

Dabei sollte immer klar sein, dass diese Abfolge Modellcharakter hat, ein überfordertes Team sich also nicht automatisch auf einer Rutschbahn befindet. Vielmehr dient die Beschreibung in erster Linie diagnostischen und selbstdiagnostischen Zwecken. Teams haben selbst die Möglichkeit, sich an dem Stufenmodell zu messen und den Grad ihrer Belastung auszuloten. Aber auch Vorgesetzte können sich fragen, bis zu welchem Grad der Gefährdung ihr Team schon vorgedrungen ist – und müssen dabei eine eigene Mitverantwortung in Betracht ziehen. Jedenfalls ist das Stufenmodell immer auch eine Einladung, auf jeder Etappe des Abstiegs die Rückkehr in die vollständige Funktionsfähigkeit zu versuchen.

Merkmale guter Teams

Die positive Qualität von Teams ist auf vielfältige Weise beschrieben worden:

- Als Dominanz von Leistung und Team-Kohäsion gegenüber dysfunktionalem Verhalten (Benne und Sheats, 1948)
- Als Arbeitsfähigkeit nach einem mehrstufigen Gruppenprozess (Tuckman, 1965)

- Als Überwindung von Abhängigkeit und Gegenabhängigkeit mit dem Ergebnis »Autonomie« und »Interaktion« usw.

Auf eine einfache Formel gebracht, können wir das gute Team durch drei Qualitäten beschreiben:

1. Das Team regt an.
2. Das Team weiß mehr.
3. Das Team gleicht aus.

Allerdings ist diese Überlegenheit des Teams an drei Bedingungen geknüpft, für deren Erfüllung jedes Mitglied des Teams sowie auch Vorgesetzte eine Verantwortung zu übernehmen haben:

1. Gelegenheit zur unabhängigen Meinungsbildung (gegenüber Konformität)
2. Offene Kommunikation (gegenüber Kontrolle, Zensur und Sanktion)
3. Wechselseitiges Postulat von Vernunft und ernsthaftem Bemühen (gegenüber Unterstellung von Inkompetenz und verdeckten Motiven) (Fengler, 1996)

In Anlehnung an Yalom (2010) habe ich dessen Kriterienkatalog für Gruppen einmal auf Teams übertragen und in Form von 15 Einzelmerkmalen operationalisiert:

Merkmale guter Teams:
Das Team …

1. … evoziert vielfältige Gefühle und Sichtweisen
2. … verschafft die Erfahrung von Solidarität (»So wie mir geht es auch anderen«) und hilft bei der Überwindung von Vereinzelung
3. … führt zu Erinnerungen an frühere Erfahrungen und richtungsweisende Entscheidungen im eigenen Leben
4. … hilft bei der Ordnung der Gedanken
5. … begleitet bei der Klärung der Gefühle
6. … vermittelt existenzielle Erfahrungen (»Dies sind Chancen und Begrenzungen des Lebens überhaupt«)
7. … stellt einen Pool von Erfahrungen und nützlichen Ratschlägen zur Verfügung
8. … liefert wichtige, dem Einzelnen sonst so umfassend, spezifisch und detailliert kaum zugängliche Informationen

9. … gibt ein nuancenreiches Feedback
10. … ermöglicht exemplarische und stellvertretende Lernprozesse
11. … hilft beim Verstehen und Konstruieren der Wirklichkeit
12. … gibt Anleitung zu umsichtigem Handeln
13. … vertieft das Verständnis eigener und fremder Motive
14. … ermutigt zu Entscheidung und Neuentscheidung
16. … weckt Hoffnung und Zuversicht gegen Ohnmacht und Resignation.

Teams, die ihr eigenes Handeln an diesen Kriterien orientieren, machen gewiss rasch Fortschritte bei der gemeinsamen Burnout-Prävention. Aber auch jedes einzelne Mitglied des Teams kann ganz still beschließen, seinen eigenen Beitrag dazu zu leisten, ohne die anderen einzuweihen. Auch dadurch kann das Team in seinem Kommunikationsverhalten hilfreiche Wandlungen erfahren.

Kleinere Arbeitseinheiten

Kleinere Arbeitseinheiten (3 bis 6 Personen) haben es in der Zusammenarbeit oft leichter als größere:

- Um Transparenz muss man sich nicht bemühen, weil sie ohnehin weitgehend besteht.
- Jeder weiß so weit über den Arbeitsbereich des anderen Bescheid, dass er ihn notfalls rasch vertreten kann.
- Unklare Sachverhalte lassen sich oft informell regeln, ohne dass sie auf die Tagesordnung einer Sitzung gesetzt werden müssen.
- Ein familiärer Umgangston kommt dem Arbeitsklima zugute.
- Die Team-Kohäsion ist oft angenehm hoch.

Natürlich stehen dem auch Nachteile kleinerer Teams gegenüber:

- Wenn jemand ausfällt, entsteht rasch eine Erledigungslücke zwischen 10 % und 30 % des gesamten Aufgaben-Volumens.
- Es ist nicht jedermanns Sache, in sehr private Angelegenheiten von Kolleginnen und Kollegen eingeweiht zu werden, was in kleinen Teams manchmal unvermeidbar ist.
- Neue Mitarbeiter sind manchmal schwer integrierbar, eben weil der Kontakt im Team unverwechselbar persönlich ist und ein neuer Kol-

lege u. U. eine Neu-Kalibrierung des ganzen Team-Gefüges notwendig macht.

- Wenn es zu unlösbaren Konflikten kommt, kann sich dem kein Kollege entziehen. Jeder ist unmittelbar oder mittelbar von dem Thema betroffen und muss die Partei der einen oder anderen Seite ergreifen. Versuche, sich diesem Zwang zu entziehen, können zu allseitiger Ablehnung führen.

Nähe-Regulierung im Team

Ähnlich wie im Privatleben ist es auch in Team-Kontakten erforderlich, Nähe und Distanz miteinander auszutarieren. Dies betrifft viele Bereiche:

- Das kollektive Du oder Sie
- Die offene oder geschlossene Bürotür zum Flur
- Das gemeinsame oder einzeln eingenommene Mittagessen
- Gemeinsame Unternehmungen außerhalb der Arbeitszeit
- Geburtstagsfeiern im Dienst
- Gemeinsam bezahlte Geschenke bei Geburtstagen
- Weihnachtsfeiern im Restaurant usw.

Dabei liegt die gemeinsam verträgliche Form oft im Mittelbereich: Wer sich weitgehend entzieht, wird die Folgen bald zu spüren bekommen. Er erfährt wichtige Informationen nicht; sie kann bei manchen Themen einfach nicht mehr mitreden; er stellt Fragen zu Themen, über die alle anderen Bescheid wissen; man verliert das Interesse an ihr usw. Wer andererseits ständig gemeinsame Aktivitäten anschiebt, fällt vielleicht bald zur Last, gilt als Betriebsnudel und muss sich die Frage gefallen lassen, ob er denn kein eigenes Privatleben habe.

In kleinen und großen Teams kann der Kontakt eng und herzlich oder flüchtig und oberflächlich sein. Manche Helfer werden das eine, manche das andere begrüßen. Aber für einige von ihnen ist das Team zugleich der wichtigste Ort von Kontakt und Beziehung; für sie ist die Kontaktlosigkeit eine tägliche Versorgungslücke.

Eine solche Situation lernte ich einmal in einer Neurologischen Intensivstation kennen: Zwei Schwestern hatten ein gemeinsames Abendessen vorbereitet, einen großen Tisch in einem Ausflugslokal gebucht und intensiv für die Teilnahme an der Veranstaltung geworben. Es kamen aber dann außer ihnen selbst nur zwei weitere Mitglieder der Station, und sie verbrachten den Abend in düsterer Stimmung. Als die Enttäuschung darüber in der nächsten Supervision zur Sprache kam, goss einer der Pfleger noch Öl in das Feuer, indem er äußerte: »Die, die es nötig haben, können ja daran teilnehmen; aber ich habe Familie, mir ist es gerade genug, wenn ich euch während der Dienstzeit sehe!« Damit hatte er einerseits recht, denn die Kontaktbedürfnisse innerhalb der Station waren wirklich recht unterschiedlich verteilt; aber andererseits ging es ja nicht nur um gemeinsames Essen und Reden, sondern auch um die aktive Gestaltung des Betriebsklimas. Wenn dies zu wünschen übrig lässt, so hat es auch für diejenigen Mitarbeiter nachteilige Folgen, die Kontakt und soziale Unterstützung an anderer Stelle in zufriedenstellendem Umfang erhalten.

Manchmal entwickeln Teams ohne besonderes Versäumnis oder Verschulden einfach aufgrund ihrer Zusammensetzung Einseitigkeiten, die der Arbeit nicht guttun. So mag ein einseitig depressives Team ebenso unangenehm sein wie ein hysterisches, schizoides oder zwanghaftes, weil erst die Vielfalt unterschiedlicher Charaktere ein lebendiges Teamleben ermöglicht. Ein ausgesprochen überichbetontes Team mag ebenso eine Last werden wie ein impulsiv triebhaftes, ein einseitig extravertiertes ebenso sehr wie ein solches, das aus stummen Schweigern besteht.

Ich selbst erlebte als Supervisor einmal ein Team, in dem ich gut ausbalancierte und dann wieder einseitige Arbeitssequenzen deutlich unterscheiden konnte. Es handelte sich um das Team einer Tagesklinik, und ich bediene mich zu seiner Beschreibung der Begriffe aus der griechischen Temperamenten-Lehre, die manche Sachverhalte anschaulich verdeutlicht. Zu dem Team gehörte – in den Begriffen der Temperamenten-Lehre gesprochen – eine melancholische Ärztin und ein phlegmatischer Pfleger, ein sanguinischer Sozialarbeiter und eine cholerische Psychologin. Letztere, eine Studienkollegin von mir, hatte die Initiative zur Supervision ergriffen und mich engagiert. Die Supervision ging anderthalb Jahre; ich hatte von dem Team und der Supervision einen positiven Eindruck und kehrte von den Sitzungen meist zufrieden nach Hause zurück. Dann nahm die Psychologin einen Schwangerschaftsurlaub. Da wurde die Supervision rasch unregelmäßig. Schließlich versäumten die drei übrigen Teammitglieder es ganz, wieder Kontakt mit mir aufzunehmen und neue Termine zu vereinbaren, und ein halbes Jahr lang fanden nun keine Sitzungen mehr statt. Später berichteten sie mir, wie jeder in seiner Art reagiert hatte. Der Sozialarbeiter sagte: »Da muss doch mal wieder einer anrufen!« Der Pfleger schwieg lange und fragte dann: »Meinst du wirklich? Oder sollten wir nicht noch ein bisschen damit warten?« Und die Ärztin fand es sehr, sehr traurig, dass es keine Supervision mehr gab, unternahm aber ebenfalls nichts. – Als die Psychologin aus dem Schwangerschaftsurlaub zurückkehrte, lautete eine ihrer ersten Fragen: »Was macht die Supervision?« Da drucksten alle ein bisschen, und sie sagte: »Ja, dann werde ich das mal in die Hand nehmen«, und wirklich, drei Wochen später konnten wir die Arbeit wieder aufnehmen.

Solidaritätserfahrung

Es ist gut, wenn jeder Mitarbeiter die Erfahrung macht, dass er bzw. sie im Grundsatz die Unterstützung der anderen Team-Mitglieder hat. Dies bedeutet nicht, gemeinsam Fehler zu bagatellisieren oder zu vertuschen. Wohl aber kann, solange es nicht zu schweren Fehlern und Verstößen oder zu kriminellen Handlungen kommt, das Team klärend und unterstützend behilflich dabei sein, die Schäden dieses Handelns zu beheben und einer Wiederholung vorzubeugen. Dies dient dem Betreffenden selbst, aber auch allen anderen Beteiligten. Denn Fehler und Verstöße, die einmal gemacht worden sind, können sich bekanntlich wiederholen; durch den Betreffenden selbst oder durch Nachahmer, die erst durch sein Handeln auf den Gedanken kommen, Ähnliches zu versuchen, dabei aber unerkannt bleiben.

Feedback zur Arbeit

Manche Besonderheiten im Verhalten eines Kollegen fallen den anderen Mitarbeitern im Nahbereich rascher auf als dem Vorgesetzten. Dann ist es ein Zeichen wechselseitiger Aufmerksamkeit, dies anzusprechen, und zwar in beiden Varianten: Das gut gelungene Handeln verdient in gleicher Weise Beachtung und Erwähnung wie das fehlerhafte Tun. Dabei kann auch hier die 1:5-Regel empfohlen werden:

Wenn ein Kollege 5 anerkennende Äußerungen aus dem KollegInnenkreis erhalten hat, wird er eher bereit sein, sich von einem kritischen Hinweis ansprechen zu lassen und die richtigen Konsequenzen daraus zu ziehen, als wenn die Proportion 1:1 oder gar 1:5 lautet (Fengler, 2009).

In manchen Helferteams sind die wesentlichen äußeren Voraussetzungen für eine gedeihliche Zusammenarbeit gegeben, und trotzdem wird die Arbeit nicht angenehm. Das liegt manchmal daran, dass die Teammitglieder füreinander nichts Inspirierendes haben. Das Team ist ja meist mehr eine Zwangsgemeinschaft als eine Liebesverbindung – jeder muss also mit Menschen sehr unterschiedlicher Art auszukommen versuchen. Da sind wechselseitige Anregung und konstruktive Herausforderung ein schönes Geschenk, aber keine Selbstverständlichkeit. Der folgende Fragebogen (Übung 17) zielt darauf ab, Stärken und Defizite in diesem Bereich kenntlich zu machen und bei Bedarf Korrekturen einzuleiten, z. B. durch Bildung sozialer Unterstützungsgruppen und Supervision.

Übung 17: Fragebogen über Feedback zum beruflichen Handeln (nach Enzmann und Kleiber, 1989, S. 206)

Wir bitten Sie, die jeweils entsprechende Antwort für jede Aussage anzukreuzen.

Dabei bedeutet 1 = trifft gar nicht zu
2 = trifft wenig zu
3 = trifft mittelmäßig zu
4 = trifft überwiegend zu
5 = trifft völlig zu

1.	Ich habe eine Arbeit, bei der man eigentlich nie richtig Erfolg hat	1	2	3	4	5
2.	Für die meisten Außenstehenden ist das, was wir in Wirklichkeit leisten, nicht erkennbar	1	2	3	4	5
3.	Ich vermisse Rückmeldung durch Kollegen	1	2	3	4	5
4.	Ich vermisse Rückmeldung durch Klienten	1	2	3	4	5
5.	Ich vermisse Rückmeldung durch Vorgesetzte	1	2	3	4	5
6.	Auch wenn der Erfolg nicht direkt sichtbar ist, weiß ich doch, dass meine Arbeit Positives bei den Klienten bewirkt	1	2	3	4	5

7. Ich habe eine Tätigkeit, bei der eigentlich niemand entscheiden kann, ob sie gut oder schlecht ausgeführt worden ist	1	2	3	4	5
8. Ob die Klienten Fortschritte machen, hängt von meiner Arbeit eigentlich nicht ab	1	2	3	4	5

Wer bei diesen Fragen – außer bei Frage 6 – mehrmals die Ziffern 4 oder 5 angekreuzt hat, sieht sich vielleicht veranlasst, im eigenen Team über diese Fragen einmal eine Diskussion in Gang zu bringen.

Heterogene Team-Zusammensetzung

Wenn Teams sehr homogen zusammengesetzt sind, besteht das Risiko, dass sie einen gemeinsamen Tunnelblick entwickeln und geradezu einfallslos an einmal gefundenen Lösungen festhalten. Wenn das Team hingegen über eine hinreichende Heterogenität verfügt und dieser in Erörterungen Raum gegeben wird, dann stehen die Chancen dafür besser, dass es zur wechselseitigen Korrektur von Einseitigkeiten kommt. Die Heterogenität betrifft Temperamente, Eigenschaften, Fähigkeiten und berufliche Qualifikationen. Diese werden miteinander abgeglichen, inspirieren, ergänzen und begrenzen sich, bis eine Lösung gefunden wird, in der viele wichtige Gesichtspunkte Berücksichtigung finden.

Stressquellen im Mitarbeiterverhalten

Heterogenität in der Team-Zusammensetzung kann aber auch eine Stressquelle sein. Problematische Persönlichkeitseigenschaften und psychische Störungen hatte ich bereits in Kapitel 1 als Burnout-Risiko erwähnt. Manchmal sind es aber auch scheinbare Kleinigkeiten, die sich zur Dauerbelastung entwickeln.

So berichtete mir einmal eine junge weibliche Führungskraft, die ihr Büro mit einer Kollegin teilen musste: Etwa 6-mal am Tag sprang diese Kollegin unvermittelt auf, griff mit lautem Geklimper nach Schlüsselbund und Handtasche, die sie oft erst noch suchen musste, teilte ihr dann mit lauter Stimme mit, sie müsse mal eben Pipi, kehrte nach einigen Minuten ähnlich lärmend zurück und informierte meine Coaching-

Partnerin dann noch manchmal unaufgefordert über die Qualität ihrer Verdauung und die Farbe ihres Urins. Letztere ließ sich dadurch immer wieder aus ihrer Arbeitskonzentration herausreißen, hatte aber bisher noch keine Form gefunden, der Mitteilungsfreude der Kollegin Grenzen zu setzen.

Die folgende Übung lädt dazu ein, im Team erzeugten Stress aufzuspüren und bei Bedarf Korrekturen einzuleiten.

Übung 18: Stressverarbeitung im Team

Mitarbeiter, die bisher Stress verbreitet haben	Form der Stresserzeugung	Korrekturbedarf? Korrekturform
1. Ich selbst		
2.		
3.		
4.		
5.		
6.		
7.		
8.		
9.		
10.		

Ob ein Mensch sich in der Arbeit wohlfühlt, hängt u. a. davon ab, welches Maß an Disziplin er sich selbst in der Zusammenarbeit mit den Kolleginnen und Kollegen abverlangt. Die Teilnahme an Seminaren über Kommunikation und Kooperation kann hier hilfreich sein. Aber die Person ist auch gefordert, ihr Handeln an einer ethischen Maxime zu orientieren. Lievegoed (1988) zitiert für Menschen der Gegenwart, die die Zusammenarbeit lernen wollen, den sog. sechsgliedrigen Pfad: Kontrolle der Gedanken, Kontrolle der Handlungen, Ausdauer, Toleranz, Unbefangenheit und ruhigen Gleichmut.

Kommunikation im Team

Jeder Mitarbeiter hat die Möglichkeit, die eigenen Umgangsformen in der Team-Kommunikation einer Prüfung zu unterziehen: unterwürfig, stichelnd, intrigant, Gerüchte verbreitend, pessimistisch, feindselig, Missmut verbreitend, aggressiv witzig, katastrophierend, lamentierend, beschuldigend usw. Die Zahl der möglichen Fehlformen in der eigenen Team-Kommunikation ist unendlich groß. Die Hauptschwierigkeit, etwas daran zu ändern, besteht oft darin, dass es schwerfällt, die eigenen Missgriffe als solche zu identifizieren. Denn sie haben sich in langjähriger Praxis oft verfestigt und gelten als selbstverständlich und normal. Damit sind sie allerdings der selbstkritischen Reflexion entzogen, und es ändert sich nichts mehr an ihnen. Der aussichtsreiche Hebel, doch noch eine Selbstveränderung auf diesem Gebiet zu erreichen, ist der Leidensdruck, der im Team aufgrund unerledigter Konflikte besteht (Übung 19).

Die Untersuchung der Kommunikationsqualität kann mithilfe einer einfachen Übung für das ganze Team vorgenommen werden. Dabei sind Leserin und Leser eingeladen, die Sache aus ihrer eigenen sehr persönlichen Sicht anzugehen.

Übung 19: Team-Analyse

1. Notieren Sie bitte in den großen Kreis in der Mitte in großen Buchstaben das Wort »ICH«. *Sie* sind das Zentrum der nun folgenden Beziehungsanalyse.
2. Notieren Sie nun in die zehn Sie umgebenden Kreise die Namen von zehn Personen, mit denen Sie beruflich die engsten und wichtigsten Kontakte pflegen: Teammitglieder, Kollegen, Vorgesetzte, Geschäftspartner, Lieferanten, Konferenzteilnehmer, Verwaltungsabteilung, …
3. Markieren Sie jetzt im Hinblick auf jede dieser Personen ihre eigene Beziehungsqualität mit Symbolen, die Sie selbst wählen, z. B.:

+++	= starke Sympathie	⚡	= explosive Auseinandersetzung
---	= chronische Abneigung		
=	= gute Übereinstimmung	→←	= Gegnerschaft
<3	= Flirt	?	= Ungewissheit
☺	= alles bestens	≈	= Auf und Ab

usw.

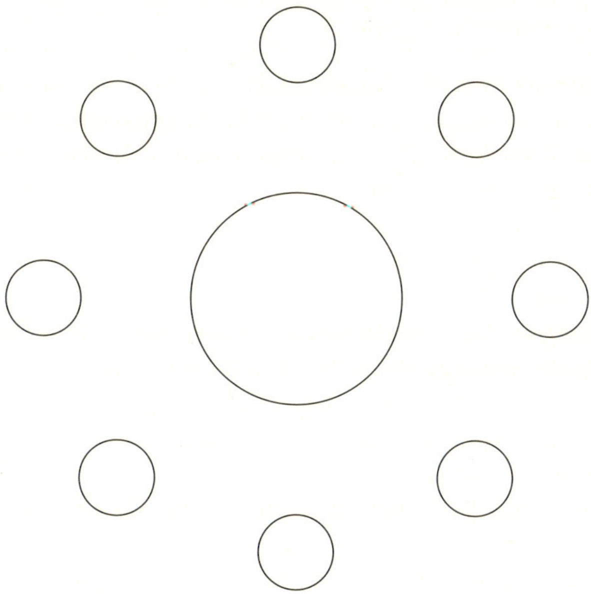

Abb. 4: Team-Analyse

4. Nehmen Sie sich jetzt bitte eine dieser Beziehungen vor, die Sie gerne verbessern würden. Wie könnten Sie auf die Person zugehen?

   Der erste Schritt:

   Der zweite Schritt:

   Der dritte Schritt:

   Der vierte Schritt:

   Übung 20 gleicht Sachergebnisse und Beziehungsergebnisse ab:

Übung 20: Sachqualität und Beziehungsqualität meiner Arbeit
Instruktion: Listen Sie bitte in dieser Tabelle links Ihre 10 wichtigsten Tätigkeiten auf, mittig die Sachergebnisse und die Beziehungsergebnisse. Ganz rechts tragen Sie bei Bedarf ggf. Maßnahmen zur Abhilfe ein.

Tab. 9: Tätigkeiten, Sachergebnis und Beziehungsergebnis

Meine 10 wichtigsten Tätigkeiten	**Sach-Ergebnis:** 1 = sehr schlecht 10 = sehr gut	**Beziehungs-Ergebnis:** 1 = sehr schlecht 10 = sehr gut	**Ggfs. Maßnahme**
1.			
2.			
3.			
4.			
5.			
6.			
7.			
8.			
9.			
10.			

Das Ergebnis der Niederschrift kann der Betreffende zur Selbstkorrektur nutzen (statt des älteren großspurigen und mittlerweile abgenutzten Begriffs *Aktionsplan*) oder zum Zweck einer kollegialen Klärung und Unterstützung mit ausgewählten Kolleginnen und Kollegen besprechen.

In manchen Teams ist der Kontakt reichhaltig und vielfältig, aber es herrschen Ton und Stimmung, die Unbehagen erzeugen.

> In dem Dozententeam einer Fortbildungsakademie herrschte enger Kontakt zwischen allen Kolleginnen und Kollegen. Man duzte sich; die meisten arbeiteten gern in wechselnden Gruppierungen miteinander. Während der trainingsfreien Wochen lud man sich oft privat gegenseitig ein – auch die Partner der Trainerinnen und Trainer waren so einbezogen. In den Teamsitzungen herrschte ein Stil schneller, witziger Wechselreden und brüllenden gemeinsamen Gelächters. Es hatte sich eine Umgangsform entwickelt, sich in Auseinandersetzungen etwas unernst mit psychoanalytischen Termini zu bombardieren, was oft gemeinsame Heiterkeit hervorrief. Wer hierin am schnellsten, schlagfertigsten und treffsichersten war, gewann. Aber einer der Teilnehmer dieser Runde sagte mir im privaten Gespräch: »Eigentlich ist es blöd, aber ich kann es nicht lassen und auch nicht ändern. Der Witz ist längst raus aus diesem Stil, und ich gehe aus unseren Sitzungen oft müde und deprimiert nach Hause. Da hilft auch alles gemeinsame Lachen nichts. Eigentlich ist der ganze Stil destruktiv und passt mir auch nicht, ständig kleine Spitzen und in Scherze gekleidete Sticheleien.«

Lockerung von Subgruppen-Polarisierungen

Manchmal bilden sich spontan Subgruppen und Koalitionen im Team: die Rauchergruppe, die Fahrgemeinschaft, die Berufsgruppe im interdisziplinären Team. Dies ist gewiss unproblematisch, solange solche Subgruppen Strukturen wechselseitiger Unterstützung ausbilden und gebündelt Expertise zur Verfügung stellen. Kritisch wird es, wenn sie versuchen, einseitig die Definitionshoheit über Sachthemen an sich zu ziehen, sich gezielt abzuschotten oder auf andere Weise absichtsvoll den eigenen Vorteil über die Teamziele zu stellen.

> Ich wurde einmal als Mediator zu einem solchen Konflikt in einem interdisziplinären Team hinzugezogen. Es handelte sich um eine Versammlung von 30 Personen aus einem großen regionalen Krankenhaus, je zur Hälfte Ärzte und Krankenschwestern. Zwei Wochen vor unserem Treffen war es zu einem Eklat bei der Morgen-Visite gekommen, als die Krankenschwestern sich in Gegenwart von Patienten lautstark darüber

beschwerten, dass die Ärztinnen und Ärzte sie in ihren fachlich erbetenen Äußerungen ständig und wie selbstverständlich unterbrachen und niedermachten. Dies stellte für die Krankenschwestern ein großes Ärgernis dar. Sie wünschten sich eine Klärung und eine gemeinsam getragene Vereinbarung über die zukünftige Kommunikation.

Zunächst führte mich der Chefarzt kurz in die Thematik ein. Dann gab ich eine kurze Darstellung über Gruppen- und Intergruppen-Prozesse und nannte einige Kommunikationsregeln, auf deren Einhaltung ich während unserer gemeinsamen Sitzungen achten würde. Eine dieser Regeln hieß: *Lassen Sie sich gegenseitig aussprechen!* Mitten hinein unterbrach mich einer der Ärzte und sagte heftig: »Das ist völlig unrealistisch, wenn gerade ein Patient kollabiert oder verblutet!« Ich antwortete: »Gibt es hier im Raum einen Patienten, der gerade kollabiert oder verblutet? Wenn nicht – Warum unterbrechen Sie mich dann?« und wiederholte anschließend nachdrücklich, dass ich jedenfalls hier auf der Einhaltung der Regeln bestehen würde.

Danach begann der Dialog der beiden Berufsgruppen. Aber das eingefahrene Muster, dass Ärzte Krankenschwestern jederzeit beim Sprechen unterbrechen dürfen, und zwar mit und ohne aktuell kollabierenden oder verblutenden Patienten, wiederholte sich während der folgenden Stunde noch etwa 15-mal, und jedes Mal griff ich es sofort auf. Dann trat eine gewisse Erschöpfung ein. Denn die Ärztinnen und Ärzte fühlten sich zunehmend kritisiert und wollten nicht immer wieder durch mich darauf hingewiesen werden; und bei den Krankenschwestern ging der anfängliche Triumph, wie recht sie doch mit ihrem Vorwurf hatten, langsam in Resignation über.

Im Sinne der Aktivierung und Lösungsorientierung nahm ich daraufhin einen Methodenwechsel vor. Ich bat die Teilnehmenden, sich zu zweit aus dem ärztlichen und pflegerischen Bereich gegenseitig zu wählen und ein 15-minütiges Gespräch darüber zu führen, was sie zu zweit gemeinsam in Zukunft dazu beitragen könnten, dass die Kommunikation zwischen Pflege und Ärzten sich erfreulicher gestalten werde. Diese Aufgabe übernahmen sie mit Freude und Enthusiasmus. Als das Ende der Gesprächszeit nahe rückte, stand ich jedoch vor einer kritischen Entscheidung. Denn ich musste nun entweder nach 15 Minuten pünktlich mit dem Plenum beginnen – oder ich musste warten, bis der Chefarzt auftauchen würde. Dieser hatte nämlich sofort nach meiner Instruktion zum Zweier-Gespräch den Raum verlassen und war noch nicht zurückgekehrt, und er war ja Auftraggeber, Gastgeber und Hausherr. Insofern stellte sich in diesem Moment die Machtfrage, die zwischen Ärzten und Pflege bestand, jetzt noch einmal zwischen ihm und mir.

Ich entschied mich, pünktlich zu beginnen, und zwar u. a., um in meinem eigenen Verhalten ein Signal dafür zu geben, dass Regeln von *allen* einzuhalten sind, die ihnen zuvor zugestimmt haben. Der Erfolg gab mir recht. Denn einige der Anwesenden blickten zunächst etwas irritiert, als ich das Gespräch pünktlich eröffnete, nachdem sie festgestellt hatten, dass der Chefarzt noch fehlte. Andere signalisierten aber auch ihre Zufriedenheit über mein konsequentes Handeln. Er selbst kam 5 Minuten später, zunächst mit dem Gestus des Vorgesetzten, verwandelte sich dann aber mit einem hastig mir zugeworfenem Blick der Entschuldigung in ein verhuschtes Mäuschen, das in größter Eile auf dem nächsten freien Stuhl Platz nahm. Der Rest der Sitzung verlief außergewöhnlich konstruktiv. Die zahlreichen Ideen, die in den Gesprächen zu zweit entwickelt worden waren, stießen auf viel Zustimmung, da sie ja aus gemischten Teams kamen. Am Ende der Sitzung sagte ich: »Wenn es um Leben und Tod geht, darf natürlich jeder jeden unterbrechen. Aber in 95% der Zeit geht es ja zum Glück um Themen, die auf Augenhöhe und in Gleichberechtigung der Redebeiträge behandelt werden können. Also fangen Sie an zu üben und helfen Sie auch den anderen beim Üben.« Da lachten einige der Teilnehmenden etwas gequält und andere vergnügt, und die Sitzung kam zu einem guten Abschluss.

Guter Ruf des Teams

Ein guter Ruf des Teams beflügelt die Arbeit. Wenn Erfolge des Teams und der Institution bekannt werden, dann erfährt jedes Team-Mitglied einen Teil des Prestiges, welches das Team als Ganzes erworben hat. Wenn wir das Burnout-Risiko u. a. als Ergebnis einer Gratifikationskrise betrachten (Sigrist, 2006), so wirkt der gute Ruf als subjektiv gefühlte Gratifikation dem entgegen. Weitere Anerkennung wird von anderen Teams, von Kollegen aus der Branche und von Personen aus dem privaten Umfeld kommen. *Man (!)* kann sich sehen lassen in der Firma, statt sich scheu wegducken zu müssen, wie es Mitgliedern anderer Teams passiert.

Manche Teams leisten nicht das, was sie nach eigenem oder fremdem Urteil leisten sollten. Oder sie haben eine gute Meinung von sich, die in der Umgebung nicht geteilt wird. In beiden Fällen kriselt der Selbstwert des Teams. Es mag dann zu Trotz, Beschönigung, Ausweichen kommen; die Identifikation der Mitglieder mit dem Team leidet vermutlich darunter, oder sie wird rigide und überichbetont. Für den einzelnen Mitarbeiter, der einem solchen Team angehört, ergibt sich stets dann eine Belastung, wenn er nach dem Team gefragt wird: Soll er die Wahrheit sagen? Soll er ausweichen? Soll er die Vorzüge des Teams stärker herausstreichen, als er es selbst glaubt? Soll er gemächlich-hastig das Thema zu wechseln versuchen? Eine schwierige Situation. Ein Kollege, der in der Drogenberatung arbeitete und die Süchtigen stets nur weiterverweisen konnte, sagte im Stadium zunehmender Belastung durch die Arbeit: »Ich weiß, dass meine Stelle keinen guten Ruf genießt, aber ich kann darauf keinen Einfluss nehmen und habe beschlossen, mir nichts mehr daraus zu machen.«

Messbare Team-Erfolge

Während der gute Ruf des Teams eher auf qualitativen Eindrücken beruht, lassen sich manche seiner Leistungen durch Kennziffern belegen: steigende Umsätze, Senkung der Ausschussrate, Abnahme der Unfälle und Beschwerden, Preisverleihungen bei Wettbewerben, günstige Positionen bei Befragungen und in Rankings. Zugleich müssen wir dabei mit Nebenwirkungen kritischer Art rechnen und können abwägen, ob diese in Kauf zu nehmen sind: Quantitative Dokumentationen des Erfolgs schaffen unvermeidlich einen hohen Druck, den Erfolg und die Leistungssteigerung jährlich zu wiederholen. Bei denjenigen Teams, die einmal nicht zu den besten gehört haben, wächst die Sorge, im nächsten Anlauf den Aufstieg zu schaffen oder als Loser-Team dazustehen.

Vermeiden lässt sich allerdings eine gewisse Konkurrenz zwischen verschiedenen Teams auf keine Weise. Stressmindernd können sich dann Transparenz und Nachvollziehbarkeit der zugrunde gelegten Leistungskriterien auswirken.

Veröffentlichung funktionierender Vernetzungen

Im Grundsatz gehört es zu einem guten Wissen-Management in Team und Institution, dass hilfreiche Vernetzungen genannt und wechselseitig zur Verfügung gestellt werden. Es handelt sich dabei um weit mehr als eine Kunden- und Lieferantenkartei. Vielmehr sind auch informelle Vernetzungen, kollegiale Kontakte, Expertenkenntnisse, Ansprechpartner für Spezialgebiete und firmenrelevante Freundschaftsbeziehungen für eine solche wechselseitige Information von Interesse.

Dieser Veröffentlichung von Namen und Institutionen stehen allerdings legitime Bedenken gegenüber:

- Manche Mitarbeiter ziehen es vor, solche Kontakte und Vernetzungen ausschließlich selbst und zum eigenen Vorteil innerhalb der Firma zu nutzen.
- Andere fürchten, private Bekannte könnten unter Berufung auf den eigenen Namen von der Firma für Vertraulichkeiten, Hilfeleistungen oder gar als Werbungsadressaten in Anspruch genommen werden.
- Wieder andere möchten den Grad ihrer Vernetzung gar nicht zu erkennen geben, z. B. dann, wenn dazu auch konkurrierende Anbieter oder z. B. Auftraggeber genehmigungspflichtiger Nebentätigkeiten gehören.

In neuerer Zeit sind manche dieser Vernetzungswünsche von sozialen Netzwerken wie »Facebook« oder »Xing« übernommen worden. Der Druck, aber auch die Notwendigkeit, diesbezüglich innerbetriebliche Datensammlungen anzulegen, nehmen entsprechend vermutlich ab.

Überlastungs-Anzeige

Angestellte und Beamte sind verpflichtet, zwei bemerkenswerte Bestimmungen zu befolgen, die der Burnout-Prävention gute Dienste zu leisten vermögen und die ich bereits in Kap. I.3 erwähnt hatte:

1. die Berichtspflicht und
2. die Überlastungs-Anzeige.

Ihrer Bedeutung wegen zitiere ich sie im Wortlaut:

§ 242 BGB verpflichtet u. a. die Beschäftigten, ihre Arbeitsleistung so zu erbringen, »wie Treu und Glauben auf die Verkehrssitte es erfordern«. Darum müssen die Beschäftigten ihren Vorgesetzten ohne Zögern Bescheid geben, wenn Arbeit unverrichtet oder mangelhaft liegen bleibt. Die Beschäftigten entgehen so auch der sonst möglichen »Arbeitnehmerhaftung« wegen »Übernahmeverschulden«. *Überlastungsanzeigen sind darum auch Entlastungsanzeigen.*

§ 618 BGB verpflichtet umgekehrt den Arbeitgeber, Dienstleistungen unter seiner Leitung »so zu regeln, dass der Verpflichtete gegen Gefahr für Leben und Gesundheit so weit geschützt ist, als die Natur der Dienstleistung es gestattet«. (GKL, 2012; dazu Bergner, 2007, 2009, 2009 a)

Mit diesen beiden Bestimmungen, zu deren Befolgung Beamte und Angestellte verpflichtet sind, haben sie die Möglichkeit, ihrem Vorgesetzten kontinuierlich über Stress, Aufgabenstau und fehlender Ressourcen wie auch über ihren persönlichen Belastungsstatus zu berichten und nachdrücklich auf eine Unterstützung hinzuwirken, die den geordneten Betriebsablauf sicherstellt.

In manchen Branchen der Wirtschaft sind die Risiken der Berichtenden höher, sich mit solchen Auskünften Nachteile einzuhandeln. Es ist daher sinnvoll, sich im Zweifelsfall der Unterstützung durch Personalrat und Betriebsrat zu versichern. Jedenfalls lohnt es sich zu prüfen, ob ein Handeln in Anlehnung an die Bestimmungen des Beamten-Gesetzes möglich, risikoarm und aussichtsreich erscheint. Manchmal ist die Überlastungs-Anzeige die einzige Form der Eigenwirksamkeit, die der Betreffende für sich erkennen kann. Zum Vergleich: Wenn ein Mitarbeiter auf dem Betriebsgelände einen Geruch wahrnimmt, der ihm verdächtig, riskant oder krank machend erscheint, so schreibt die Berufsgenossenschaft vor, dass sofort eine ingenieurwissenschaftliche Untersuchung eingeleitet und eine Risikoeinschätzung vorgenommen wird. Menschliches Klagen und Leiden erscheint demgegenüber in gesetzlichen Bestimmungen weniger wichtig und handlungsrelevant.

Balancierte Hilfsbereitschaft

Diesem Thema liegt die Erfahrung zugrunde, dass die eigene Hilfsbereitschaft im Team über- wie auch untertrieben werden kann. Wer allzu rasch entgegenkommt, muss vielleicht eigene Aufgaben hintanstellen. Wer sich oft verweigert, sägt an dem Ast, auf dem er im Team selbst sitzt (Übung 21).

Übung 21: Balancierte Hilfsbereitschaft

Instruktion: Füllen Sie bitte die ersten drei Spalten der nachfolgenden Tabelle aus und notieren Sie unter *Handlungsbedarf* rechts eine Konsequenz, die Sie aus diesem Ergebnis ziehen wollen.

Hilfsbereitschaft im Team

Namen aller Kolleginnen und Kollegen im eigenen Team	Ich gebe mehr	Kollege/ Kollegin gibt mehr	Handlungs-bedarf?
1.			
2.			
3.			
4.			
5.			
6.			
7.			
8.			
9.			
10.			

Spontanes kollegiales Coaching

Zum kompetenten Umgang mit den Zielgruppen, aber auch bei Sachaufgaben trägt wesentlich bei, dass sich das Team regelmäßig über die eigenen diesbezüglichen Erfahrungen, Schwierigkeiten und Erfolge austauscht. In manchen Firmenkulturen geschieht dies ganz spontan; in anderen herrscht eher eine Einzelkämpfer-Mentalität, z.B. in manchen Schulkollegien und in Universitätsfakultäten. Ich habe es während meiner eigenen Tätigkeit als Hochschullehrer nur ein einziges Mal erlebt, dass sich ein Kollege mit der Bitte um ein Coaching seiner Lehrtätigkeit an mich wandte. Dabei betonte er in fast jeder Sitzung erneut, davon dürfe niemand, wirklich niemand, nicht einmal meine eigenen Mitarbeiter etwas erfahren, die ihn ja beim regelmäßigen Kommen und Gehen wahrnehmen würden und für die ich, um ihn von seiner Sorge zu entlasten, eine neutrale Beschreibung unserer Zusammenkünfte wählen musste.

Der Austausch im Team kann resigniert, großspurig, hämisch oder sarkastisch erfolgen. Darunter finde ich besonders die letzte Qualität, den *Dauersarkasmus*, durchaus beunruhigend. Denn Sarkasmus kann auf eine Entfremdung zwischen der Person und der Sinnbindung seiner eigenen Arbeit hinweisen. Dies wieder ist, wie in Kap. I dargestellt wurde, neben Erschöpfung und Leistungsminderung eines der Bestimmungsstücke für ein Burnout im Konzept von Maslach und Jackson (1985). Manchmal wird im Austausch auch gemeinschaftlich geschimpft und gelästert. Solange dies nicht chronisch, sondern nur punktuell geschieht, ist es gewiss unproblematisch: Es dient dann der Katharsis und macht die Seele wieder frei für die nächsten Arbeitsschritte. Wenn der Ton von Feindseligkeit oder Verachtung im Team allerdings chronisch zu werden beginnt, wird die Sache riskant. Denn die nächsten Schritte in einer Eskalation könnten dann praktizierte Feindseligkeit und Verachtung, Senkung der Hemmschwelle für unethisches und strafbares Handeln oder Vernachlässigung der Aufgaben sein.

Aber der Austausch im Team kann auch ruhig und reflektiert, unterstützend und klärend, Ursachen auslotend und Optionen entwickelnd stattfinden, zu zweit wie auch im größeren Kreis, und dann den Charakter eines kollegialen Coaching annehmen. Auch hier gilt: Es soll nicht darum gehen, Tipps, Tricks und rhetorische Kunstgriffe auszutauschen. Vielmehr ist es Ziel des kollegialen Austauschs, Kommunikationsformen zu entwickeln, die beiden Seiten dienen und niemanden schädigen. Dabei können wir nicht erwarten, dass das Team als Ganzes die Initiative ergreift, um dem einzelnen Kollegen bei seiner Burnout-Prävention behilflich zu sein. Aber jedes Teammitglied kann seinen Einfluss geltend machen, um das Gespräch in konstruktive Bahnen zu lenken.

Die besondere Aufmerksamkeit für Sarkasmus, Zynismus, Spott, Häme und Entwertung hat noch einen weiteren Grund. Wer in diesen Stimmungen über die Zielgruppen der eigenen Arbeit spricht, begibt sich selbst in das Risiko, sich in den unmittelbaren Kontakten mit der Zielgruppe in ähnlicher Weise zu äußern, die Aufgaben mit Abneigung oder sogar Abscheu auszuführen und Hilfe regelrecht zu verweigern. Dies habe ich verschiedentlich in Institutionen beobachtet, z. B. indem eine Überbelastung oder Überbelegung wahrheitswidrig behauptet und Hilfsbedürftige auf dieser Grundlage abgewiesen wurden.

Team-Reflexion der Leitungsfunktion

Mitarbeiter machen sich unweigerlich Gedanken über ihre Vorgesetzten und sprechen auch über sie. Manche Mitarbeiter beschreiben ihre männlichen wie auch weiblichen Vorgesetzten als Typen.

Typisierungen von Vorgesetzten durch Mitarbeiter:

Typ Chaot
Typ Choleriker
Typ Hektiker
Typ Schlaftablette
Typ Friede-Freude-Eierkuchen
Typ Karrierist
Typ Terrier
Typ Schlechter Verlierer
Typ Beratungsresistent
Typ Pedant
Typ Possenreißer
Typ Narzisst
Typ Perfektionist
Typ Wadenbeißer
Typ Zicke
Typ Stuten-Bissigkeit

Typ Mode-Püppchen
Typ Hysterikerin
Typ Will es allen recht machen
Typ Besserwisser
Typ Vogel-Strauß-Politik
Typ Hans Dampf in allen Gassen
Typ Hauptsache Action
Typ Womanizer
Typ Hauptsache Auftritt
Typ Alles im Griff
Typ Alles muss über meinen Schreibtisch
Typ Schleimer
Typ Nach oben buckeln, nach unten treten
Typ …

Wir ahnen: Es muss schon eine erhebliche Frustration der Mitarbeiter vorliegen, bevor sie zu solchen Vereinfachungen greifen. Denn diese holzschnittartigen Vergröberungen entstehen ja unter anderem, wenn ein Merkmal im Verhalten eines Vorgesetzten alle anderen außerordentlich dominiert.

Im Team-Coaching ohne diese Vorgesetzten werden wir allerdings diese Darstellungen der Mitarbeiter mindestens auf drei Weisen abklopfen:

1. Wie haben Sie als Mitarbeiter in der Vergangenheit dazu beigetragen, dass sich dieses unerträgliche Führungsverhalten Ihres Vorgesetzten so intensiv entfalten konnte?
2. Welche konstruktiven Eigenschaften und Verhaltensweisen können Sie an Ihrem Vorgesetzten erkennen?
3. Wie können Sie in Zukunft Belastungen mildern oder korrigieren oder ausgleichen, die sich aus diesem Führungsverhalten ergeben haben?

Unterstützungssitzungen im Team

Unterstützungssitzungen sind wiederkehrende Gespräche in Teams, in denen es weder um die Analyse von Problemen noch um gegenseitige Korrektur oder Supervision geht. Vielmehr ist das einzige Thema: Wie kann ich die Kollegin und den Kollegen bei ihrer/seiner und unserer gemeinsamen Arbeit unterstützen? Wie kann ich ihr und ihm das Leben leichter machen? Was kann ich zu ihrer und seiner Motivation, Arbeitsfreude, Anerkennung und positiven Selbsteinschätzung beitragen?

Das Team nimmt zusammen mit der Vorgesetzten-Funktion in der Bandbreite zwischen Person und Institution bei der Burnout-Prävention eine mittlere und vermittelnde Stellung ein. Die Mitglieder des Teams sind als Subsystem der Institution gegenüber zur Leistungserbringung verpflichtet, können aber noch vieles informell im Nahbereich vereinbaren und regeln. Im Vergleich dazu befindet sich der Vorgesetzte auch förmlich in einer Sandwich-Position zwischen Team und der nächsthöheren Leitungsebene. Er muss für seine Entscheidungen Bestimmungen beachten, Wirkungen und Nebenwirkungen abwägen und gegebenenfalls Rechenschaft ablegen. Von der Burnout-Prävention durch Vorgesetzte handelt der nächste Abschnitt, Kap. II.5.

5. Burnout-Prävention durch Vorgesetzte

Aufgrund ihrer Schlüsselposition zwischen der Firmenleitung oder einer größeren Abteilung einerseits und den unmittelbaren Mitarbeitern andererseits kommt Vorgesetzten eine besondere Verantwortung für die Burnout-Prävention zu. Sie sind eng genug mit den Mitarbeitern verbunden, um diesbezüglich Fehlentwicklungen früh zu erkennen, und andererseits mit Entscheidungsspielräumen ausgestattet, die ihnen ein rasches Intervenieren ermöglichen. Demgegenüber treten sie aber auch oft als zentrale Stressoren für das Team in Erscheinung, und zwar u. a. durch folgende Verhaltensweisen:

Vorgesetzte als Stressoren:

1. Falsche oder fehlende Delegation
2. Bevorzugung einzelner Mitarbeiter
3. Fachliche Inkompetenz
4. Entscheidungsschwäche
5. Fehlende Durchsetzung
6. Schikanöse Anordnungen
7. Unerreichbarkeit
8. Überflüssige und übertriebene Kontrolle
9. Fehlende Kontrolle
10. Konfusion
11. Sprunghaftigkeit
12. Unberechenbarkeit
13. Rachegefühle
14. Humorlosigkeit
15. Beratungsresistenz
16. Fehlende Loyalität den Mitarbeitern gegenüber
17. Fehlende Loyalität der Leitung gegenüber
18. Ideen-Diebstahl
19. Skrupellosigkeit
20. Mobbing
21. Vage und leere Versprechungen
22. Psychische Störungen
23. …

Mitarbeiter mögen in fast allen beruflichen Belangen günstige Rahmenbedingungen antreffen. Wenn das Verhältnis zu ihren unmittelbaren Vorgesetzten getrübt ist, so überschattet dies jeden Arbeitstag. *Der Fisch stinkt vom Kopf her*, heißt es halb im Scherz wie auch halb im Ernst, wenn im Arbeitsleben eines Teams nicht alles rund läuft. Mit dieser Redensart kann die unmittelbare Vorgesetzte gemeint sein, aber auch die örtliche Leitungsebene oder die Konzernspitze. Will heißen: Das Team möchte nur einen Teil der Verantwortung für die erkennbaren Missstände selbst übernehmen und leitet einen anderen Teil an die übergeordneten Leitungsebenen weiter. Im Umkehrschluss gilt entsprechend: Wenn Führungsebenen über Inkompetenz, mangelnde Motivation und fehlende Einsatzfreude ihrer Mitarbeiter klagen, so müssen sie sich fragen lassen, welchen Anteil an dieser Fehlentwicklung sie selbst zu verantworten haben.

Gegenüber einer Auflistung von Burnout-präventiven Verhaltensweisen durch Vorgesetzte wird manchmal der Einwand ins Feld geführt: *Das sind doch ganz normale Führungsaufgaben – was hat das mit Burnout zu tun?* Diese Feststellung ist zunächst völlig richtig. Und trotzdem ist es notwendig, die Führungsposition und ihre Burnout-Verursachungsrisiken zu reflektieren. Denn in der Vergangenheit wurde Führungskompetenz in erster Linie gefordert und geschult, um die Mitarbeiterleistung zu erhöhen. Motivation und Teamklima wurden in diesem Zusammenhang oft überwiegend instrumentell betrachtet: Wenn der Mitarbeiter sich wohlfühlt, dann arbeitet er auch besser. Im Zusammenhang mit der Burnout-Prävention werden diese Überlegungen nicht außer Kraft gesetzt, zusätzlich aber auf einen neuen Fokus gerichtet. Führungskompetenz dient also nicht nur der Leistungssteigerung, sondern auch der Burnout-Prävention. Kompetente Vorgesetzte tragen dazu bei, dass Mitarbeiter gesund bleiben. Diese Überlegung kann Vorgesetzten einen zusätzlichen Motivationsschub verleihen, ihre Führungsfunktion qualifiziert auszuüben.

Am stärksten ausgeprägt ist dies für mich von der Duisburger Polizeipräsidentin, Frau Dr. Bartels, zum Ausdruck gebracht worden, indem sie 2011 in ein großes Paket gesundheitsfördernder Maßnahmen ein Modul mit dem Titel *Führung als Gesundheitsfaktor* aufnahm. Das war ein mutiger Schritt. Denn es war ja ein Anlass für alle Vorgesetzten, sich die Frage zu stellen, ob ihr eigenes Führungsverhalten für ihre Mitarbeiter gesundheitsförderlich sei. Es war auch eine Einladung an die Mitarbeiterinnen und Mitarbeiter, ihre Vorgesetzten bis hinauf zur Präsidentin unter dieser Perspektive zu betrachten.

Der wirtschaftliche Aspekt muss demgegenüber nicht zurücktreten. Viele Burnout-Entwicklungen führen zu wiederkehrenden Krankschreibungen, Klinikaufenthalten, Reha-Maßnahmen, Wiedereingliederungsphasen usw., die mit langen Abwesenheitszeiten der Mitarbeiter verbunden sind. Auf einen kurzen Nenner gebracht, können wir sagen:

Burnout kostet Geld – Burnout-Prävention spart Geld

Belastungs-Selbsttest für Vorgesetzte

In manchen Firmenkulturen empfiehlt es sich für Vorgesetzte, die noch Karriereschritte planen, nicht, sich als belastet erkennen zu geben. Dem kommt ein Selbsttest der BBK (2012), mit dessen Hilfe Vorgesetzte eine solche Selbsteinschätzung still für sich vornehmen können, entgegen. Er weist keine testtheoretisch begründete Validität auf, spricht aber doch wichtige Themen an, die mit einem Burnout zu tun haben können, und kann insofern ein wichtiger Beitrag zur Burnout-bezogenen Selbstklärung leisten (Tab. 10).

Tab. 10: Schnell-Test für Vorgesetzte zur Einschätzung ihrer eigenen Belastung

- ○ Einschlafen ist für mich kein Problem. Aber oft wache ich mitten in der Nacht auf und grüble.
- ○ Für Freizeit, Hobbys und Familie habe ich wesentlich weniger Kraft als früher. Meist nehme ich mir dafür auch keine Zeit. Habe ich einfach nicht.
- ○ Den persönlichen Kontakt mit meinen Mitarbeitern vermeide ich häufig, weil mir das zu viel Zeit raubt oder mich zu sehr anstrengt.
- ○ Ich habe mehr körperliche Beschwerden als früher, z. B. Kopfschmerzen, Magen-Darm-Probleme oder Verspannungen; körperliche Ursachen findet mein Arzt nicht.
- ○ Mir fällt es relativ schwer, nach der Arbeit abzuschalten. Oft gelingt es gar nicht.
- ○ Ich trinke – ehrlich gesagt – mehr Alkohol, als mir guttut.
- ○ Ein Wochenende reicht zur Erholung kaum aus.
- ○ Konzentriertes Arbeiten fällt mir neuerdings schwer. Ankommende E-Mails oder Störungen lenken mich leicht ab, und ich komme schwer wieder rein.
- ○ Wenn im Job etwas nicht so läuft, wie ich mir das vorgestellt habe, reagiere ich oft resigniert.
- ○ Zeitdruck, Verantwortung, Anfragen – oft fühle ich mich wie der berühmte »Hamster im Rad«, der immer rennt, aber nie ankommt.

Tab. 10 *(Fortsetzung)*: Schnell-Test für Vorgesetzte zur Einschätzung ihrer eigenen Belastung

- ○ Ehrlich gesagt, habe ich einen inneren Widerstand gegen meine Arbeit, den ich jeden Tag neu überwinde. Im Alltag funktioniere ich dann aber wieder gut.
- ○ Meine Stimmung schwankt: Manchmal erkenne ich mich selbst nicht wieder, zum Beispiel, wenn ich so gereizt reagiere.

Es wird angenommen, dass bei

- ≥ 3 Bejahungen Überlastung und Erschöpfung durch Dauerstress bestehen,
- ≥ 5 Bejahungen der Stress dem Betreffenden über den Kopf wächst,
- ≥ 7 Bejahungen ärztliche oder psychotherapeutische Unterstützung angezeigt sei.

Team-Belastungsdiagnostik durch Vorgesetzte

Realistischerweise wird der in Kap. 5.1 dargestellte Selbsttest durch eine Vorgesetzten-Einschätzung für das eigene Team ergänzt (Tab. 11).

Tab. 11: Schnell-Test

- ○ Wenn Neuerungen eingeführt werden, hört man vor allem Gemeckere – und Bemerkungen wie »Auch das noch! Wie sollen wir das schaffen?« oder »Bringt doch alles nichts!«
- ○ Häufiger hapert es bei uns am Informationsfluss. Manchmal werden wichtige Informationen beispielsweise spät oder gar nicht an Kollegen weitergeleitet. Manche Aufgaben werden deshalb erst verspätet oder auch fehlerhaft erledigt.
- ○ Es gibt unter meinen Mitarbeitern öfter Konflikte, Konkurrenzsituationen und Querelen.
- ○ Der Krankenstand in meinem Team ist hoch.
- ○ Bei fachlichen Fragen bin ich jederzeit ansprechbar, aber für persönliche Gespräche mit Mitarbeitern fehlt einfach die Zeit.
- ○ Bei uns ist oft unklar, wer für welche Aufgabe zuständig ist. Aufgaben und Projekte werden häufiger hin- und hergeschoben.
- ○ Wenn ich einer Gruppe von Mitarbeitern begegne, habe ich manchmal das Gefühl, dass ihre Gespräche verstummen.
- ○ Oft habe ich das Gefühl, dass ich die Ergebnisse der Aufgaben meiner Mitarbeiter kontrollieren muss, damit sie auch wirklich ordentlich erledigt werden.
- ○ Sogar meine guten Mitarbeiter wirken in letzter Zeit öfter so, als wären sie nicht ganz auf der Höhe.

Tab. 11 *(Fortsetzung)*: Schnell-Test

- ○ Es ist schon vorgekommen, dass meine Mitarbeiter nicht durch mich, sondern durch den »Flurfunk« erfahren haben, dass Veränderungen im Team oder Entlassungen anstehen.
- ○ Für Weiterbildung haben meine Mitarbeiter keine Zeit. Der laufende Betrieb lässt das einfach nicht zu.
- ○ Betriebsausflug und Weihnachtsfeier würden einige in meinem Team am liebsten ausfallen lassen.

Dieser Test soll auf folgende Weise ausgewertet werden:

- ≥ 4 bejahte Aussagen: Engagement und Arbeitsqualität lassen nach, Teambeziehungen leiden,
- ≥ 6 bejahte Aussagen: Wahrscheinlich ist das Team schon sehr erschöpft.

U. a. auf der Grundlage dieser Selbst- und Fremdeinschätzung sind Vorgesetzte nun eingeladen, die folgenden Optionen eigenen Einwirkens auf die Mitarbeiter und die Arbeitsabläufe zu sichten sowie entsprechende Pläne zu entwickeln und Maßnahmen zu konzipieren.

Vorbildfunktion

Vorgesetzte werden von ihren Mitarbeitern oft kritischer betrachtet und im Hinblick auf ihren Charakter mit strengeren Maßstäben geprüft als denen, die sie an sich selbst anlegen. Trotz aller Erörterungen über partnerschaftliche Mitarbeiterführung bleiben auf Mitarbeiterseite gewiss hier und da Bereitschaften und Wünsche erhalten, Vorgesetzte zu bewundern und zu ihnen aufzublicken. Es kann durchaus zur Entwicklung der Mitarbeiter-Persönlichkeit beitragen, wenn Vorgesetzte diese Vorbildfunktion übernehmen und diesen erhöhten Ansprüchen gerecht werden. Aber auch Spott und Gehässigkeit, Unehrlichkeit und Rücksichtslosigkeit, die Vorgesetzte praktizieren, wirken im Team ansteckend: Sie sind ein Signal dafür, dass für Äußerungen von Feindseligkeit im Team Raum besteht. Auch kleine Verstöße durch Vorgesetzte werden von Mitarbeitern fein registriert und kritisch betrachtet, und natürlich besonders dann, wenn Vorgesetzte hehre Werte verkünden und deren Befolgung von den Mitarbeitern einfordern (vgl. Kap. II.4).

Ein Beispiel aus neuerer Zeit war die Rede eines Konzernchefs vor Auszubildenden, während er gleichzeitig Teile seines Vermögens steuerschonend bei einer sog. Stiftung im Ausland untergebracht hatte. Wir denken dann an die Redensart *Wasser predigen und Wein trinken*. Solche Verstöße gegen das Prinzip von Treu und Glauben erschüttern das Vertrauen und die Loyalität dem Vorgesetzten gegenüber und tragen zum Nachlassen der Moral im Team bei.

Entsprechend ist es gut, wenn Vorgesetzte sich ihrer Vorbildfunktion bewusst sind, für die sie auf vielen Gebieten und auch auf solchen, von denen sie gar nichts wissen, in Anspruch genommen werden:

> Ich erinnere mich daran, dass ich früher, als ich noch rauchte, für meine Studierenden einmal ein schlechtes Beispiel war, indem ich in einem Seminarraum rauchte, obwohl das bereits untersagt war. Als einige Studierende daran Kritik äußerten, antwortete ich gereizt: »Sorgen Sie erst mal dafür, dass Ihre Mit-Studierenden hier das Rauchverbot einhalten!« Aber eine solche Vorher-Nachher-Interpunktion, also der Trick, korrektes Verhalten zunächst von anderen einzufordern, bevor man selbst dementsprechend handelt, kann es bei Fragen der Ethik im Zusammenleben natürlich nicht geben.

> Ein für mich selbst überraschendes Beispiel für eine gute Vorbildwirkung wurde mir einmal mit Verzögerung von einem einzelnen Studenten berichtet. Er hatte beobachtet, wie ich am Ende der Vorlesung vorsichtig aus dem Hörsaal-Gebäude heraustrat und den Regen betrachtete, etwas unschlüssig, ob ich losgehen oder warten solle, mir dann aber einen Ruck gab und energisch losging. Da dachte der Student: *Ach, wenn der das kann, dann kann ich das auch!*, und machte sich zügig auf den Weg zu *seinem* nächsten Termin.

> In einem anderen Fall erhielt ich auf diese Weise ein für mich selbst unerwartetes Feedback. Nach einem Seminar kam eine Führungskraft zu mir und sagte: »Ich habe Sie während des ganzen Seminars beobachtet. Wir haben ja untereinander im Seminar ziemlich oft Witze über die anderen Abteilungen gemacht, die demnächst auch zu Ihnen ins Seminar kommen. Da ist mir aufgefallen, dass Sie kein einziges Mal mitgelacht haben, geschweige denn, dass Sie sich an unseren Witzeleien aktiv beteiligt hätten. Das hat mir gefallen. Denn wenn ich miterlebt hätte, dass Sie mit uns über die anderen gelacht hätten, hätte ich ja unweiger-

lich daraus schließen müssen, dass Sie demnächst mit den anderen auch über uns Witze gemacht hätten. So haben Sie mir diese Sorge genommen.«

In einem dritten Fall sagte mir eine Doktorandin aus einer anderen Fakultät, die ich über eine längere Zeit im Hinblick auf ihr methodisches Vorgehen beraten hatte: »Sie sind der Einzige unter Ihren Kollegen, der sich in keinem unserer Gespräche über mein mangelndes Methodenwissen beklagt hat, das aber aufgrund unseres Curriculums ohne umfangreiche Fortbildung auch nicht erwartet werden kann.«

Alle vier Beispiele zeigen: Personen in exponierten Stellungen werden im Gespräch nicht nur unter den gängigen Kriterien gemustert, sondern auch unter einer Vielzahl weiterer Gesichtspunkte, von denen sie selbst keine Ahnung haben können, die aber in das Gesamturteil des Gegenüber mit einfließen, und die für den Beobachter sogar handlungsleitend werden können. Vorgesetzte mögen sich dann über ein Mitarbeiterverhalten wundern oder sich sogar darüber ärgern, ohne zu ahnen, dass es auf ihr eigenes problematisches Vorbildverhalten zurückgeht.

Die Vorbildfunktion soll frei von Demonstration und Selbstinszenierung erfolgen, im natürlichen spontanen Handeln, ruhig, beständig und zuverlässig, nahezu lautlos. Andernfalls entwickelt sie sich leicht zu Fassadenhaftigkeit, Peinlichkeit und beruflicher Deformation. Das *I Ging* (Wing, 1980) hat diesen Vorgang des lautlosen Einflusses in dem Hexagramm 57 (Der durchdringende Einfluss) mit dem sanften Einwirken des Regens auf dem fruchtbaren Boden verglichen.

Gemeinsamer Arbeitsbeginn

Zu Teambindung und Teamkohäsion kann ein gemeinsamer Arbeitsbeginn beitragen. Dies ist angesichts der verbreiteten gleitenden Arbeitszeit nicht ohne Weiteres in die Tat umzusetzen, vermittelt aber dem Team ganz neue Erfahrungen. Die Durchführung ist einfach: Das Team verabredet sich, pünktlich zur Arbeit zu kommen und während der ersten Viertelstunde zweckfrei beisammenzusitzen, im Gespräch, mit einer Tasse Kaffee, gerne auch zum kleinen Erzählen oder Austausch oder zu Terminabsprachen. Das Entscheidende ist aber die Anwesenheit möglichst aller Teammitglieder, der Verzicht auf eine dienstliche Tagesordnung und die Gemächlichkeit des Tempos.

Teams, denen ich dies vorschlug, reagierten zum Teil entsetzt und empört: *Das können wir uns bei unserer Arbeitsbelastung gar nicht leisten!* Oder: *Das würden unsere Kunden niemals akzeptieren!* Ich variierte daraufhin den Vorschlag und empfahl, eine Viertelstunde der eigenen Freizeit zur Verfügung zu stellen, um dieses Treffen zu ermöglichen. Trotz aller anfänglichen Skepsis folgten einige Teams meiner Empfehlung und berichteten mir später von einem vollständigen Wandel im Teamklima: Sie nahmen sich jetzt nicht mehr allein als Funktionsträger wahr, sondern registrierten Glück und Last im Privatleben der Kolleginnen und Kollegen, sofern diese davon berichteten, Kränklichkeiten und Sorgen, berufliche Überlegungen und vieles andere, was bisher vorübergerauscht war. Jedenfalls bewahrheitete sich dabei immer wieder die Redensart: *geteiltes Leid ist halbes Leid – geteilte Freude ist doppelte Freude.*

Andere Teams kämpfen darum, während des Tages einen Aufenthaltsraum außerhalb von Kantine und Konferenzräumen benutzen zu dürfen. Dies stößt vonseiten der Leitung manchmal auf Hygienebedenken oder wird unter Verschwörungsverdacht gestellt: Mitarbeiter würden sich dort zusammenrotten und die Revolte gegen den Vorstand organisieren. – Ein Team, das ich coachte, fasste einen kühnen Entschluss: Es verabredete sich für die Zeit unmittelbar nach Dienstende zum gemeinsamen Eisessen im Café und berichtete in der nächsten Coaching-Sitzung vergnügt und inspiriert davon.

Das gemeinsame Burnout-präventive Element in den Beispielen besteht darin, dass die Mitarbeiter sich während dieser Begegnungen vollständiger und ganzheitlicher sehen und sich auch so gesehen fühlen. Dies trägt gewiss zum seelischen Gesundheitsschutz jedes Einzelnen und auch zum Teamklima entscheidend bei.

Förderung und Forderung in der Probezeit

Eine wichtige Aufgabe von Vorgesetzten besteht darin, neue Mitarbeiter während der Probezeit nicht nur *pro forma*, sondern ernsthaft und gründlich darauf zu prüfen, wie weit sie den Anforderungen der Stelle voraussichtlich gewachsen sein werden. Natürlich sollen die Anfänger in dieser Zeit gefördert werden, damit sie sich in den neuen Aufgaben rasch gut zurechtfinden und schrittweise komplexere Aufgaben übernehmen können. Gleichzeitig sollen sie aber auch wohldosiert mit anspruchsvolleren Herausforderungen konfrontiert werden, an denen sich erweist, ob sie diesen gewachsen sind. Beides trägt zur Burnout-Prävention im Team bei: Eine wenig qualifizierte Kraft belastet alle anderen Mitarbeiter, die dann deren Aufgaben mit schultern müssen. Denn eine Reduktion der Ansprüche an das Arbeitspensum lässt sich nur selten erreichen. Darüber hinaus sollen die anderen Mitarbeiter auch an der Meinungsbildung darüber beteiligt werden, ob der Kandidat sich in der Zusammenarbeit und in seinem Beitrag zum Teamklima als geeignet erwiesen hat. Denn das Team wird mit ihm zu leben haben.

Diese Prüfung ist andererseits für manche Kandidaten mit extremen Härten verbunden.

Ich coachte einmal eine Musikergruppe aus einem Sinfonieorchester, das als Team ein bestimmtes Instrument spielte. Dabei erfuhr ich, dass die Probezeit in diesem Orchester ein ganzes Jahr betrug. Während dieser Zeit bewegt sich jeder Kandidat auf sehr dünnem Eis. Denn einerseits soll er ein ausgezeichneter Spieler sein, der diese Musikergruppe kompetent verstärkt und zu ihrem guten Ruf im Orchester beiträgt. Andererseits darf er auf keinen Fall besser als irgendeiner der anderen Musiker sein. Denn sie alle sind potentiell gekränkte Solisten, denen ein einziger Erster Instrumentenspieler vorangestellt ist; und alle sind untereinander der Meinung, dass sie selbst mindestens so gut spielen wie dieser Ausgewählte. Da ist es verständlich, dass jeder von ihnen für den nächsten Wechsel an der Spitze sich selbst als den besten Nachfolger betrachtet und keinerlei Interesse daran hat, dass der Neue ihn beim Kampf um die Spitzenposition etwa überholen würde. Im Hinblick auf die Mobilität von Musikern insgesamt führt diese enorme Länge der Probezeit dazu, dass nur sehr wenige einen Wechsel in Betracht ziehen, wenn sie eine feste Anstellung haben.

Das Team berichtete mir u. a. noch unaufgefordert von dem besonders pikanten Verlauf einer Probezeit in einem anderen Teil des Orchesters. Eine jüngere, sehr begabte Künstlerin war dort zur Probe eingestellt worden und ging nach einigen Wochen eine Beziehung mit dem Ersten Spieler dieser Gruppe ein, beendete sie allerdings nach einem halben Jahr wieder. Danach wurde die Probezeit faktisch nur noch pro forma zu Ende geführt. Denn allen Beteiligten war klar, dass ihr Partner aus dieser kurzen Beziehung sich am Ende des Jahres gegen ihre Festanstellung aussprechen würde. Das Gleiche hätte ihr aber auch geschehen können, wenn sie von Anfang an die Beziehung mit ihm nicht aufgenommen hätte.

Anerkennung von Leistungen

Jeder Mensch ist anerkennungsbedürftig. Außer Feedback benötigt jeder Mitarbeiter also auch regelmäßig die Würdigung seiner Arbeit und seiner Person über die Selbstwürdigung hinaus, die ich in Kapitel II.1 dargestellt habe. In der Anerkennung erlebt der Mensch, dass er und seine Arbeit für andere Menschen von Bedeutung sind. Die Anerkennung ist mit dem Feedback verwandt. Sie soll konkret, zeitnah, beschreibend und persönlich ausgedrückt werden. Daran erkennt der Mitarbeiter, dass er wirklich selbst gemeint ist (Fengler, 2009).

Von großer Bedeutung ist vermutlich in allen Teams die regelmäßige wechselseitige reversible Anerkennung.

Dies könnte man für eine triviale Forderung und Empfehlung halten; denn natürlich wissen wir alle, dass wir nicht nur für den Lohn arbeiten und vom Gehalt leben, sondern wesentlich auch aus der Bejahung unseres Tuns. Aber die Formulierung ›regelmäßige wechselseitige Anerkennung‹ will eine Konkretisierung des Gedankens ermöglichen. ›Regelmäßig‹ heißt: Die Arbeit soll nicht nur in der Weihnachtsansprache oder zum silbernen Dienstjubiläum erwähnt werden, sondern so oft wie möglich und auch in Gegenwart Dritter Beachtung finden. Diese praktizierte erlebbare Aufmerksamkeit soll wechselseitig sichtbar werden. Während Mitarbeiter zu Recht wünschen und erwarten, dass ihnen Anerkennung ausgesprochen wird, übersehen sie manchmal, dass ihre Vorgesetzten genauso bedürftig sind, und könnten doch ihre Zufriedenheit mit der Vorgesetztenfunktion ebenfalls zum Ausdruck bringen. Schließlich ›Anerkennung‹: Ich ziehe ›Anerkennung‹ dem ›Lob‹ vor. Anerkennung ist die in der Sache begründete Stellungnahme zu guten Leistungen und angemessenen Handlungsweisen, wogegen das Lob den Aspekt der Hierarchie unterstreicht: Vorgesetzte und Mitarbeiter können sich gegenseitig ihre Anerkennung aussprechen. Loben kann man nur von oben nach unten.

Gerechtigkeitsbemühen

Mitarbeiter beobachten ihre Vorgesetzten sehr genau unter dem Gesichtspunkt der Frage, ob Letztere sich gerecht verhalten oder sich jedenfalls um Gerechtigkeit bemühen. Das Gerechtigkeitsgefühl von Menschen entwickelt sich etwa vom dritten Lebensjahr an. Entsprechend lässt sich ausmalen, wie gleichsam kindlich empört die Reaktion dessen ausfallen wird, der sich ungerecht behandelt fühlt. Jeder ältere Mensch kann uns, wenn wir ihn danach fragen, aus dem Stegreif von einer Ungerechtigkeit berichten, der ihm oder ihr in ihrer Kindheit angetan worden ist. Entsprechend müssen Vorgesetzte damit rechnen, dass auch nur ein Anflug von Ungerechtigkeit in ihrem Verhalten von Mitarbeitern mit Schmerz und Vorwurf beantwortet werden wird. Die abschließende Rundfrage nach der differenziellen Aufgabenzuweisung bei größeren Projekten, ob diese Lösung nun für alle Beteiligten in Ordnung sei, trägt zum Team-Frieden und zur Burnout-Prävention bei – wenn sie denn ernst gemeint ist und zur abschließenden Prüfung und Selbstprüfung Raum gibt.

Die Aufgabenzuweisung soll vier Kriterien genügen:

1. Gerecht gegenüber den Mitarbeitern: Arbeitsmenge, Qualitäts-Anspruch, Umgang mit Fehlern und Versäumnissen, Gratifikation
2. Sachgerecht: Gegenüber den Anforderungen der Institution
3. Realistisch im Hinblick auf Leistbarkeit, Stressregulierung und Gesundheitsschutz
4. Individualisierend: Nach Fähigkeiten und Neigungen.

Vorgesetzte haben die Möglichkeit, sich bei einem kleinen Selbst-Coaching vor und nach der Sitzung dieser vier Kriterien zu bedienen. Es wird ihnen nicht immer gelingen, vollständige Gerechtigkeit walten zu lassen. Aber das Gerechtigkeits-*Bemühen* sollte für alle Mitarbeiter spürbar sein.

Die1:5-Regel für Vorgesetzte

Die 1:5-Regel hatte ich bereits in Kapitel II.2 als Empfehlung für das Privatleben ausgesprochen. Auch im Arbeitskontext kann sie heuristisch als gültig und brauchbar betrachtet werden: Auf *1* unangenehmes Erlebnis am Tag sollen *5* angenehme Erfahrungen kommen. Das ist ein originelles bedenkenswertes Postulat und eine Gegenthese zu der schwäbischen Redensart *Nicht geschumpfen ist genug gelobt!* oder im Hochdeutschen der bei Vorgesetzten beliebte Satz *Solange ich nichts sage, ist alles in Ordnung!*

Gewiss meldet sich auch Skepsis gegenüber Kaskaden von Freundlichkeits-Äußerungen, unter denen sich Mitarbeiter wegducken: *Vorsicht! Der Chef war auf einem Motivations-Seminar!* Die 1:5-Regel soll nicht mechanisch befolgt werden. Wohl aber kann sie Vorgesetzte dazu einladen, während des Tages die Freuden und Belastungen der Mitarbeiter kontinuierlich im Blick zu behalten und sich kurz vor dem Ende des Arbeitstages in seiner eigenen Bilanz u.a. der Frage zu widmen, wie es wohl mit der Zufriedenheit der Mitarbeiter an diesem Tag ausgesehen haben mag. Für eine ungeschickte eigene Bemerkung am Arbeitsplatz kann ein Vorgesetzter sich möglichst rasch oder auch noch am nächsten Tag entschuldigen oder sein Bedauern ausdrücken. Ich selbst habe es nie erlebt, dass dies zu einem Verlust an Autorität, Glaubwürdigkeit oder Vertrauen geführt hat – im Gegenteil. Dabei wird die 1:5-Quote sich auf die eigenen Kontakte und die eigenen Möglichkeiten der Einflussnahme zu beschränken haben. Denn auf manche Arbeitsbedingungen haben Vorgesetzte nur sehr wenig Einfluss. In solchen Fällen gilt manchmal die realistische Einstellung *shit happens!*, solange sie humorvoll bleibt und notfalls auch etwas Galgenhumor verbreitet, aber frei von Sarkasmus und Zynismus bleibt.

Monitoring der Gesprächskultur

Es ist für ein Team sehr angenehm, wenn sich alle Mitarbeiter um eine sorgfältige Sprache bemühen: Was gesagt wird, soll ziemlich genau das bezeichnen, was der Sache dienlich ist, frei von Rhetorik, Polemik, Jargon, *Killer*-Phrasen, Anspielungen, Unterstellungen und Entwertungen. Der Scherz ist erfrischend, die Dauer-Witzelei anstrengend. Monologe, Anekdoten oder Reflexionen über das Wesen der Welt aus dem Munde von Vorgesetzten werden von Mitarbeitern als Qual empfunden, aber höflich ertragen. Manches, was ich über die Kunst der Kommunikation im Privatleben gesagt habe (Kap. II.2), z.B. Teilaspekte aus der Kunst des Fairen Streitens, gilt im Team in verwandter Weise. Es ist Vorgesetzten-Aufgabe, in Einzel-Gesprächen wie in Team-Sitzungen diese Pflege der Gesprächskultur selbst zu praktizieren.

Einer der häufigsten Seufzer von Mitarbeitern in unteren Rängen einer Institution lautet: ›Tja, davon haben wir ja gar nichts gewusst!‹ Oder: ›Tja, wenn uns das rechtzeitig mitgeteilt worden wäre!‹ Man kann darin noch den Ärger über die Informationsverknappung von oben und deren nachteilige Folgen spüren. Geheimniskrämerei, Verheimlichen und Vertuschen, selektive Information und Desinformation gehören dazu. Manchmal klagen aber auch Vorgesetzte, dass sie von Mitarbeiterinnen und Mitarbeitern über wichtige Vorgänge nicht informiert werden. Es scheint sich dabei also um eine Lernaufgabe für alle Ebenen zu handeln.

Wenn zu einer bestimmten Frage eine Arbeitsgruppe gebildet wird, so ist es sinnvoll, Mitarbeiter aus unterschiedlichen Ebenen und Berufen hinzuzuziehen. Oft ist es richtig, mit dem Vorsitz jemanden zu betrauen, der seinen Arbeitstag nahe bei dem Thema verbringt, nicht aber den Ranghöchsten, der sich dazu bereit erklärt, später aber seinen uninformierten Stellvertreter zu den Sitzungen schickt.

Rollen-Klärung der Mitarbeiter

Es trägt zur Klarheit der Arbeitsbeziehung und zur Beruhigung der Mitarbeiter bei, wenn jedes Team-Mitglied genau seine Aufgaben und Zuständigkeiten kennt und eine funktionale Vertretungs-Regelung vorliegt. In Behörden ist diese Forderung durch den Geschäftsverteilungsplan geregelt, der Verbindlichkeit schafft und zugleich flexibel gehandhabt werden kann. Vergleichbares findet sich keineswegs in allen Institutionen und Unternehmen. Als Grund dafür wird oft genannt, ein solcher Plan verhindere Spontaneität und Improvisations-Möglichkeit; die Mitarbeiter müssten doch flexibel einsetzbar sein; jeder müsse im Ernstfall doch jede Aufgabe übernehmen können; man wollte doch das beamtentypische Schubladendenken überwinden. In einem Team, das ich einmal coachte, wurden alle Bitten der Mitarbeiter um verbindliche Zuständigkeiten von der Leitung abgelehnt. Daraufhin kam im Team der Spruch auf: »Jeder macht alles, keiner macht etwas Vernünftiges!« In einem anderen, ähnlich frustrierten Team, das ich coachte, hieß es: »Jeder macht alles – keiner macht etwas!«

Tatsächlich ist zumindest die letzte Forderung nach großer Flexibilität nur in sehr begrenztem Umfang erfüllbar, nämlich nur durch solche Kollegen, die ohnehin in sehr verwandten Arbeitsfeldern tätig sind:

Die Verwaltungskraft wird keine Autoreparatur vornehmen, und der Produktionsleiter wird nicht zum Marketingleiter. Improvisation ist also als Ausnahme möglich; jedoch soll die grundsätzliche Zuständigkeit klar bleiben und auch weiterhin Gültigkeit besitzen. Dass dies vorzüglich gelingen kann, habe ich selbst u. a. immer wieder an der sehr gut koordinierten Zusammenarbeit der Referate und Abteilungen im Auswärtigen Amt der Bundesrepublik beobachten können. Hier zielen bereits die Ausbildungsgänge darauf ab, stets Generalisten- *und* Spezialisten-Fähigkeiten in ein und derselben Person zu fördern.

Auf das Bedürfnis nach einer darüber hinausgehenden kontinuierlichen Standortbestimmung vonseiten der Mitarbeiter wurde bereits in Kapitel II.4 eingegangen. Vorgesetzte können auch ohne Nachfrage der Mitarbeiter ein Monatsgespräch etablieren, das weit unterhalb der Schwelle einer schriftlichen dienstlichen Beurteilung regelmäßig der Orientierung dient. Dieses Gespräch sollte nicht auf kritische Ereignisse beschränkt sein, sondern ebenso Erfolge, Erfreuliches aus der Zusammenarbeit und bevorstehende Veränderungen zum Gegenstand haben. Auf Vergleiche zwischen der Leistung dieses Mitarbeiters mit der seiner Kollegen ist zu verzichten, ebenso auf gemeinsame Belustigung über abwesende Mitarbeiter. Für den Mitarbeiter ist es wichtig, dass er glaubhaft erlebt: Der Vorgesetzte unterhält mit jedem von uns Mitarbeitern und so auch mit mir ein ganz persönliches enges Arbeitsbündnis, das von Sympathie und Vertrauen getragen ist.

Die Erwähnung dieser Qualitäten des Gesprächs ist unter anderem deshalb wichtig, weil viele Mitarbeiter dramatische entgegengesetzte Erfahrungen machen. Dazu zwei Beispiele:

1. Ein Mitarbeiter erhält in den Monatsgesprächen und auch in der schriftlichen Dienstlichen Beurteilung sehr gute Noten. Drei Monate später werden ihm alle anspruchsvollen Aufgaben entzogen und nur noch Tätigkeiten weit unter seinem fachlichen Niveau zugewiesen. Drei weitere Monate später erfolgt die Kündigung mit der Begründung einer irreparablen Zerrüttung der Arbeitsbeziehung.
2. Nach mehrjähriger Beschäftigung erhalten zahlreiche Mitarbeiter im Rahmen einer Umstrukturierung, die für die Firma mit einer Veränderung der Gesellschaftsform verbunden ist, einen neuen Arbeitsvertrag. Es wird ihnen versichert, dass mit den Rechten und Pflichten alles beim Alten bleibe und dass dies nur pro forma ge-

schehe, damit die Steuerbehörde nichts daran herumzumäkeln habe, allerdings ohne Anwesenheit von Zeugen. Einen Monat später erfolgt dann die massenhafte Kündigung, die dank des klein gedruckten Teils im Vertrag nun juristisch viel leichter durchzusetzen ist als mit dem alten Vertrag.

Vorgesetzte haben aber auch dic Möglichkeit, das Thema Gerechtigkeit auf die Tagesordnung ihrer Teamsitzungen zu setzen, um in dieser Hinsicht regelmäßig ein Feedback von den Mitarbeitern zu erhalten.

Selbstbestimmung im beruflichen Handeln

Es ist eine alte Erkenntnis, dass die meisten Mitarbeiter lieber selbstbestimmt als fremdbestimmt arbeiten. Gängelei durch Vorgesetzte oder durch dienstältere Kollegen, die glauben, ständig eingreifen zu müssen, ist eine Qual. Dies entspricht Ergebnissen aus der empirischen Forschung (Karasek und Theorell, 1990), dass Personen, die weitestgehend Kontrolle über ihre Arbeitsgestaltung haben, weniger von Burnout betroffen sind als Personen, die stark weisungsgebunden arbeiten: Wer selbst bestimmt, wann er was tut, und wer weiß, welchen Zwecken dies dient, identifiziert sich mehr mit der Arbeit und kann sie bejahen, selbst wenn er dabei vielen anderen äußeren Zwängen unterworfen ist (z. B. Termine, Finanzen, Konkurrenten usw.).

Fehlende Autonomie ist eine Belastungsursache ersten Ranges. Das Fehlen von Autonomie wird oft sichtbar, wo die eigene Tätigkeit durch Anweisung anderer oder durch fremdbestimmte Terminfolge weitgehend festgelegt ist, erschwert etwa noch dadurch, dass Leerlauf, Anonymität, psychosoziale Fließbandarbeit und Handelnmüssen gegen eigene Überzeugung und Einsicht erzwungen werden. In großen Institutionen mit abteilungsübergreifenden Aufgaben ist dies geradezu die Regel. Abteilungsintern lässt sich oft leichter etwas bewegen.

Autonomie kann manchmal dadurch gefördert werden, dass in einem Team die Tagesabläufe neu bedacht und neu gestaltet werden. Die Teammitglieder können sich bei bestimmten Routinetätigkeiten abwechseln, eine zusätzliche regelmäßige Teamsitzung vorschlagen oder eine überflüssige abschaffen. Häufig ist es dienlich, dabei einen externen Berater heranzuziehen, der sich noch nicht die blinden Flecken der Einrichtung angeeignet hat und noch nicht der routinebedingten Einfallslosigkeit der Institution zum Opfer gefallen ist.

Mittlerweile ist ja allseits bekannt, dass verschiedene Menschen ganz unterschiedliche Arten von Führung vorziehen und benötigen. Der Begriff ›Führungsstil‹ ist entsprechend nicht mehr auf der Höhe der Diskussion. Aber autoritäre, inkompetente, intrigante, schwankende und feige Führung wird nur von wenigen Menschen begrüßt; Fragen angemessener Führung sind in allen Teams Dauerthema. Dass sie Lebensgefühl und Leistungsfähigkeit von Mitarbeitern, die hierin Nachteile erfahren, stark beeinflussen, liegt auf der Hand. Die folgenden Fragen (aus Enzmann und Kleiber, 1989, S. 209) nehmen darauf Bezug und laden zur Selbsteinschätzung ein (Übung 22).

Übung 22: Fragebogen über den eigenen beruflichen Handlungsspielraum

Bitte beantworten Sie folgende, Ihre Arbeitssituation betreffenden Fragen:

1. Wie viel Einfluss haben Sie darauf, welche Arbeit (Zielgruppen, Problematik etc.) Ihnen zugeteilt wird?
   gar keinen 1
   wenig 2
   einigermaßen 3
   viel 4
   sehr viel 5
2. Können Sie selber bestimmen, auf welche Art und Weise Sie Ihre Arbeit erledigen müssen?
   gar nicht 1
   wenig 2
   einigermaßen 3
   viel 4
   sehr viel 5
3. Wenn Sie Ihre Arbeit insgesamt betrachten, wie viel Möglichkeiten zu eigenen Entscheidungen bietet sie Ihnen?
   gar keine 1
   wenig 2
   einigermaßen 3
   viel 4
   sehr viel 5

Wird bei diesen Fragen die 1 oder 2 angekreuzt, so kann dies auf fehlende berufliche Selbstbestimmung hinweisen.

Für Vorgesetzte gilt entsprechend als Burnout-präventive Empfehlung,

- die eigene Vorgesetzten-Regie über Ziele, Fristen, Qualität und Quantität der Leistung zu wahren

  plus

- Selbstbestimmung der Mitarbeiter über die Wege zu diesen Ergebnissen, natürlich innerhalb eines Korridors der firmenintern geltenden Grenzen, einzuräumen.

Die Ausnahme bestätigt die Regel: Manche Mitarbeiter bedürfen gleichsam auf Schritt und Tritt einer engmaschigen Rückkopplung.

Verbindliche Arbeitsabläufe

Es sollte eigentlich eine Selbstverständlichkeit sein, dass wiederkehrende Arbeitsabläufe in einer Firma gemäß einer verbindlichen Vorgabe erledigt werden. In Ministerien und Verwaltungen ist dies in der Regel durch einen verbindlichen Geschäftsverteilungsplan und spezifische Ablaufschemata gewährleistet. Aber in anderen Bereichen des Arbeitslebens stoßen wir hier auf die größten Überraschungen.

In einem Beratungsteam, das Arbeitslose auf dem Weg zurück in die Beschäftigung beraten und auch schulen soll, gibt es die durchaus zweckmäßige Praxis, bei eigenem Personalbedarf geeigneten Klienten aus der eigenen Zielgruppe einen Arbeitsvertrag anzubieten. Dies wird Gegenstand des Coaching, weil es hier wiederholt zu erheblichen Reibungsverlusten kam. Da die Auskünfte der Mitarbeiter in dieser Hinsicht widersprüchlich erscheinen, bitte ich sie, den verbindlichen Arbeitsablauf bei solchen Vorgängen einmal am Flipchart zu skizzieren. Einer der Kollegen beginnt damit, wird aber gleich von einem anderen unterbrochen mit dem Hinweis, dass dies völlig falsch sei. Dieser Kollege korrigiert dann die Skizze am Flipchart und setzt sie fort. Aber nach nur wenigen Minuten widerfährt ihm das gleiche Schicksal: Ein weiterer Kollege macht ihn auf einen Fehler aufmerksam und korrigiert die Skizze. Als auch ihm bald widersprochen wird, richten sich alle Blicke hilfesuchend auf den anwesenden Vorgesetzten. Dieser wirkt verwirrt und verlegen und sagt dann kleinlaut: *Das ist mir egal, wie ihr das macht. Regelt das untereinander!* Nun beginnt eine neue Diskussion, nämlich über die Frage, wie denn in Zukunft konsensfähig vorgegangen werden kann. Aber das Team kommt zunächst nicht recht damit voran, stellt fest, dass es nicht beschlussfähig ist, weil einige Kollegen fehlen, und bricht die Diskussion ab. Ich selbst ermutige daraufhin den Vorgesetzten, doch selbst eine Entscheidung zu fällen und dabei Gesichtspunkte der Mitarbeiter zu berücksichtigen. Das übernimmt er zunächst lustlos, und es dauert geraume Zeit, bis sich die Mitarbeiter an diese neu erlassene Vorgabe halten.

Substrukturen in großen Teams

Neben kleinen Teams gibt es auch große Teams, die anders funktionieren. In ihnen herrschen manchmal weitgehende Anonymität, stärkere Konkurrenz um Beliebtheit und wichtige Aufgaben, rascherer Personalwechsel, Subgruppen-Polarisierung und vermehrte Macht- und Karriere-Orientierung. Diese können jedes für sich oder in der Summe eine Belastung für das Team darstellen. In der Tendenz zum *lean management* in den letzten Jahren nimmt die Zahl der größeren Teams zu. Das muss kein Nachteil sein. Wenn aber die oben beschriebenen wie auch andere Gruppenprozesse als Belastung in Erscheinung treten, so ist manchmal die Bildung von Arbeitsgruppen eine Hilfe, in denen verwandte, nahe beieinanderliegende Aufgaben und Kompetenzen gebündelt werden und die hoffentlich mit den anderen Arbeitsgruppen gute Kontakte und einen lebendigen Austausch pflegen. Dies zu entscheiden sowie zu überwachen ist eine Vorgesetzten-Aufgabe.

Wissens-Management im Team

In jedem Team ist ein beträchtliches Wissen über alle wichtigen Aufgaben gebündelt. Leider fehlen oft Zeit und manchmal auch der Wille, dieses Wissen allen Team-Mitgliedern zur Verfügung zu stellen. Stattdessen halten einige Kollegen Informationen zurück; andere berichten von Kunden- und Klienten-Kontakten überwiegend großspurig oder zynisch. Oder sie kommentieren Auftritte Anwesender wie auch abwesender Kollegen mit Spott und Verachtung. Im günstigen Fall hingegen kann das Team wie auch das kollegiale Gespräch unter vier Augen eine ähnliche Funktion übernehmen wie die Team-Supervision und das Team-Coaching:

- Es trägt zur Entlastung des Berichtenden bei
- Es hilft ihm beim Verständnis konkreter Problemlagen
- Es hilft ihm bei der Entwicklung neuer Handlungsoptionen
- Es trägt insgesamt zu der Lebensqualität des Betreffenden bei.

Zielgruppenbezogenes Coaching durch Vorgesetzte

Mitarbeiter haben die Möglichkeit, ihre eigenen Vorgesetzten um Unterstützung beim Umgang mit den eigenen Zielgruppen zu bitten. Dies kann viele Facetten haben:

- Hinweise auf bereits gut funktionierende Vernetzungen
- Einbindung in die eigenen derartigen Vernetzungen
- Erläuterung der *Do's and Dont's* (grammatisch übrigens falsch, aber umgangssprachlich verbreitet) im Umgang mit den Zielgruppen
- Empfehlungen für die Gesprächsführung mit den Zielgruppen, ohne dabei zu Manipulationen zu raten
- Darstellung legaler erfolgreicher Lösungswege
- Vorbereitung auf voraussichtlich schwierige Gespräche
- Besprechung schwieriger Gesprächsverläufe im Interesse von Kompetenz- und Qualitätsverbesserung
- Entlastung von Zielgruppen-Gesprächen, die den Mitarbeiter zu diesem Zeitpunkt überfordern.

Im Prinzip sind dies alles Führungsaufgaben, die Vorgesetzte als Teil ihrer Leitungsfunktion betrachten sollten. Aber Mitarbeiter können, wenn diese Vorgesetzten-Initiative ausbleibt, selbst aktiv werden und diese Unterstützung erbitten. Dies dient der Qualitätssicherung im Umgang mit den Zielgruppen, zur Bewahrung eines guten Betriebsklimas und zur persönlichen Burnout-Prävention. Für Vorgesetzte mag diese Aussicht, in *einer* Maßnahme drei Fliegen mit einer Klappe zu schlagen, ein Motivationsimpuls sein, dem Mitarbeiter diese Unterstützung zukommen zu lassen.

Balance von Konkurrenz und Kooperation

Konkurrenz im Team ist ein selbstverständlicher Vorgang, der weder verleugnet noch unterdrückt oder bagatellisiert werden soll. Konkurrenz wird in manchen Berufen als etwas überwiegend Negatives betrachtet, enthält aber auch Herausforderungen und Inspirationen für alle Beteiligten. Entscheidend ist hier wie in vielen anderen Bereichen des menschlichen Zusammenlebens nicht die Tatsache, sondern die Dosierung.

Wir können uns der Sache nähern, indem wir Konkurrenz und Kooperation als im Grundsatz gesund betrachten. Allerdings kann sich in Anlehnung an Helwig (1969) bekanntlich jede Tugend in eine Fehlform verwandeln, wenn sie einseitig und übertrieben praktiziert wird. Konkurrenz wird dann zum Rivalisieren um jeden Preis, Kooperation zum Verlust von individueller Verantwortung und Verbindlichkeit (Fengler, 1996). Diesem Risiko können wir entgegentreten, indem wir Konkurrenz und Kooperation als Geschwister-Tugenden konzipieren, die einander ergänzen und begrenzen. Konkurrenz und Kooperation können also miteinander leben. Wer auf einer der beiden Seiten an sich selbst oder im Team eine Fehlentwicklung wahrnimmt, ist eingeladen, zur komplementären Geschwister-Tugend hinüberzublicken. Dann sieht der rigide rivalisierende Mensch, dass Kooperation möglich ist und zu *Win-Win*-Erfolgen führt. Wer hingegen vor lauter Kooperation die Eigenverantwortlichkeit aus dem Blick verliert, erkennt beim Blick auf die konstruktive Konkurrenz, dass Eigenständigkeit eine Stärke ist. Vorgesetzte haben einen Einfluss darauf, ob sich im Team Konkurrenz und Kooperation in einer guten Balance befinden, und zwar in erster Linie dadurch, dass sie

1. alle Leistungen der Mitarbeiter individuell würdigen
2. regelmäßig Feedback geben
3. Gratifikationen gerecht verteilen und
4. jeden Mitarbeiter im Rahmen seines Leistungsniveaus fördern.

Dies wird für Mitarbeiter, die eine geringere Leistungsfähigkeit aufweisen, aber sehr ehrgeizig sind, gewiss manchmal schmerzhaft sein. Aber Wahrheit und Klarheit haben hier Vorrang vor der Duldung von Illusionen und werden dann akzeptiert werden können, wenn der betreffende Mitarbeiter trotz seiner eher schwächeren Leistung doch die vollständige Akzeptanz seiner Person erfährt.

Vorgesetzten-Bindung an jeden Mitarbeiter

Zu den Aufgaben von Vorgesetzten gehört es, unabhängig von der Leistung der einzelnen Mitarbeiter zu jedem einzeln eine stabile zuverlässige Bindung aufzubauen oder sie jedenfalls einseitig anzubieten und zu leben. Dies ist jenseits von finanziellen Gratifikationen und ausgesprochener Anerkennung eine gute Grundlage für die Zusammenarbeit. Eine solche Bindung beginnt mit dem Handschlag zur Begrüßung, dem Blickkontakt, dem Interesse an den Arbeitsergebnissen und der Sorge für das Wohlbefinden der Mitarbeiter während der Arbeitszeit. Diese Bindung muss nicht dick aufgetragen, beteuert oder beschworen werden. Vielmehr wird sie oft gerade in leisen Zwischentönen bemerkbar, die sich aus Achtung, Respekt, Würdigung und ruhigem Gespräch ergeben.

Grafisch lässt sich der Sachverhalt in folgender Weise darstellen:

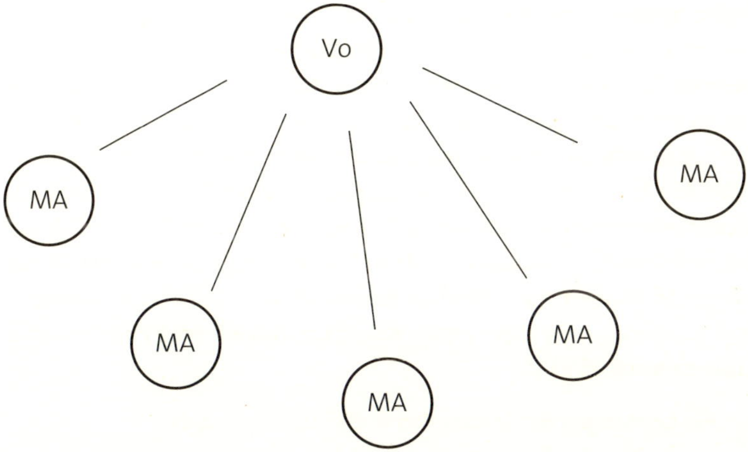

Abb. 5: Vorgesetzten-Bindung (Vo) an jeden Mitarbeiter (MA)

Das Bild könnte an frühere Darstellungen autoritärer Führung erinnern, in denen vor einem entsprechenden zentralisierenden Verhalten gewarnt wurde: Der Vorgesetzte sorgte dafür, dass alle Fäden bei ihm zusammenliefen, er die Mitarbeiter vielleicht sogar voneinander abschottete und sie gegeneinander ausspielte. Dies ist hier jedoch nicht gemeint, im Gegenteil. Vorgesetzte können viel zur teaminternen Kommunikation und Kohäsion beitragen und auch auf diese Weise einer

Burnout-Gefährdung entgegenwirken. Davon handelt der nächste Abschnitt.

Förderung der Team-Kohäsion

Eine weitere Führungsaufgabe besteht also darin, die Vernetzung zwischen den Mitarbeitern zu fördern, den Informationsfluss zu sichern, die Konkurrenz in Grenzen zu halten und die Kompetenz zur wechselseitigen Vertretung zu unterstützen. Nur dann entsteht im Team die Kohäsion, die ich in Kapitel II.4 als zentrales Merkmal der Burnout-Prävention beschrieben hatte (vgl. Abb. 6).

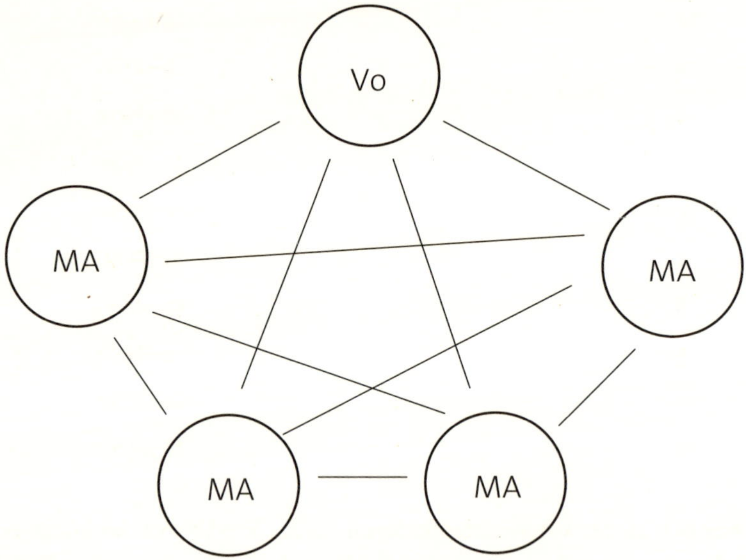

Abb. 6: Interaktion und Kohäsion im Team (Vo = Vorgesetzter, MA = Mitarbeiter)

Belastungsanalyse

Über den Belastungsgrad der Team-Mitglieder können wir uns rasch einen subjektiven Eindruck verschaffen.

Übung 23: Belastungsgrad im Team

Ich selbst und mein Team	Belastungsgrad als Rating: 1 = niedrigste Belastung 11 = höchste Belastung	Korrektur-bedarf?
1. Ich selbst		Ja–Nein
2.		Ja–Nein
3.		Ja–Nein
4.		Ja–Nein
5.		Ja–Nein
6.		Ja–Nein
7.		Ja–Nein
8.		Ja–Nein
9.		Ja–Nein
10.		Ja–Nein
11.		Ja–Nein

Wer sich in der Vorgesetztenfunktion immer wieder mit der höchsten Belastungsintensität ratet, hat vielleicht Anlass dazu, über seine Delegationspraxis nachzudenken. Wer, was die Belastung angeht, immer wieder die gleichen Mitarbeiter als sehr belastet einschätzt, mag sein Geschick bei der Aufgabenzuordnung unter die Mitarbeiter einer Überprüfung unterziehen.

Von der Belastung im Team können sich Vorgesetzte u. a. auch ein Bild machen, indem sie die Belastung jedes Mitarbeiters einmal graphisch aufzeichnen.

Übung 24: Teambelastungs-Kuchen

Die folgende Übung vermittelt einen Überblick über die Vorgesetzten-Einschätzung vom Auslastungsgrad und der Auslastungsnot der eigenen Mitarbeiter.

1. Bitte notieren Sie die Namen Ihrer Mitarbeiterinnen und Mitarbeiter bis zu einer maximalen Zahl von N = 10, also zusammen mit Ihnen N = 11. Wenn Sie mehr als 10 Mitarbeiter haben, so beschränken Sie sich auf die 10, mit denen Sie die engsten und wichtigsten Kontakte haben.
2. Stellen Sie sich dann die Frage: Welcher Mitarbeiter erledigt welchen Prozentanteil der Arbeit, die im Team geleistet wird.
3. Teilen Sie jedem Mitarbeiter ein entsprechendes Segment des Belastungskuchens zu und notieren Sie pro Mitarbeiter auch einen Prozentanteil.
4. Prüfen Sie, ob diese Darstellung der Gesamtbelastung für Sie selbst wie auch für die Mitarbeiter akzeptabel ist oder ob Sie einen Änderungsbedarf sehen, z. B. indem einzelne Mitarbeiter zusätzliche Aufgaben von anderen übernehmen oder eben auch von manchen Aufgaben entlastet werden.
5. Ziehen Sie im Sinne einer höheren Qualifikation im Team auch eine Aufgaben-Rotation in Betracht.
6. Denken Sie auch an Ihren eigenen Grad der Belastung und an einen eventuellen Änderungsbedarf.

Teambelastungs-Kuchen

7. Bei solchen Erörterungen wird oft reflexartig mehr Personal oder die Entlastung des ganzen Teams von einem Teil seiner Aufgaben gefordert und von der Firmenleitung genauso reflexartig abgelehnt. Dennoch ist es gut, auch diese Optionen im Blick zu haben.

Belastung als Konferenz-Thema

Das Thema Belastung kann in ausgewählten internen Sitzungen des Teams zum festen Bestandteil der Tagesordnung gemacht werden – durch Vorgesetzte selbst. *Zwischen* den Mitarbeitern wird dieses Thema ohnehin verhandelt; aber in der Teamkonferenz findet es einen institutionellen Raum der Anerkennung und Aussprache. Dies wird aber nur dann zum Erfolg führen,

1. wenn die Aufrufung des Themas durch den Vorgesetzten von dessen echtem Interesse getragen ist;
2. wenn realistische Auskünfte erwünscht sind;
3. wenn kollegiale Anteilnahme gewährleistet ist;
4. wenn die Mitarbeiter sicher von der Verschwiegenheit der Anwesenden ausgehen können;
5. wenn Äußerungen nicht als Grundlage bevorstehender Personalkürzungen missbraucht werden;
6. wenn ernsthaft über Abhilfe gesprochen wird;
7. wenn Worten Taten folgen.

Dabei ist zu prüfen, ob je nach Unternehmenskultur auch Vorgesetzte über ihre Belastung sprechen können oder davon ausgehen müssen, es sei klüger, dies zu unterlassen.

Enzmann und Kleiber (1989) empfehlen Vorgesetzten, den Mitarbeitern bei der Entwicklung realistischer Ziele und alternativer Belohnungen sowie bei der Burnout-Diagnose und der Aneignung von Bewältigungsstrategien behilflich zu sein und ihnen belastungsbezogene Beratungsgespräche anzubieten. Ferner weisen sie darauf hin, dass es zweckmäßig ist, die schwierigen und undankbaren Aufgaben auf alle Mitarbeiter zu verteilen, täglich einen Wechsel zwischen geschätzten und ungeliebten Tätigkeiten zu ermöglichen, Verantwortlichkeiten klar zu definieren, Entwicklungsprogramme für die berufliche Laufbahn aller Mitarbeiter zu konzipieren, zuverlässige Rückmeldungssysteme zu etablieren und Leitsätze für die Arbeit zu formulieren (Fengler, 1996).

Gratifikationsanalyse

In Ergänzung zur Belastungs-Untersuchung und in Anlehnung an die Überlegungen von Siegrist (2006) können wir uns darüber orientieren, wie wir die Verteilung der beruflichen Gratifikationen in unserem eigenen Team einschätzen.

Übung 25: Die Gratifikationstorte

1. Benutzen Sie bitte wieder die gleiche Mitarbeiterliste, die Sie bei den Übungen 22 und 23 herangezogen haben.
2. Zeichnen Sie auf dem Kreis unten auf dieser Seite bitte für jeden dieser Mitarbeiter und für sich selbst ein Tortenstück von der Größe ein, die Sie als Gratifikations-Intensität über das Jahr verteilt für diese Person erkennen. Notieren Sie im Sinne der Verdeutlichung pro Mitarbeiter auch einen Prozentanteil in das Tortenstück ein ohne den Anspruch, dass geometrische Fläche und Prozentangabe ganz exakt übereinstimmen müssten.
3. Für den Fall, dass Sie bei einzelnen Mitarbeitern eine zu niedrige Gratifikation vermuten und/oder dass dies durch Äußerungen von Enttäuschung und Kritik vonseiten der Betreffenden eine Bestätigung erfährt, so überlegen Sie, welche zusätzliche Gratifikation Sie diesen Mitarbeitern im Rahmen Ihrer eigenen Entscheidungskompetenz zur Verfügung stellen können.

Die Gratifikationstorte

4. Suchen Sie das Gespräch unter vier Augen mit dem Betreffenden, ohne dabei den Begriff *Gratifikationskrise* zu benutzen. Loten Sie aus, ob Ihre eigene Einschätzung in den Äußerungen der Mitarbeiter bestätigt wird.
5. Prüfen Sie, ob Ihre Vorstellungen von Gratifikation mit den Wünschen der Mitarbeiter im Wesentlichen übereinstimmen.
6. Erörtern Sie mit jedem Mitarbeiter, was in dieser Hinsicht in welchem Zeitrahmen erreichbar ist, und setzen Sie es in die Tat um.

Wenn wir die beiden Kreise miteinander vergleichen, so stoßen wir manchmal auf überraschende neue Einsichten. Ein Vorgesetzter, den ich coachte, ging davon aus, dass er in seiner Führungsfunktion etwa die Hälfte der Aufgaben übernahm, aber etwa 80 % der Gratifikationen erhielt. Einerseits fühlte er sich dabei vollkommen überarbeitet. Andererseits konnte er nicht ausschließen, dass sein hoher Einsatz vom Team keineswegs anerkannt wurde, weil der Erfolg des Teams fast ausschließlich bei ihm gesehen wurde und er es bisher versäumt hatte, einen Teil dieser Gratifikation an die Mitarbeiter weiterzuleiten.

Eigene Standortbestimmung

Auch Vorgesetzte sind darauf angewiesen, immer wieder eine Standortbestimmung für sich und den eigenen Verantwortungsbereich vorzunehmen. Einerseits sind sie in dieser Hinsicht selbst bedürftig, was persönliche Entwicklungs- und Karriereschritte sowie weiterreichende Ziele angeht. Andererseits können sie die eigenen Mitarbeiter bei deren beruflichen Belangen natürlich nur dann fundiert beraten, wenn sie für sich selbst in dieser Hinsicht langfristig Sicherheit und Klarheit sehen und vermitteln. Dabei können Vorgesetzte alle Optionen nutzen, die ich in Kap. II.3 für die Mitarbeiterposition dargestellt habe. Denn die Maßnahmen zur Standortbestimmung unterscheiden sich für Personen ohne und mit Leitungsfunktion nur in solchen Parametern, die Ausgangsposition und Perspektive kennzeichnen.

Ein Beispiel einer Chef-Einkäuferin: Nach langen vergeblichen Verhandlungen mit der Personalabteilung über eine Aufstockung des Teams warf die Abfuhr, die sie dabei erhielt, sie vollständig aus der Bahn. Sie kündigte voller Verbitterung, allerdings versehen mit einer großzügigen Abfindung, die intern als Schweigeprämie bezeichnet wurde, und zog sich frühzeitig ins Privatleben zurück.

Ein IT-Leiter, den ich coachte, wurde kurzfristig auf einen Auslandsposten versetzt. Es handelte sich dabei um einen wichtigen Karriereschritt, den der *Coachee* sich keinesfalls entgehen lassen wollte. Andererseits war ihm von der Personalabteilung angedeutet worden, dass eine Ablehnung des Angebots durch ihn eine Zurückstufung nach sich ziehen werde. Denn an seiner Zustimmung oder Ablehnung des Job-Angebots im Ausland werde sich ja zeigen, ob er den neuen Herausforderungen, vor denen das Unternehmen stehe, gewachsen sei. Er übernahm die neue Stelle also halb freiwillig und halb unter Druck. Aber alle seine Mitarbeiter, die ihre eigenen firmeninternen Karrierepläne in der Vergangenheit auf seine kontinuierliche Präsenz in der Zentrale aufgebaut hatten, mussten nun unter seinem Nachfolger ganz von vorn damit beginnen.

Manche Vorgesetzte geraten in solchen Situationen in ein Dilemma. So warb die Leiterin einer Universitätsklinik, die ich coachte, einen besonders tüchtigen jungen Arzt für eine ihrer Stationen an. Dies passte sehr gut mit dessen Karrierezielen zusammen, sodass er alle anderen Optionen, die er zuvor verfolgt hatte, dieser Anstellung opferte. Gleichzeitig befand sich jedoch die Klinikleiterin selbst in einer Dauerfehde mit ihrem Kaufmännischen Direktor und dem Dekan der Medizinischen Fakultät; sie hatte schon die Fühler zu einem Stellenwechsel in ein ausländisches Forschungsinstitut ausgestreckt (was sie aber dem jungen Assistenzarzt *natürlich[!]* nicht sagte). Als die Klinikleiterin dann ein halbes Jahr später wirklich ins Ausland ging, sah der junge Assistent seine eigenen, mit der Klinikleiterin verbundenen Pläne davonschwimmen und musste beruflich und familiär ganz neue Pläne entwickeln. Häufige Wechsel der Vorgesetzten ist auch grundsätzlich ein Burnout-begünstigender Faktor im Arbeitsleben (Weinberg et al., 1983).

Zirkuläres Selbstfeedback

Zur Klärung der eigenen Position im Team einschließlich der von der eigenen Person ausgehenden Burnout-Gefährdung für Mitarbeiter, Kollegen und Vorgesetzte kann auch die Beantwortung der Frage beitragen, wie ich selbst vermutlich von den anderen wahrgenommen werde. Nicht in jedem Arbeitskontext kann offen und in Form von Feedback darüber gesprochen werden. Das zirkuläre Selbst-Feedback ist jedenfalls eine gute Ergänzung zu dem Feedback von außen. Übung 26 gibt eine Anleitung dazu.

Übung 26: Zirkuläres Selbstfeedback

Füllen Sie bitte die drei Spalten aus und prüfen Sie in Spalte 3, ob und ggf. welchen Veränderungsbedarf Sie für sich erkennen.

10 Personen, die mich aus meinen Arbeitskontexten gut kennen	Welches Etikett würde dieser Mensch mir im Hinblick auf meinen Arbeitsstil geben?	Änderungsbedarf für mein eigenes Burnout-präventives Verhalten?
1.		
2.		
3.		
4.		
5.		
6.		
7.		
8.		
9.		
10. Ich selbst		

Eine Coaching-Partnerin, mit der ich diese Übung einmal durchführte, äußerte im zirkulären Selbstfeedback Vermutungen über Feedback-Äußerungen von Mitarbeitern, die neben ihrer Heterogenität doch auch beträchtliche Übereinstimmungen aufwiesen:

1. »Tolle Chefin, nimmt sich immer Zeit!«
2. »Gut, sehr fair! Manchmal ungeduldig und uneinsichtig«
3. »Toll, von der habe ich viel gelernt«
4. »Die muss mehr für *sich* sorgen«
5. »Teils chaotisch, teils strukturiert«
6. »Gutes Durchhaltevermögen«
7. »Macht eigentlich zu viel. Aber toll, echtes Vorbild. Sehr inspirierend«
8. »Auf einigen Gebieten weiß sie leider nicht Bescheid«
9. »Hält sich aus allem raus, was nicht ihr Kern-Geschäft ist«
10. Die Coaching-Partnerin selbst: »Chaotisch, schnell. Fast immer effektiv.«

Nach dieser spontan zusammengestellten Liste von vermuteten Fremdzuschreibungen hatten wir reichlich Stoff, über die Aufgaben der Coaching-Partnerin in der Burnout-Prävention für ihr Team miteinander zu sprechen. Dabei ging es u. a. um die im Zirkulären Selbstfeedback sichtbar gewordenen Themen »Leistungsanspruch«, »Arbeitstempo«, »Selbstfürsorge«, »Büroorganisation«, »Zeitmanagement«, »Schließung von Wissenslücken«, »Beratungsoffenheit« und die »Institutionsverträgliche selektive Aufgabenübernahme«. Diese Schwerpunkte des Coachings wurden erst im Selbstfeedback so deutlich, dass sie sich zum Themenkatalog des Coachings entwickelten.

Allseitige Loyalität

Ähnlich wie beim Thema Gerechtigkeit beobachten Mitarbeiter ihre Vorgesetzten sehr genau bei Fragen der Loyalität gegenüber der nächsthöheren Ebene bzw. der Firmenleitung. Der Prüfstein der Mitarbeiterkritik ist die Frage, ob Vorgesetzte der Leitung gegenüber mehr Loyalität aufbringen als im Verhältnis zu ihnen, den Teammitgliedern.

Von Vorgesetzten wiederum wird, wenn sie es an dieser letzteren Loyalität mangeln lassen, als Entschuldigung oft ihre sog. Sandwich-Position ins Feld geführt, die ihnen keine andere Wahl lasse. Tatsächlich kann ihnen, wenn sie Druck von oben nur abgeschwächt nach unten weitergeben, die Verantwortung für mangelnde Effektivität des Teams angelastet werden. Wenn sie sich weigern, Mitglieder ihres Teams für bevorstehende Kündigungen zu benennen, mag ihnen selbst die Kündigung drohen. Es steht niemandem, der in einer solchen Situation selbst nicht vorbildlich gehandelt hat, zu, darüber moralische Urteile zu fällen. Aber jedenfalls dann, wenn Vorgesetzte einem solchen Risiko nicht ausgesetzt sind, können sie den Mitarbeitern in Notlagen loyal beistehen und sie während der Belastungszeit unterstützen.

Ein sehr beeindruckendes Beispiel dafür erlebte ich einmal im Gespräch mit einer Patientin in der ambulanten Psychotherapie. Sie hatte nach einer stationären Depressionsbehandlung mit der Wiedereingliederung ins Arbeitsleben gemäß dem Hamburger-Modell begonnen. Dieser Maßnahme wurde vonseiten der Personalabteilung ihrer Firma nur widerwillig zugestimmt, nachdem ihr Hausarzt und auch ich mehrmals entsprechende gutachterliche Stellungnahmen abgegeben hatten. Ihre Vorgesetzte hingegen gab ihr wie auch der Personalabteilung und den Team-Mitgliedern unmissverständlich zu verstehen, dass sie diese Maßnahme voll und ganz unterstütze. Als die Patientin sich in der 6-Stunden-Etappe der Wiedereingliederung sehr überfordert fühlte und wieder zur 4-Stunden-Arbeitszeit zurückkehren wollte, unterstützte ihre Vorgesetzte auch dies vorbehaltlos.

Mitarbeitergespräch zur Burnout-Prävention

In Kapitel II.6 werde ich die Option darstellen, im Betrieb eine Burnout-Richtlinie zu etablieren. Im Vorgriff darauf, aber auch ohne eine solche Hilfestellung der Betriebsleitung, ist es notwendig, dass Vorgesetzte sich selbst kompetent machen, ein solches Gespräch mit gefährdeten Mitarbeitern zu führen. Die folgende Übung eignet sich sowohl für den Selbstversuch wie auch als Trainingsmaterial für Burnout-Präventions-Seminare.

Übung 27: Das Mitarbeitergespräch zur Burnout-Prävention
Instruktion für Vorgesetzte

Sie sind Vorgesetzte(r) in der folgenden Behörde oder Firma (Branche
____).

Sie haben einen Mitarbeiter aus der folgenden Berufssparte:

____

dessen Verhalten Ihnen seit mehreren Wochen, die Sie zur Beobachtung genutzt haben, Anlass zur Besorgnis gibt. Sie sehen an diesem Mitarbeiter eine Reihe von Auffälligkeiten. Bitte kreuzen Sie nach eigenem Ermessen auf der folgenden Seite diejenigen Merkmale an, die Sie im Arbeitskontext Ihrer Firma und Ihres Teams für die Arbeit und der Zusammenarbeit wie auch unter der Perspektive der Personalfürsorge als besonders wichtig einschätzen.
Notieren Sie zu jeder der von Ihnen markierten Auffälligkeiten

1. ein Beispiel seines Verhaltens
2. Zeit und Ort des Geschehens
3. die besonderen Umstände, z. B. beteiligte Personen, Anfang, Verlauf und Ende der Begegnung.

Einzelmerkmale, die dem Burnout zugerechnet werden:

1. Abneigung, zur Arbeit zu gehen
2. Abwertung von Klienten und Kunden
3. Ärger
4. Bagatellisierung eigener Fehler
5. Beschuldigung anderer Personen
6. Dienst nach Vorschrift
7. Drogenkonsum
8. Entwertung der eigenen Arbeit
9. Erschöpfung am Abend
10. Freude über ausgefallene Termine
11. Gleichgültigkeit
12. Häufung unerledigter Arbeitsvorgänge
13. Häufung von einzelnen Krankheitstagen
14. Häufung von Missverständnissen
15. Innere Kündigung
16. Leicht durchschaubare Ausreden
17. Klagen über Überforderung
18. Klagen über Überlastung

19. Konzentrationsmangel
20. Kritik-Empfindlichkeit
21. Kurze Verzweiflungs-Anfälle
22. Klage über zu viel Arbeit
23. Klagen über die Sinnlosigkeit der Arbeit
24. Kraftlosigkeit im Lauf des Tages
25. Misstrauen
26. Müdigkeit am Morgen
27. Mutlosigkeit
28. Nachbarschaftskonflikte
29. Paranoide Vorstellungen
30. Partnerschaftsprobleme
31. Pessimismus
32. Probleme im Privatleben
33. Rückzug auf starre Denk- und Verhaltensmuster
34. Rückzug von Kollegen
35. Sarkasmus
36. Schlafstörungen
37. Schlechte Laune
38. Schuldgefühle
39. Ständige Kritik an anderen Personen
40. Ständige Kritik an den Arbeitsbedingungen
41. Streitereien über Kleinigkeiten
42. Überanpassung
43. Überforderungsgefühle
44. Unauskurierte Krankheiten
45. Ungeduldiges Erwarten des Arbeitsendes
46. Ungesundes Aussehen
47. Unkontrollierte Gefühlsausbrüche
48. Unübliche Fehler
49. Unzuverlässigkeit
50. Versäumen von Terminen
51. Vermehrter Alkoholkonsum
52. Vermeidung von Arbeits-Diskussionen
53. Vermeidung von Kontakten
54. Verminderte Arbeitsleistung
55. Vergesslichkeit
56. Vermehrte Gereiztheit
57. Vermeidung von Gesprächen
58. Zweifel am Erfolg der eigenen Arbeit
59. Zynismus

Bereiten Sie sich bitte als Vorgesetzte(r) in den nächsten 15 Minuten auf das Gespräch mit diesem Mitarbeiter vor. Berücksichtigen Sie dabei folgende Schritte:

1. Verabredung zum Gespräch mit folgenden Details:
   A. Am Vortag
   B. Datum
   C. Uhrzeit
   D. Ort
   E. Voraussichtliche Dauer: mindestens eine Stunde
   F. Thema: »Belastung am Arbeitsplatz«

2. Begrüßung am Folgetag
3. Anlass für das Gespräch: »Belastung am Arbeitsplatz«
4. Hinweis auf die bis auf Weiteres geltende Vertraulichkeit des Gesprächs
5. Eine kurze anerkennende Äußerung am Anfang
6. Darstellung Ihrer Detail-Beobachtungen
7. Entscheidung für oder gegen den Begriff »Burnout« – ohne Diagnose!
8. Bitte um Stellungnahme
9. Standhalten und Gegensteuern gegenüber Leugnung, Verharmlosung, Phantasie-Erklärung, Gegenattacke, Drohung, Ausweichen, Themenwechsel, Beschuldigung, Verdächtigung, Beleidigung, in Tränen ausbrechen usw.
10. Frage: »Was können Sie in Zukunft anders machen?«
11. Erste Absichtserklärungen durch den Mitarbeiter (Notieren!)
12. Frage: »Welche Unterstützung wünschen Sie von mir?«
13. Erste Absichtserklärungen durch den Vorgesetzten (Notieren!)
14. Frage: »Welche Unterstützung wünschen Sie von der Personalabteilung?« (Notieren!) (zugleich Hinweis auf die gegebenenfalls eintretende Beendigung der vollständigen Vertraulichkeit)
15. Hinweis auf die Option, den Betriebsärztlichen Dienst und die interne Sucht- und Sozialberatung einzubeziehen
16. Hinweis auf die Option, Gewerkschaftsvertreter, Gleichstellungs-Beauftragte und Behinderten-Beauftragte einzubeziehen
17. Darstellung von Hilfsangeboten in der Gesellschaft
18. Ankündigung eines weiteren Gesprächs in einem Monat (Notieren mit Datum, Ort und Uhrzeit)
19. Äußerung von Zuversicht
20. Verabschiedung

Instruktion an Mitarbeiter:
Sie werden sich gleich zu einem Gespräch mit Ihrem Vorgesetzten begeben. Es soll wohl um das Thema »Arbeitsbelastung und Stress« gehen. Es ist Ihnen nicht ganz wohl dabei. Bereiten Sie sich bitte jetzt auf dieses Gespräch vor. Im Zweifelsfall ist es klüger, nur wenig oder nichts zuzugeben, was Ihnen riskant erscheint, oder Ihrer Weiterbeschäftigung im Weg stehen würde. Machen Sie sich bitte einige Notizen dazu.

Bei solchen Gesprächen mit Mitarbeitern machen Vorgesetzte oft folgende Erfahrung:

1. Das erste Gespräch erscheint oft nicht erfolgreich.
2. Trotzdem ist es gut, es zu führen. Denn damit ist jedenfalls der Anfang gemacht.
3. Die Festlegung eines Nachfolge-Gesprächs unterstreicht die Ernsthaftigkeit, mit der der Vorgesetzte sich dem Thema widmet.
4. Die erste Orientierung des Vorgesetzten im Gespräch soll lauten: »Hilfe zur Selbsthilfe«.
5. Unterstützung durch den Vorgesetzten selbst soll an der zweiten Stelle stehen. Vorgesetzte sollen nur zusagen, was sie auch halten können.
6. Eine Einbeziehung der Personalabteilung soll nur erfolgen, wenn sie zur Burnout-Prävention substantiell beizutragen vermag.
7. Im Falle, dass eine Burnout-Richtlinie vorliegt, sollte sie einen Stufenplan enthalten, an dem sich dann das Mitarbeitergespräch des Vorgesetzten zu orientieren hat.
8. Wir können damit rechnen, dass dies zur Burnout-Prävention des einzelnen Mitarbeiters wie auch zu der des Teams beiträgt.

Leitungs-Coaching und Team-Coaching

Vorgesetzte sind manchmal einsame Personen. In Zeiten der Not, bei der Entwicklung und Vorbereitung von Plänen und bei anstehenden Entscheidungen können sie weder mit eigenen Vorgesetzten noch mit Kollegen oder Mitarbeitern sprechen. Oft ist es auch angemessen, in solchen Zeiten zunächst zu schweigen:

- Vorgesetzte würden die Sache u. U. als unausgereift, konkurrierend, unvereinbar mit den Firmenzielen oder als nicht realisierbar beurteilen; oder sie würden mangelnde Führungsqualifikation des Betreffenden diagnostizieren und könnten ihm Aufgaben entziehen.
- Kollegen eignen sich manchmal fremde Ideen an und geben sie nur wenig modifiziert als die eigenen aus; oder sie blockieren sie, weil sie ihrem Initiator dessen Originalität neiden; oder sie blockieren, weil sie eine Beschneidung der eigenen Kompetenzen fürchten.
- Mitarbeiter mögen, weit bevor die Sache spruchreif wird, früh besorgt reagieren, wenn es sich um Personalentscheidungen handelt

oder Umstrukturierungen im Team ins Auge gefasst werden. Dann jagt bald ein Gerücht das andere.

- Familienangehörige und Freunde sind vielleicht durch die Komplexität der Sache überfordert oder wollen sich nicht informell in die Mitverantwortung ziehen lassen.

In solchen Zeiten ist es oft hilfreich, sich als Vorgesetzter ein Leitungs-Coaching bei einem externen Berater zu gönnen, der eine gewisse Feld-Kompetenz im Bereich von Strukturen, Prozessen und Kulturmerkmalen des Unternehmens aufweist und imstande ist, sich in weitere Details hineinzudenken. Der Coach sollte parteilich und allseitig parteilich sein, frei von eigenen Interessen und Vorteilen, die über den Coaching-Kontrakt hinausgehen, und eigenständig genug, die Gedanken seines *Coachee* zu verstehen, sie kritisch zu kommentieren und durch eigene fachlich begründete Beiträge zu ergänzen. Das Leitungs-Coaching soll, wie auch die Supervision, zur Entlastung und Selbstklärung wie auch zur Erweiterung der Perspektiven und Handlungsoptionen beitragen und den Vorgesetzten teilweise vom Ballast der Einsamkeit in Planung und Entscheidung befreien.

In Fällen, in denen innerhalb eines Teams zwischen Vorgesetzten und Team unüberbrückbare Konflikte oder alte unerledigte Themen schwelen, trägt verschiedentlich ein Team-Coaching zur Burnout-Prävention im Team bei. Dies kann, je nach Ausgangslage und Klärungszielen, *mit* dem Vorgesetzten oder auch *ohne* ihn stattfinden. Es ist gut, wenn die Anfangsentscheidung im Laufe des Beratungsprozesses revidiert oder variiert werden kann. Die Entscheidung für Leitungs- und Team-Coaching wird in jedem Fall durch den Vorgesetzten selbst zu treffen sein. In einem Teil der Anfragen wird es durch die Institution initiiert und/oder finanziert. Aufgabe des Coach ist es dabei u. a., die offenen und die verdeckten Aufträge und Tagesordnungen mindestens zu ahnen, mit den eigenen Werten abzugleichen und sich ihnen gegenüber eigenständig zu positionieren.

Sanz (2012b) betont die Zieloffenheit, die Supervision und Coaching aufweisen müssen, um den Anliegen der Supervisanden und Coachees gerecht werden zu können. Deuerlein (2012) weist darauf hin, dass besonders tiefenpsychologisch fundierte Interventionen in Teams geeignet sind, den von der Institution abgewehrten unbewussten Anteil des Belastungsprozesses sichtbar zu machen und der Einflussnahme zugänglich zu machen. Ich selbst habe einmal sechs Rollen beschrieben, von denen sich der Coach schützen muss (Fengler, 2012 d), wenn er besonders angestrengt oder willfährig versucht, den vom Team an ihn gerichteten Ansprüchen entgegenzukommen:

1. Der Coach als Maulwurf
2. Gemeinsame Apathie
3. Gemeinsame Wut
4. Der Coach als der bessere Chef
5. Der Coach als Animateur
6. Der Coach als Tröster.

Demgegenüber kann sich der Coach in einem ausgebrannten Team schützen (Fengler, 2012 d), wenn er folgende Prinzipien beherzigt:

1. Allseitige Parteilichkeit
2. Wiederbelebung der teaminternen Kommunikation
3. Einübung wechselseitiger kollegialer Unterstützung
4. Überwindung von Phasen der Stagnation und Lähmung im Team
5. Wiederbelebung früherer Interteam-Vernetzungen
6. *Win-Win*-Maxime.

6. Burnout-Prävention in der Institution

Das sechste Salamanderbein der Burnout-Prävention sind die Institution als Ganzes wie auch die Branche, der die Firma angehört. Auf dieser Ebene können Weichenstellungen vorgenommen werden, die ganzen Mitarbeiter-Gruppen oder sogar der kompletten Gesellschaft zugutekommen und auch eine Langzeitwirkung zu entfalten vermögen.

Aber beginnen wir wie auch in den früheren Kapiteln mit den Belastungen:

1. Zu hohes Auftragsvolumen
2. Zu niedriges Auftragsvolumen
3. Fehlen von Ressourcen
4. Personallücken
5. Aufgabenstau
6. Terminstress
7. Unsinnige, unklare und unethische Aufgaben

8. Stellengefährdung
9. Häufung von befristeten Stellen
10. Fehlende Mitbestimmung
11. Illoyalität der Leitung
12. Vertrauensverlust der Leitung gegenüber
13. Verweigerung von Coaching und Supervision
14. Erschwerung von Fortbildung und Höherqualifikation

Seit der Bankenkrise wird viel über die *Ethik im Arbeitsleben* geschrieben und diskutiert. Dabei entsteht manchmal der Eindruck, dass dies ausschließlich ein Problem solcher Institutionen sei, in denen viel Geld bewegt wird: Banken, Politik, Baugewerbe, internationale Konzerne. Aber unethische Grenzüberschreitungen und schlechte Kompromisse sind in allen Bereichen des Arbeitslebens zu finden:

- Vorgesetzte werden aufgefordert, Listen von entlassungsgeeigneten Mitarbeitern zu erstellen.
- Firmen versprechen in ihren Internetauftritten Leistungen, die nie erbracht werden, aber Kunden anlocken sollen.
- Diplomaten im Ausland müssen mit Regimes zusammenarbeiten, die Korruption, Folter und Genozid betreiben.
- Kirchen fällen Personalentscheidungen, in denen es an christlicher Nächstenliebe zu mangeln scheint.
- Vorgesetzte leiten, vom Vorstand beauftragt, an Mitarbeiter ein Arbeitspensum weiter, das auf keine Weise erfüllbar ist.
- Führungskräfte sprechen bei öffentlichen Auftritten in den Medien eine ganz andere Sprache als im internen Diskurs.
- Eine Führungskraft bezeichnet im Coaching ihre Firma als *böse Organisation,* nachdem ihr über Monate hinweg mit unterschiedlichsten Methoden die *freiwillige(!)* Kündigung nahegelegt wurde und ihr auch im Kollegenkreis von ähnlichen Erfahrungen berichtet wurde.

In solchen Fällen erleben Mitarbeiter ihre Leitungsebene als unzuverlässig, unehrlich, korrupt oder kriminell. Dies alles kann dazu beitragen, dass Menschen die Identifikation mit Arbeitsplatz, Team und Institution verlieren und Erlebnisse der Entfremdung eintreten. Andererseits besteht gesetzlich und vertraglich eine Loyalitätspflicht dem Arbeitgeber gegenüber. Wer sich also an die Öffentlichkeit wendet, um

Missstände in seinem Unternehmen anzuprangern, macht sich schuldig und riskierte bis vor Kurzem noch die Kündigung.

Diesen Stressoren stehen allerdings zahlreiche Handlungs-Optionen gegenüber, mit denen Firma und Branche dem Burnout-Risiko entgegenzuwirken vermögen.

Selbstanalyse in der Institution

Mitarbeiterinnen und Mitarbeiter können sich mit der Beantwortung weniger Fragen einen kurzen Eindruck darüber verschaffen, wie sie die Institution, in der sie arbeiten, und ihre eigene Positionierung einschätzen (Übung 28):

Übung 28: Selbstanalyse und Institutionsanalyse (Boy et al., 1980) (gekürzt)

1. Habe ich klare berufliche Ziele?
2. Finde ich in der Institution, in der ich arbeite, meine berufliche Identität?
3. Habe ich interessierte und kompetente Kollegen?
4. Kann ich in der Institution, in der ich arbeite, Einfluss nehmen?
5. Tue ich etwas für meine Fortbildung?
6. Bin ich insgesamt optimistisch gestimmt?

Diese Fragen und die Antworten auf sie eignen sich u.a. als Ausgangspunkt für das Teamgespräch. Sie zielen nicht nur auf die persönliche Situation ab, sondern tragen zugleich zu einem vertieften Verständnis der Institution bei, in der die Person arbeitet. Sie mögen in eine Planung der beruflichen Laufbahn (Antons, 2000) einmünden.

Guter Ruf von Institution und Branche

Manche Unternehmen und Branchen erleiden chronisch oder auch plötzlich die Schädigungen ihres Rufs, z. B. Banken, *Facebook*, katholische Schulen und Internate, Lebensmittel-Discounter, Organ-Verpflanzer usw. Solche Einbrüche des gesellschaftlichen Ansehens sind danach trotz flacher Presseerklärungen oft jahrelang nicht zu beheben. Personen, die in diesen Branchen arbeiten, stoßen manchmal auf Spott, Verachtung oder Empörung und fühlen sich gedrängt, Taten, die sie selbst nicht begangen haben, zu verteidigen oder sich sehr dezidiert von ihnen zu distanzieren, was andererseits als mangelnde Loyalität ausgelegt werden kann – ein manchmal nicht leicht lösbares Dilemma.

Ein guter Ruf von Institution und Branche hingegen stellt eine tägliche Gratifikation für die Mitarbeiter dar. Selbst wenn die eigene Identifikation mit der Firma eher gering ist, tut diese Anerkennung von außen gut. Ja, sie gibt dem Betreffenden sogar die Freiheit, seinerseits über manche Missstände der Firma freiwillig zu berichten. Die Hochachtung von außen bleibt ihm erhalten, solange er nicht vollständig zornig oder verbittert berichtet.

Zum guten Ruf der Firma trägt vielerlei bei:

- Ihre Produkte
- Ihre Image-Kampagnen
- Ihre Wirtschaftserträge
- Ihre Gehälter
- Ihre Skandal-Freiheit
- Ihre Sponsoring-Politik
- Die Personen an ihrer Spitze
- Ihre Internationalität usw.

Bejahung und Unterstützung der betrieblichen Mitbestimmung

Mitbestimmung

Die Gewährung einer Anhörungspflicht oder eines Mitwirkungsrechts reicht heute nicht aus, Arbeitnehmerinnen und Arbeitnehmern das Gefühl selbstbestimmten Handelns zu vermitteln. Nur formal ermöglichtes Mitreden bleibt eben oft folgenlos, wenn andere Interessen einem Einwirken der Mitarbeiter entgegenstehen. Die Mitbestimmung der unmittelbar von einer Entscheidung Betroffenen oder ihrer gewählten Vertretung muss also jedenfalls aufschiebende Wirkung haben, wenn keine Einigkeit erzielt werden kann oder zur Berufung einer Schiedsinstanz führen kann, die von beiden Seiten des Tisches akzeptiert wird.

Für Betriebe und Behörden sind die Formen der Mitbestimmung durch Betriebsverfassungsgesetz und Bundes-Personalvertretungsgesetz gesetzlich geregelt; kirchliche, gewerkschaftliche und parteigebundene Einrichtungen sind diesen als sog. ›Tendenzbetriebe‹ rechtlich nicht gleichgestellt und haben daher in Sachen Mitbestimmung oft einen erheblichen Nachholbedarf. Jedenfalls kann man die Bestimmungen restriktiv oder initiativ auslegen und die Mitbestimmung der Mitarbeiter damit behindern oder fördern.

Eine Untersuchung von Riggar et al. (1984) verwirklichte mehrere der eben genannten Aspekte und eine Reihe weiterer in vorbildlicher Weise. In einer Klinik für chronisch psychiatrische Patienten wurde folgender Maßnahmenkatalog beschlossen: finanzielle Unterstützung der Mitarbeiterfortbildung und -beratung; Bezuschussung von Mitgliedsbeiträgen zu Fachverbänden; Förderung der Mitarbeiterbeteiligung an Konferenzen und externen Seminaren; Beratungsangebote bei Konflikten zwischen Mitarbeitern; Mitbestimmung bei Personalentscheidungen; betriebliches Vorschlagswesen. Zwei Jahre nach Beginn der Maßnahme war die Fluktuation in der Klinik von 30 % auf 15 % gesunken. Die Arbeitszufriedenheit blieb konstant, während die Arbeit selbst, die anfänglich als ›anstrengend‹ bezeichnet worden war, am Ende die Charakterisierung ›sehr anstrengend‹ erhielt. Man mag einwenden, dies seien Trostpflaster, um die Mitarbeiter ruhig zu halten. Aber solange keine anderen wirksameren Maßnahmen in Sicht sind, verdienen auch solche Schritte Prüfung und u. U. Nachahmung.

Es kommt also darauf an, dass Firmen- oder Behörden-Leitung die Zusammenarbeit mit den Personal- und Betriebsräten und den Mitarbeitern initiativ, aktiv und kooperativ gestalten. Dies betrifft Transparenz, Informationsfluss, frühe Sondierungsgespräche, ernsthafte Prüfung von Kritik und Vorschlägen, Verzicht auf unnötige Stereotypisierungen und Polarisierungen, Lösungssuche im Konsens, Verzicht auf Schaukämpfe und glaubhaftes Bemühen, Vereinbarungen korrekt in die Tat umzusetzen.

In einem mittelständischen Unternehmen, in dem ich als externer Coach arbeitete, wurde sogar den Lehrlingen ein Mitbestimmungsrecht ihren Meistern und Ausbildern gegenüber eingeräumt – weit über die gesetzlichen Bestimmungen hinaus. Nach einer gewissen anfänglichen Aufgeregtheit und Eingewöhnungs-Bedürftigkeit funktionierte dieses Modell jahrelang recht gut und half oft, Unstimmigkeiten rasch zu beseitigen. Die Wahrung bzw. die Wiedergewinnung des Arbeitsfriedens nach Konfliktzeiten ist ein wichtiger Beitrag zum guten Betriebsklima des ganzen Unternehmens wie auch zum Teamklima vor Ort, und es trägt zur Burnout-Prävention auf allen Ebenen bei.

Organigramm-Analyse

Oft hilft ein Blick auf das Organigramm einer Einrichtung in Verbindung mit Schilderungen von Mitarbeitern über ihren Alltag, um zu erkennen, dass in dem Unternehmen ziemlich unklare Abhängigkeitsverhältnisse herrschen, die die Mitarbeiter aufs Schwerste belasten.

> Eine weibliche Führungskraft aus einem IT-Unternehmen berichtet z. B. im Coaching, dass außer ihrem unmittelbaren Vorgesetzten auch noch mehrere von dessen Kollegen und auch noch die Leitungsebene darüber ein unmittelbares Zugriffsrecht auf ihre Arbeitszeit haben und ihr jederzeit Aufträge mit Fristsetzung erteilen können. Alle ihre Versuche, dies über ihren Vorgesetzten regulieren zu lassen, sind in der Vergangenheit gescheitert. Dieser möchte seinen eigenen Vorgesetzten gegenüber nicht als Blockierer in Erscheinung treten und bei seinen Kollegen beliebt bleiben. So stellt er die Arbeitskraft der Mitarbeiterin weiterhin mit einer etwas präsidialen Pose der Großzügigkeit seinen Kollegen zur Verfügung. Sie wiederum wagt es nicht, diese Weisungen freundlich, aber bestimmt zurückzuweisen oder über den Schreibtisch ihres direkten Vorgesetzten zu schleusen. Denn bei ihrem eigenen nächsten Beförderungsschritt werden genau diese Führungskräfte ein Wörtchen mitzureden haben – ein unauflösbares Dilemma.

Die Organigramm-Analyse macht auch sichtbar, welche informellen Kräfte im Unternehmen herrschen. Ob die Strukturen transparent, z. B. im Coaching sichtbar gemacht werden, kann nur im Einzelfall entschieden werden. Jedenfalls gilt:

Die heimliche Macht
hat unheimlich viel Macht.

Betriebsklima als Leitungsaufgabe

In Festreden und Leitbildern wird ein gutes Betriebsklima gern als Teil der Unternehmenskultur bezeichnet, als Aufgabe aller Mitarbeiter beschworen oder als kontinuierlich gegebene Realität herausgestellt. Aber das reicht nicht. Das gute Betriebsklima muss vielmehr täglich auf allen

Ebenen praktiziert, durch Maßnahmen unterstützt und immer wieder transparent überprüft werden.

Im Auswärtigen Amt wurde vor vielen Jahren einmal eine gute Lösung gefunden, um das Betriebsklima rasch und elegant zu verbessern. Alle Auslandsbotschaften und alle internen Abteilungen erhielten die Weisung, einmal pro Monat eine zweistündige Sitzung zu dem Thema Betriebsklima durchzuführen, die laufbahnübergreifend zusammengesetzt war. Im Anschluss an jede Sitzung war ein Protokoll an die Personalabteilung zu senden. Diese Weisung führte zu überraschend positiven Ergebnissen:

1. Das Thema Betriebsklima war nun in aller Munde, und es wurde monatlich wieder aufgefrischt.
2. Die laufbahnübergreifende Zusammensetzung sorgte dafür, dass auf allen Ebenen darüber gesprochen wurde und die Aufmerksamkeit für das praktizierte Betriebsklima im eigenen Bereich zunahm.
3. Die Sitzung führte dazu, dass innerhalb der Laufbahnen, aber auch zwischen ihnen die Beziehungen besser wurden, weil nun kleinere Ärgernisse und Störungen rascher zur Sprache gebracht wurden.
4. Es entwickelte sich eine halb scherzhafte Redensart: *Pass gut auf, was du da sagst, sonst bringt es irgendjemand in die nächste Sitzung »Betriebsklima«!*
5. Kein Vorgesetzter konnte sich nun noch einen wütenden Auftritt in seinem Bereich leisten und dann das Gespräch mit dem Hinweis abbrechen, er müsse jetzt zur Sitzung Betriebsklima.

Zahlreiche Botschaftsangehörige berichteten mir später, dass sich der Ton in den Referaten und Abteilungen wie auch in den Konsulaten und Botschaften tatsächlich wesentlich gebessert habe.

Soziale Ansprechpartner

Eine neue Institution zur Unterstützung von Mitarbeitern sind die sog. Sozialen Ansprechpartner (SAP) – eine Institution, die ich bei der Polizei Duisburg kennenlernte. Es handelt sich hier um gut integrierte Mitarbeiter, die über eine Ausstrahlung von Vertrauen sowie von menschlicher und fachlicher Kompetenz verfügen und das Amt freiwillig und ohne zusätzliche Bezahlung übernehmen. Sie sind namentlich im Unternehmen als Soziale Ansprechpartner bekannt und können von jedem Mitarbeiter mit jedem Thema angesprochen werden. Sie sind mit der Begrenzung durch gesetzliche Bestimmungen zur Verschwiegenheit berechtigt und verpflichtet. Sie können als erfahrene Menschen Beratungen und Schlichtungen durchführen. Sie haben darauf zu achten, dass sie weder sich selbst noch andere bei dieser Tätigkeit gefährden, Rollenkonflikte erkennen und vermeiden und sich eine allseitige Parteilichkeit bewahren. Sie arbeiten mit Personalabteilung, Sozialberatung und Betriebsrat zusammen und sind gerade durch ihre niedrigschwellige Erreichbarkeit attraktiv für Mitarbeiter, die den förmlichen Dienstweg oder das Aufsuchen externer Hilfe scheuen. So können sie zur Entlastung und Selbstklärung des Einzelnen wie auch der der streitenden Parteien beitragen und die Burnout-Prävention unterstützen.

Variable Arbeitszeit

Die wöchentliche Arbeitszeit ist ein zwischen den Tarifparteien ausgehandelter Vertrag, dem sich die Betroffenen Jahrzehnte lang nahezu klaglos gefügt haben. Die Einführung der gleitenden Arbeitszeit war ein großer Fortschritt in Richtung Flexibilisierung von Arbeit und Freizeit je nach individuellem, familiärem und betrieblichem Bedarf, ebenso wie die Unterteilung in Vollzeitstellen und prozentual mit weniger Stunden ausgestattete Arbeitsplätze. Wesentlich weiter ging die Firma *Hewlett-Packard* bereits in den 80er-Jahren, die ihren Mitarbeitern eine individuell maßgeschneiderte Arbeitszeit versprach und mit einigen Einschränkungen auch anbot. Verbreitete andere Modelle sind Arbeitszeit-Konten und Home-Office-Tage, die auf Auftragslage und persönliche Bedürfnisse von Mitarbeitern Rücksicht nehmen können.

Die sogenannte Vertrauensarbeitszeit geht noch einen Schritt weiter: Es wird über die tatsächlich gearbeitete Stundenzahl keine Kontrolle mehr ausgeübt. Stattdessen ist entscheidend, ob die Aufgaben erledigt werden. Was dabei zunächst wie die größte Mitarbeiter-Freiheit (Moosbrugger, 2012) aussieht, entpuppt sich allerdings wohl in einem Teil der Fälle als Weg in die Selbstausbeutung: Um diesem auferlegten »Vertrauen« jederzeit gerecht zu werden, arbeiten manche Menschen ständig weit über die tariflichen Arbeitszeiten hinaus.

Natürlich ist nicht jedes dieser Modelle für jeden Arbeitsplatz geeignet. Personaler winken manchmal gleich ab, wenn das Thema im Zusammenhang mit ihrer eigenen firmeninternen Burnout-Prävention zur Sprache kommt *(Geht bei uns nicht – Ausgeschlossen!)*. Die Tatsache, dass zwei Mitglieder im Kabinett von Frau Merkel, Frau Schröder mit einem Kind und Frau von der Leyen mit sieben Kindern, Ministerinnen-Ämter bekleiden, beweist nicht, dass dies grundsätzlich möglich ist. Ebenso wenig war die Berufung einer Frau, die im 7. Monat schwanger war, auf den Präsidenten-Posten bei Yahoo 2012 Anlass zu allgemeiner Zuversicht. Auf Nachfragen bei Bundesverbänden nach dem Sinn gesetzlicher Regelungen folgen oft abwehrende Antworten *(Überregulierung, Wasserkopf, typische Verwaltungsidee)*, verbunden mit Drohungen der Art, dann sei die deutsche Wirtschaft nicht mehr konkurrenzfähig und Arbeitsplätze seien gefährdet.

Aber Personal-Abteilungen einzelner Unternehmen können sich die Frage nach einer weiterreichenden Flexibilisierung der Arbeitszeiten für ihr eigenes Unternehmen selbst stellen. Zusätzlich haben auch die Betriebsrätinnen die Möglichkeit, sich mit entsprechenden Forderungen immer wieder bemerkbar zu machen.

Kindergarten- und Kita-Plätze im Unternehmen

Manche Unternehmen und Organisationen richteten schon vor vielen Jahren für die Kinder ihrer Mitarbeiterinnen und Mitarbeiter auf dem Firmengelände eigene Kindergärten ein, z. B. Schering und Auswärtiges Amt, gegenwärtig schließen sich dem viele weitere Firmen an. Dies hat mehrere Vorteile:

- Mitarbeiter sparen je nach Wohnort längere Fahrstrecken
- Sie können Arbeitszeit und Aufenthaltszeit ihres Kindes im Kindergarten u. U. genau aufeinander abstimmen
- Sie sind während des Tages ihrem Kind räumlich und seelisch nahe und können es im Notfall rasch erreichen.

Als Nachteile stehen dem gegenüber,

- dass kleinere Kinder sich weniger gut in ihrem Wohnmilieu vernetzen können
- dass sie u. U. lange Fahrzeiten haben und
- dass sie beim Eintritt in die Grundschule vielleicht keinen Freundeskreis Gleichaltriger antreffen.

Dennoch: Wenn ein solcher Kindergarten pädagogisch und menschlich gut geleitet wird, wird dies die Loyalität der Mitarbeiter und die Firmen-Bindung vermutlich wesentlich erhöhen.

Sicherheit der Arbeitsplätze

Die Sicherheit des Arbeitsplatzes hat in den letzten Jahren in Deutschland erkennbar nachgelassen. Die Zeit der befristeten Arbeitsverhältnisse nimmt statistisch zu. Zeitarbeitsfirmen weisen wachsende Umsätze mit Leiharbeit aus. Auffanggesellschaften von Unternehmen, die den Begriff *Entlassung* nicht mit ihrem Firmenimage in Verbindung gebracht sehen wollen, stellen für die Betroffenen keine gesicherte Zukunft in Aussicht, sondern verwalten sie im Status der Unsicherheit.

Diese Mitarbeiter stehen dabei vor der doppelten Aufgabe, sich einerseits mit dem Unternehmen identifizieren zu sollen und andererseits immer nach Gelegenheiten zu einem rechtzeitigen Absprung Ausschau halten zu müssen – eine Gegensatz-Spannung, die eine längerfristige ruhige Zukunftsplanung nahezu unmöglich macht.

Die Sicherheit des Arbeitsplatzes dagegen, bei Beamten grundsätzlich und bei Angestellten nach 15 Jahren der Betriebszugehörigkeit, wird manchmal mit Begriffen wie *Versorgungsmentalität und Beamtenmentalität* in Verbindung gebracht. Nun ist der Missbrauch der Arbeitsplatzsicherheit zu einer dürftigen Arbeitsleistung am unteren Rande des Möglichen natürlich nicht auszuschließen. Dennoch können sich Firmen darum bemühen, eine Politik weitgehender Sicherheit und Kontinuität der Arbeitsplätze zu verfolgen, die trotz Konjunkturschwankungen versucht, die Mitarbeiter zu halten, z. B. über Arbeitszeitkonten, angeordnete Urlaubszeiten und vorübergehende Reduktion der Stundenzahl.

Betriebsinterne psychosomatische Ambulanz

Bevor Menschen wegen Zuständen der Erschöpfung bei Arzt oder Psychologischem Psychotherapeuten vorsprechen oder eine Klinikeinweisung anstreben, vergehen oft viele Jahre:

- Oft versuchen sie zunächst, ihre Selbstbeobachtungen zu bagatellisieren.

- Sie behandeln sich oft selbst erfolglos mit Arzneimitteln, die in der Apotheke rezeptfrei verkauft werden und Fitness in Aussicht stellen.
- Sie versuchen, laienhafte Ratschläge zu befolgen *Mehr Luft! Mehr Bewegung! Mehr Vitamine!*

Während dieser partiell vergeudeten Zeit kann jedoch eine Chronifizierung eintreten, sodass sie in der fachärztlichen oder psychotherapeutischen Sprechstunde erst bei fortgeschrittener Fehlentwicklung bzw. Erkrankung auftauchen.

Die Einrichtung psychosomatischer Ambulanzen in Betrieben in Zusammenarbeit mit dem internen Betriebsärztlichen Dienst und Sozialdienst kann dazu beitragen, dass Burnout-gefährdete Mitarbeiter früh und niedrigschwellig den richtigen Ansprechpartner finden. Manchmal muss die Initiative dazu auch von Vorgesetzten ausgehen, denen im Verhalten eines Mitarbeiters eine problematische Veränderung auffällt. Nach einem Erstkontakt mit der firmeninternen Psychosomatischen Ambulanz kann dann gezielt eine angemessene Prävention oder Behandlung vermittelt werden, ggf. unter Mitwirkung von Personalabteilung und Betriebsrat (vgl. Kap. II.5: Mitarbeiter-Gespräch).

Gegen eine solche betriebsinterne Institutionalisierung der Ambulanz wird als Bedenken oft ins Feld geführt, dass hier die Vertraulichkeit nicht gewährleistet sei und dass die Mitarbeiter dieses Angebot nicht annehmen würden. Dazu ist zu sagen: Natürlich muss die Verschwiegenheitspflicht dieser Ambulanz firmenintern geregelt und den Mitarbeitern transparent und glaubwürdig vermittelt werden, einschließlich auch der Grenzen, die hier gelten. Ich habe aber in verschiedenen Unternehmen die Erfahrung gemacht, dass z. B. die interne Sucht- und Sozialberatung sehr gut angenommen wurde, wenn der dortige Gesprächspartner als kompetent und vertrauenswürdig erlebt wurde.

Klärung von Stress erzeugenden Arbeitsbedingungen

Eine der naheliegenden zusätzlichen Aufgaben der betriebsinternen Psychosomatischen Ambulanz wird darin bestehen, aufgrund der Schilderungen der Mitarbeiter Stressquellen in den Arbeitsabläufen der Firma zu identifizieren. Auch wenn diese nicht zu organischen Schädigungen führen, so sind sie doch Teil des Gesamtsystems »Firma«, das zu

Gesundheit bzw. Krankheitsrisiko der Mitarbeiter beiträgt. So wie Sicherheitsingenieure also für die körperliche Unversehrtheit der Mitarbeiter sorgen, kann die Psychosomatische Ambulanz dies in Zusammenarbeit mit dem Sozialdienst für die Fragen der seelischen Gesundheit übernehmen.

Die folgende Übung kann im Gespräch mit dem einzelnen Mitarbeiter einen ersten Eindruck von den seelischen Belastungen vermitteln, die an dessen Arbeitsplatz herrschen.

Übung 29: Beseitigung von Stress aufgrund von Rahmenbedingungen der Arbeit

Rahmenbedingung	Stresscharakter der Rahmenbedingung	Korrekturbedarf? Korrekturidee
1.		
2.		
3.		
4.		
5.		
6.		
7.		
8.		
9.		
10.		

Allerdings wird sich die Interventions-Planung der Sache oft sehr vorsichtig zu nähern haben: Wo andere Personen als mögliche Stressquellen in Betracht kommen, ist, zumal angesichts der Verschwiegenheitsverpflichtung und auch, weil manche Mitarbeiter sich selbst nur ungern als Informations-Quelle outen möchten, ein sehr zurückhaltendes Vorgehen angezeigt.

Etablierung einer Burnout-Richtlinie

Betriebliche Richtlinien zu den Themen Sucht und Mobbing haben sich in der Vergangenheit in vielen größeren Unternehmen bewährt (z. B. Auswärtiges Amt, Verwaltung des Deutschen Bundestages, Krankenversicherung NRW Nord, Friedrich-Ebert-Stiftung). Wenn in einer Firma auch nur der geringste Verdacht einer körperlichen Gefährdung von Mitarbeitern besteht, z. B. bei knarrenden Maschinen oder unbekannten Gerüchen, so muss eine sofortige Untersuchung erfolgen und entsprechende Expertise in Anspruch genommen werden. Wer eine 400-Euro-Kraft beschäftigt, erhält von der Berufsgenossenschaft die Aufforderung, durch einen vereidigten Sicherheitsingenieur begutachten zu lassen, ob der Arbeitsplatz Unfallrisiken birgt. Wenn eine Putzfrau einen Flur reinigt, so ist sie verpflichtet, ein gelbes Standschild mit der Aufschrift *Vorsicht! Rutschgefahr!* aufzustellen.

Bei Risiken des seelischen Ausrutschens ist die Präventionsenergie der Berufsgenossenschaften noch nicht so weit fortgeschritten. Eine betriebsinterne Richtlinie zur Burnout-Prävention ist aber imstande, in dieser Hinsicht günstige Wirkungen zu erzielen. Für ihre Etablierung im Betrieb kann ein 8-Stufen-Modell empfohlen werden:

Etablierung einer Burnout-Richtlinie:

1. Formulierung der Burnout-Richtlinie in Zusammenarbeit von Personalabteilung, Betriebsrat, Betriebsärztlichem Dienst und Sozialdienst
2. Startup-Seminare für die Leitungsebene
3. Fortbildungsseminare für alle Mitarbeiter mit Führungsaufgaben
4. Protokollierung aller Bedenken, Erfahrungen und Verbesserungsvorschläge
5. Parallel dazu Entwicklung eines Maßnahmen-Katalogs zur Burnout-Prävention im Betrieb
6. Testphase für die Burnout-Richtlinie in der Praxis
7. Überarbeitung der Richtlinie nach zwei Jahren
8. Kontinuierliche Forschungsbegleitung mit Erhebung qualitativer und quantitativer Parameter in einem Pre-, Post-, Post-Post-Design.

Räumliche Nähe

Was im Beamten-Deutsch scherzhaft *Der kurze Dienstweg* genannt wird, hat durchaus eine Entsprechung in architektonischen Gegebenheiten: Büro an Büro zu sitzen, sich zu sehen und zu hören (und hoffentlich sich nicht zu riechen!), nimmt Einfluss auf Beziehungen und trägt oft entscheidend zur Kohäsion im Team bei. Teams hingegen, die auf verschiedene Flure, Etagen oder gar Gebäude verteilt arbeiten, haben es viel schwerer, ein Gefühl der Zusammengehörigkeit zu entwickeln und zu bewahren. Es droht dann leicht die Selbstbild-Fremdbild-Stereotypie-Falle. Zumindest liegt es nahe, dass sich ein Gefühl *Wir sind wir und die Anderen sind die Anderen* entwickelt. Entsprechend ist die Institution gefragt, in diesem Fall also Personalabteilung und Gebäude-Management, bereits bei der Bauplanung und später bei der Belegung der Räume Team-freundliche Lösungen zu entwickeln, statt nur Quadratmeter-Flächen zur Verfügung zu stellen.

Begegnungs-, Sport- und Ruheräume

Personalräume sollten in Betrieben zur selbstverständlichen Grundausstattung gehören. Sie sind kleine Erholungsoasen für kurze Pausen und bieten einen Perspektivenwechsel an. Sie dienen u. a. der Einnahme kleiner Mahlzeiten und der Pflege der Beziehungen. In manchen Unternehmen werden solche Ansinnen aber schroff abgewiesen, weil die Befürchtung besteht, diese würden sich zu Magneten der Pausenverlängerung entwickeln oder der Zusammenrottung von Mitarbeitern gegen die Leitung dienen. Dagegen ist natürlich schwer zu argumentieren, wenn deren Nutzung noch nicht begonnen hat, sodass die Leitung die gleichen Bedenken immer wieder erheben kann.

Demgegenüber sind Sport- und Ruheräume in vielen großen Unternehmen mittlerweile Standard und werden auch genutzt. Es gibt hier auch begründete Bedenken, z. B. von der Art, dass beim gemeinsamen Sport doch immer wieder Dienstliches besprochen und dadurch der Erholungswert gemindert werde.

Ein gut funktionierendes Beispiel einer Erholungsinstitution lernte ich in einer Klinik kennen. Dort trafen sich auf freiwilliger Grundlage viele Mitarbeiter täglich sofort nach Arbeitsende in der Turnhalle, die natürlich an erster Stelle für die Sporttherapie mit den Patienten vorgesehen war, zu einem spaßorientierten Volleyballspiel von 15 Minuten. Der Sporttherapeut übernahm das Amt des Schiedsrichters und wachte mit der Trillerpfeife über die Einhaltung der Regeln. Die Mitarbeiter kamen in Straßenkleidung, aber mit Turnschuhen, und wurden in der Reihenfolge ihrer Ankunft der einen oder anderen Mannschaft zugeordnet. Es war auch möglich, noch verspätet hinzuzukommen. So fanden sich in den beiden Feldern manchmal nur zwei oder drei Spielerinnen und Spieler, an anderen Tagen aber auch 15 bis 20. Jeder Punkt, den eine Mannschaft für sich buchen konnte, wurde mit frenetischem Jubel beantwortet und von der anderen Mannschaft mit Buhrufen kommentiert. Da die Zusammensetzung der Mannschaften aber an jedem Tag anders ausfiel und klugerweise nicht die Berufsgruppen gegeneinander antraten, bewegten sich alle Emotionen im Bereich der Selbstveralberung. Jeder gehörte ab und zu zur Mannschaft, die gewann, und am Ende der Viertelstunde gingen alle erfrischt und inspiriert auseinander.

360°-Feedback

Das 360°-Feedback wird in Deutschland seit Jahrzehnten als Führungs- und Motivationsinstrument eingesetzt (Scherm, 2005). Es soll also jeder Mitarbeiter von seinen Vorgesetzten, Kollegen und Mitarbeitern eine qualitative und quantitative Rückmeldung erhalten. In Synopse und Differenzierung dieser Daten entsteht dann ein Bild von den Stärken wie auch von dem Entwicklungs- und Förderungsbedarf des Betreffenden. Dieses Konzept ist im Grundsatz schlüssig und plausibel.

Es stößt aber an einige Grenzen, die in der Praxis mit bedacht werden sollen:

1. Fast jeder Feedback-Geber äußert sich u.a. mit taktischen Motiven:
   - Mitarbeiter beurteilen Vorgesetzte manchmal positiver, als ihnen zumute ist, um dem Risiko von Sanktion oder Protest zu entgehen – oder negativer, um eine alte Rechnung zu begleichen. Dies gilt auch umgekehrt.
   - Kollegen beurteilen Kollegen manchmal positiver, weil sie sich mit ihnen entsprechend abgestimmt haben, nun eine Seilschaft bilden und nach dem Motto handeln: *Eine Hand wäscht die an-*

dere – oder negativer, um die Kollegen aus dem Rennen zu kicken.
- Vorgesetzte beurteilen ihre Mitarbeiter positiver, weil sie damit der Firmenleitung signalisieren: *Ich habe mein Team im Griff* – oder negativer, um damit zu rechtfertigen, dass in dem Team im letzten Jahr einiges nicht so recht geklappt hat.

2. Die Anonymität der Feedback-Erteilung schürt Misstrauen und kann zur Suche nach Heckenschützen führen.
3. Manchmal bleibt das 360°-Feedback in Unternehmen folgenlos. In anderen Fällen hat es harte Konsequenzen (z. B. Kürzung von Prämien, Entziehung von Aufgaben, Kündigung).
4. Die oberste Leitungsebene erhält naturgemäß weder von Vorgesetzten noch von Kolleginnen und Kollegen ein Feedback, da es diese nicht gibt. Manchmal wird hier zusätzlich auf die Beurteilung durch die Mitarbeiter verzichtet. Dadurch verliert das Instrument jedoch auf den unteren Ebenen an Glaubwürdigkeit. Es kann der Eindruck entstehen: Den Mitarbeitern wird eine Psycho-Übung auferlegt, der sich die Leitung entzieht.

Dennoch bringt das Instrument 360°-Feedback, selbst wenn es in einem Unternehmen nicht streng gemäß den methodischen Regeln gehandhabt wird, manchmal einen Innovationsschub. Denn sein Einsatz macht sichtbar, dass Feedback auf allen Ebenen reversibel erwünscht und möglich ist und zur Feinsteuerung der Zusammenarbeit beizutragen vermag. Die kritisch-belustigte Gegenthese soll dabei ebenfalls immer im Blick bleiben: Der Vorgesetzte sagt zum Mitarbeiter: *Sagen Sie mir bitte in aller Offenheit, was Sie von mir halten – auch wenn es Sie den Job kostet!*

Eine wichtige Ergänzung zum 360°-Feedback sind entsprechend Teamentwicklungs-Maßnahmen. Diese können schon mit eintägigen Workshops zur Zusammenarbeit im Team gute Erfolge erzielen.

Eigenständige Coaching-Abteilung

Über die Vorzüge des Coachings im Betrieb habe ich bereits in den Kapiteln II.4 und II.5 berichtet. Die Initiative liegt, wie ich dort erwähnte, bei der Person und in der Vorgesetzten-Funktion. Aber Geld, Zeit und Räumlichkeiten muss meist die Personalabteilung zur Verfügung stellen. Dabei ist diese oft gut beraten, wenn sie trotz ihrer Prüfungs-Berechtigung und Prüfungs-Verpflichtung dem Anliegen gegenüber darauf verzichtet, allzu detailliert nach den Gründen für den Coaching-Wunsch zu forschen. Denn dabei müssten die Antragsteller unter Umständen Einblicke in ihre persönlichen Kompetenzen und deren Lücken sowie in die aktuelle Team-Dynamik geben, was sie manchmal verständlicherweise scheuen werden. Dennoch kann sich die Personalabteilung eine gewisse Kontrolle über Themen, Verlauf und Ergebnis des Coachings sichern, z. B. durch

- Einblick in den Coaching-Kontrakt
- Sechs-Augen-Gespräch am Ende des Beratungs-Prozesses zwischen Coach, Personalabteilung und *Coachee* bzw. gecoachtem Team
- Schriftliche Evaluation durch alle Beteiligten unabhängig voneinander.

Auf diese Weise bleiben die allseitige Parteilichkeit des Coachs *und* die notwendige Vertraulichkeit zwischen Coach und *Coachee(s)* bewahrt.

Anfängermentorat

Viele Firmen haben, zum Teil mit langen Traditionen, interne Instanzen der Unterstützung entwickelt, die neuen Mitarbeitern bei der Eingewöhnung helfen und ihnen auf vielen Gebieten die Orientierung erleichtern. In der frühen Sozialpsychologie wurde dieser Vorgang als *two-step-flow of communication* bezeichnet. Diese Praxis fußte auf der Erkenntnis, dass das Regelwissen von einer neuen Person leichter erworben wird, wenn es ihr von einer Person im Nahbereich vermittelt wird als von einer Autoritätsperson aus der Ferne. Beispiele dazu finden sich in Tabelle 11.

Tab. 12: Zweischritt-Kommunikation in Institutionen

Sender oder Ausgangspunkt	**Gefilterte Vermittlung der Botschaft**	**Empfänger**
Berufsverband	Regionalgruppe	Mitglied
Firma	Mentorin	Neue Mitarbeiterin
Firma	Betriebliche Sozialarbeit	Mitarbeiter

Tab. 12 *(Fortsetzung)*: Zweischritt-Kommunikation in Institutionen

Sender oder Ausgangspunkt	Gefilterte Vermittlung der Botschaft	Empfänger
Firma	Sozialer Ansprechpartner (SAP)	Mitarbeiter
Firma	Gruppensprecher	Team
Gewaltprävention	Bereits von Gewalt betroffener Schüler	Mitschüler
Gewaltprävention	Frauen helfen Frauen	Misshandelte Frauen
Immigration	Vor einem Jahr Eingewanderte	Frisch Eingewanderte
Klinik	Patientensprecher	Patienten
Politik	Stadtteil-Bewohner als Werber	Wähler
Politische Partei	Ortsverein	Mitglied
Psychiatrie	Big Sister (Erfahrene Mitpatientin)	Little Sister (Neue Patientin)
Lehrer	Klassensprecher	Schüler
Schule	Praktikumsleiter	Praktikant
Schule	Mentorin	Referendar
Schule	Vertrauenslehrer	Schüler
Studium	Tutor	Student
Sucht-Selbsthilfegruppe	Sponsor	Neues Mitglied
Waschmittelwerbung	Gemütliche Oma	Käuferin
Zwergschule	Ältere Schüler	Jüngere Schüler

Wir wissen heute, dass das hier benutzte *two-step-flow-model of communication* eine große Vereinfachung ist, weil 1) die Kommunikation in Unternehmen zahlreiche Etappen durchläuft, 2) die Vermittlung auch auf anderen Kanälen als der *Peer*-Ebene erfolgreich gelingt und weil 3) Kommunikation grundsätzlich zirkulär verläuft. Dennoch bewährt sich das Mentoratsmodell u. a. deshalb, weil es auf freiwilliger

Basis stattfindet, unbürokratisch etablierbar ist und sich durch Flexibilität, rasche Verfügbarkeit und Fachlichkeit auszeichnet. Es kann auf diese Weise zur Burnout-Prävention niedrigschwellig und zielgruppenspezifisch beitragen.

Dabei ist methodisch besonders zu bedenken:

1. Die Vermittlung soll aktiv gefiltert erfolgen, also Wichtiges von weniger Wichtigem unterscheiden und auch eigene Akzente setzen.
2. Die Vermittlungsinstanz steht nicht exakt in der Mitte von links und rechts, sondern nimmt eine Position umsichtig dosierter Parteilichkeit ein. Wo ein Freiraum besteht, mag sie sich partiell mit der Basis verbünden und den begrenzten Konflikt mit der Spitze suchen bzw. empfehlen.

Bei VW besteht ein Mentorat erfahrener weiblicher Führungskräfte für jüngere Kolleginnen, die sie u. a. mit den *dos and don'ts* entsprechend www.chicagomanualofstyle.org) der Firma sowie den Strukturen, Prozessen und Logiken der Unternehmenskultur vertraut machen und bei aktuellen Anlässen auch ein firmenfinanziertes Coaching vermitteln. Dabei übernehmen sie eine individuelle und institutionelle Parteilichkeit. Solche Mentorate helfen im Grundsatz dabei, das Institutionswissen rasch und firmenspezifisch zu vermitteln. Sie werden dadurch zu einem wichtigen Sozialisationsfaktor bei der Einarbeitung in die neue Institution und können einer Burnout-Entwicklung vorbeugen.

Coaching bei internem Stellenwechsel

Wenn Mitarbeiter eine neue größere Aufgabe übernehmen, oft verbunden mit einer Beförderung, kann ein themengebundenes Coaching den Übergang oft erleichtern:

- Der bisherige Arbeitsplatz soll geordnet an die Nachfolgerin übergeben werden.
- Die Einarbeitung in die neue Stelle soll rasch begonnen werden und bei Dienstantritt fortgeschritten sein.
- Wenn die neue Tätigkeit (erstmalig) mit einer Führungsaufgabe verbunden ist, sind gründliche Gespräche mit der Vorgängerin und dem Team wünschenswert.
- Ein Führungstraining kann angezeigt sein und vorbereitet werden.

- Das Coaching kann auf die Gestaltung der ersten hundert Tage ausgedehnt werden.

Wenn die Firma dieses Coaching ermöglicht, entsprechende Kontakte herstellt und die Kosten übernimmt, mag dies allen Beteiligten Belastung und Reibungsverlust ersparen.

Freilich sind diese Vorteile mit möglichen Nachteilen abzuwägen:

- Das Postulat der Freiwilligkeit im Coaching ist damit teilweise ausgehebelt.
- Wenn das Coaching durch die Leitung nahegelegt wird, so mag die angehende Führungskraft dies als Signal des Zweifels interpretieren, ob ihr die qualifizierte Übernahme der Führungsaufgabe wirklich zugetraut wird. Auch für die neuen Kollegen und Mitarbeiter kann es so wirken.
- Der Betreffende mag sich in seiner Entscheidungsfreiheit für oder gegen Coaching beeinträchtigt fühlen.
- Er kann sich Sorgen machen, ob der durch die Leitung vermittelte Coach sich wirklich an das Verschwiegenheitsgebot halten wird, wenn bei der Kontraktformulierung die Leitung des Hauses die Federführung übernimmt und am Ende des Coachings ein Gespräch unter sechs Augen stattfinden soll (Leitung, Coach und neue Führungskraft).
- Er mag dann folgerichtig versuchen, sich in den Coaching-Sitzungen weitgehend bedeckt zu halten oder andere Themen als die vereinbarten zu besprechen. Freilich könnte auch dies im Abschlussbericht des Coachs bei der Leitung einen nachteiligen Eindruck hinterlassen.
- Andererseits: Wenn er das Coachingangebot nicht annimmt und ihm danach an seinem neuen Arbeitsplatz Fehler und Pannen unterlaufen, so kann die Leitung dies mühelos mit der Coaching-Verweigerung in eine Kausalverbindung bringen und ihm daraus eine ihn disqualifizierende Fehlentscheidung konstruieren.

Einarbeitung von Nachfolgern

Wenn ein neuer Mitarbeiter mit der Arbeit beginnt, so ist es an manchen Arbeitsplätzen ein großer Vorteil, wenn er gleich durchstarten kann, statt, wie in der Politik informell üblich, eine Schonfrist von hundert Tagen erbitten zu müssen, in denen ihm kleine Fehler nachgesehen werden. Will man Anfangsfehler vermeiden, so wäre es oft am einfachsten, wenn das Arbeitsende des Vorgängers und der Arbeitsbeginn des Nachfolgers sich um einen Monat überlappen würden – natürlich bei vollem Gehalt auf beiden Seiten. Denn der Neue arbeitet in diesem Monat gewiss in größter Intensität, um sich möglichst viel firmeninterne Expertise anzueignen.

Wenn man einmal in einer fiktiven Kalkulation die Kosten durchrechnet, die eine Institution aufzubringen hat, in der im 3-Jahres-Rhythmus die Arbeitsplätze gewechselt werden, also sogar eine besonders hohe Fluktuation herrscht, dann bedeutet dies eine Erhöhung der jährlichen Personalkosten von nur 2,7%. Bei Firmen mit geringeren Wechselraten fallen die jährlichen Unkosten entsprechend noch geringer aus. In dieser Zeit kann der neu Eingestellte die Firmenkultur kennenlernen und sich die informellen Kontakte seines Vorgängers aneignen, ungewöhnliche Lösungen für Probleme erfahren und sich auch über die informell herrschenden Regeln informieren, ohne sich zu einer vollständigen Konformität zu verpflichten. Nach diesen 30 Tagen ist er möglicherweise kompetenter als ein anderer Kollege nach 100 Tagen, der ohne Einarbeitung hat starten müssen.

Selektive Transparenz bei Prozessen der Umstrukturierung

Wenn Unternehmen vor großen Umstrukturierungen stehen, so werden in der Regel Unternehmensberatungen beauftragt, den Prozess zu begleiten und zu moderieren. Auf Ziel und Verlauf des Prozesses haben die Mitarbeiter außer über ihre Gewerkschaften meistens keinen nennenswerten Einfluss. Umso wichtiger ist es, dass im Rahmen des Möglichen jedenfalls Transparenz über das Geschehen hergestellt wird. Mitarbeiter können in Team-Workshops auf die bevorstehenden Veränderungen vorbereitet werden, bei denen außer wirtschaftlichen Erwägungen hoffentlich auch Argumente der Mitarbeiterfürsorge Berücksichtigung finden. Es ist gut, wenn während des ganzen Veränderungsverlaufs eine Adresse für Bedenken und Vorschläge der Mitarbeiter verfügbar ist. Schreitet der Prozess der Veränderung fort, so kann in weiteren Team-Workshops die Gelegenheit gegeben werden, Sorgen und Risikoerwartungen der Mitarbeiter aufzugreifen und teamintern Ideen zu entwickeln, die Letztere jedenfalls partiell abfedern. Dazu bedarf es u. a. eines belastbaren Zeitplans und einer Coaching-Option im Team, die u. a. der Moderation der Ideen-Entwicklung und der Begleitung bei der Planung von Handlungsschritten dient.

Gemeinsinn und Hilfsbereitschaft

In einem Firmenleitbild fand ich einmal die Formulierung: *Wir stellen Gemeinsinn vor Eigennutz* – schön formuliert, aber in dieser Verallgemeinerung gewiss unrealistisch und nicht leistbar. Gemeinsinn und Hilfsbereitschaft sind zunächst nur Appelle. Entscheidend ist in einem Unternehmen, ob sie gelebt werden, und zwar dauerhaft und über Team- und Hierarchie-Ebenen hinweg, im Alltag, uneigennützig und spontan. Dies trägt zur Identifikation mit dem Unternehmen und zu wechselseitigem Vertrauen mehr bei als Weihnachtsansprachen, in denen sie beschworen oder behauptet werden.

> Ein beeindruckendes Beispiel dafür, dass dies gelingen kann, erlebte ich einmal in einer deutschen Auslandsbotschaft mit: Das Rechts- und Konsular-Referat war mit der Bearbeitung von Visa-Anträgen nach einer Verkettung ungünstiger Umstände sehr ins Hintertreffen geraten und erfuhr nun viel Druck durch verschiedene Antragsteller, aber auch aus der Zentrale des Amtes, das entsprechende Beschwerden erhielt. Die Arbeitsbelastung des Referats war in den letzten Wochen sehr hoch gewesen. Eine Besserung stand nicht in Aussicht. Da beschloss der örtliche Botschafter im Einvernehmen mit dem Personalrat eine einmalige Aktion: *Alle Botschaftsangehörigen aus allen Referaten* trafen sich an dem darauffolgenden Samstag und Sonntag einer je sechsstündigen Sonderschicht und arbeiteten die Anträge gemäß den Anweisungen des Rechts- und Konsular-Referats ab. Dabei übernahm jeder der Beschäftigten diejenigen Aufgaben, die seinen Kompetenzen entsprachen: Formular-Bearbeitung, Transport-Aufgaben, Imbiss-Vorbereitung, Qualitäts-Kontrolle, Sofortberatung bei unklarer Daten- und Rechtslage usw. Am Sonntag um 16 Uhr war der Überhang an Anträgen abgearbeitet, und alle Mitarbeiter der Botschaft trafen sich zum gemeinsamen »Sieges«-Kaffeetrinken. Dieses Erlebnis ging in die Geschichte der Botschaft ein und wurde noch Jahre später von Mitarbeitern, die längst an anderen Dienstorten rund um die Welt tätig waren, mit leuchtenden Augen erzählt wie die Mythen von Indianern am Lagerfeuer.

IT-Hygiene

Es hat sich weitgehend eingebürgert, auf Mails innerhalb weniger Minuten antworten zu müssen. Aber es gibt auch Gegenstimmen, die empfehlen, sich diesem Zwang nicht zu beugen. Je nach Belastung durch eigene und fremde Erwartungen auf diesem Gebiet lohnt es sich, damit zu experimentieren: Die folgende Option wird von manchen Personen erprobt:

1. Mails um 8 Uhr: Unerlässliche Orientierung über neue Post
2. Mails um 12 Uhr: Erledigung der Neueingänge
3. Mails um 16 Uhr: Erledigung vor dem Arbeitsende

Ferner können zwei Ordnungsprinzipien handlungsleitend sein, die die Arbeit erleichtern:

1. Es werden alle Dinge, die mit einem Vorgang zusammenhängen, gleich nacheinander bearbeitet. Auf diese Weise wird die Aufgabe vollständig erledigt.
2. Gleiche Aufgaben werden gebündelt und als Block abgearbeitet: alle Mails, alle Telefonate, alle Lektüren.

In der Regel ergibt sich daraus eine Mischform, die den eigenen Arbeitsabläufen gerecht wird.

Eine dritte Form der Arbeit, nämlich das sogenannte *multi-tasking*, scheint mittlerweile schon wieder aus der Mode zu kommen (Fengler, 2013). Wer an zu vielen Dingen gleichzeitig arbeitet, verzettelt sich leicht und verliert den Überblick. Die ständige Selbstunterbrechung bei der Arbeit kostet immer wieder eine neue Einarbeitungszeit. Manchen Menschen merkt man das *multi-tasking* auch in Denken, Fühlen, Sprache und Motorik an. Sie wirken sprunghaft, unverbunden, hektisch und fahrig. Was dem einzelnen Mitarbeiter auf diesem Gebiet an Abgrenzung vielleicht schwerfällt, weil er Erwartungen jederzeit gerecht zu werden wünscht, kann auf Institutionsebene durch Weisung und IT-Umstellung zur Pflicht und zur Pflichtbegrenzung gemacht werden. Einige Unternehmen haben jedenfalls angefangen, damit zu experimentieren, z. B. Opel, Karstadt und andere. Einige Unternehmen haben per Vorstandsentscheidung und m. H. technischer Eingriffe den kontinuierlichen Mailstrom gedrosselt und die Verpflichtung zur 7-Tage-Präsenz an 24 Stunden zurückgenommen (z. B. VW und SAP). In anderen

Unternehmen gilt diese Dauererreichbarkeit immer noch als Statussymbol.

Förderung von Fortbildung

Das Recht auf jährliche Fortbildung ist gesetzlich geregelt. Die Themen der Fortbildung sind mit der Personalabteilung abzusprechen. Die Kosten übernimmt mit einem Limit die Firma. Dabei beobachten Mitarbeiter durchaus mit wachem Blick, ob die Fortbildung widerwillig und auf dem Weg eines komplizierten Antragsverfahrens gewährt wird. Manche Personalabteilung versucht, das Fortbildungsbegehren über moralische Appelle zu blockieren:

- »Natürlich haben Sie ein Recht auf die Fortbildung. Aber die uns anvertrauten alten Mitbürger/Patienten/Kinder/Verwirrten usw. werden dann natürlich einen Tag lang ohne Ansprache und Pflege verbringen müssen!«
- »Natürlich steht Ihnen die Fortbildung zu. Aber sind Sie sich denn darüber im Klaren, dass Sie damit Ihre Kolleginnen und Kollegen total in der ohnehin schon bestehenden Überlastung noch zusätzlich hängen lassen? Nicht sehr fair – finden Sie das nicht auch?«
- Manchmal genügt auch der gut einstudierte, aber spontan wirkende Seufzer *Gerade jetzt?*, um den Fortbildungsbeschluss ins Wanken zu bringen.

Andere Personalabteilungen bejahen für die Mitarbeiter Fortbildung, machen selbst Vorschläge und fördern die Wünsche der Mitarbeiter, um diese für ihre jetzigen und im Sinne der Karriereplanung auch für ihre zukünftigen Aufgaben zu qualifizieren. Damit werden sie ihrem Auftrag gerecht, Mitarbeiter-Fortbildung als Teil der Personalentwicklungspolitik des Unternehmens zu verstehen und in die Tat umzusetzen. Da Fortbildung und berufliche Qualifikation Aspekte der persönlichen Burnout-Prävention sind, kann die Firma, indem sie hier großzügig entgegenkommt, einen Beitrag dazu leisten, dass die Burnout-Prävention gelingt.

Ein Teil der Fortbildungsoptionen von Mitarbeitern wird den Umgang mit den eigenen Zielgruppen zum Gegenstand haben: Kommunikation im Allgemeinen, Interviewtechniken, Höflichkeit, Deeskalationsverfahren. In den meisten Helferberufen ist die Einübung solcher

Qualifikationen mittlerweile eine Selbstverständlichkeit. Aber auch bei Bahnbeamten in Zügen, Arbeitsamtsmitarbeitern und Beschwerde-Hotlines gilt dies. In anderen Arbeitsfeldern werden sie etabliert, wenn die Zahl der schwierigen Kontakte riskant wird.

Die Lufthansa ist in dieser Hinsicht bereits in den 70er-Jahren vorbildlich vorgegangen. Alle Stewardessen und Stewards nahmen an einem Training in Grundlagen der Transaktionsanalyse teil *(Ich bin o.k. – du bist o.k.!)*, um heftige Gespräche am Gate und im Flugzeug umsichtig steuern zu können. In neueren Zeiten gelten u. a. Bus- und Taxifahrer sowie Polizisten als besonders gefährdet. Qualifikationen auf dem Gebiet der Gesprächsführung könnten auch hier einer Eskalation und einer erhöhten Burnout-Gefährdung entgegenwirken.

Teilnahme an Fachkongressen

Auf Fachkongressen hat jeder Mitarbeiter die Gelegenheit, den eigenen Wissensstand zu aktualisieren, u. a. auch im Hinblick auf den Umgang mit den eigenen Zielgruppen, über neue gesetzliche Bestimmungen, Kontrollmechanismen und Qualitätskriterien. Fachkongresse dienen auch dazu, solche Themen zu besprechen, die der Öffentlichkeit nicht bekannt gemacht werden: Fehlentscheidungen, Fehler, Unfälle, Gesetzesverstöße. Im günstigen Fall führen solche Diskussionen nicht dazu, sich über die aussichtsreichsten Methoden der Vertuschung auszutauschen, sondern regen Erörterungen über rasche Fehlererkennung und frühe Prävention an.

Ein Ingenieur berichtete mir einmal im Leitungscoaching, dass er für einen Fachkongress das Thema *Die neue Maschine – das unbekannte Wesen* angemeldet hatte. Er würzte dann seinen Vortrag mit Fotos der größten und schlimmsten technischen Katastrophen, die ihm in seinem eigenen Arbeitsleben passiert waren – zum Glück, ohne dass dabei Personen zu Schaden kamen und die er fotographisch penibel dokumentiert hatte:

- eine Maschine, die sich beim Testlauf aus der Verankerung losgerissen hatte und umgekippt war
- eine Maschine, die wie eine Bombe quer durch die Halle flog und eine Spur der Verwüstung zurückließ
- eine Maschine, die in Flammen aufging.

Da waren die Zuhörer erleichtert, dass endlich jemand aussprach, was alle in der eigenen Arbeit schon erlebt hatten, und selbst die Verantwortung für das Unglück übernahm, statt sie vage auf Materialfehler oder Unwägbarkeiten abzuschieben; und der darauf drängte, den Diskurs über Erfolg und Innovation um die Erörterung von Pech und Irrtum zu ergänzen. Das offene Gespräch anstelle der Aufrechterhaltung einer Erfolgsfassade kann ebenfalls zur Burnout-Prävention beitragen.

Realistische Zeitvorgaben

Es steht einer Firma gut an, Zeitvorgaben zu formulieren, die erfüllbar sind. Demgegenüber löst die Aufforderung, die Mitarbeiter müssten an ihrem Zeitmanagement arbeiten, inzwischen allenfalls noch Verzweiflung, Zynismus oder hysterisches Gelächter aus. Leider wagen es Mitarbeiter in solchen Augenblicken mit guten Gründen nur selten, ihre Vorgesetzten zu bitten, diese Aufgaben doch selbst einmal exemplarisch mit deren besonders geschicktem Zeitmanagement für alle sichtbar fristgerecht zu erledigen.

Realistische Zeitplanung hat mit Ethik, Mitarbeiterfürsorge und Kundenfreundlichkeit zu tun. Satirereife Gegen-Beispiele erleben wir hingegen täglich bei der Deutschen Bundesbahn:

- Verspätungen von Zügen werden mit einer *Störung im Betriebsablauf* begründet. Dem ist zu entgegnen: »Nein! Die Verspätung *ist* die Störung im Betriebsablauf!«
- Ohne Begründung kommen die Waggons in umgekehrter Reihenfolge eingefahren.
- An nicht funktionsfähigen Toiletten finden wir die Auskunft *Außer Betrieb* – aber eine ehrliche Fortsetzung der Mitteilung würde ja lauten: »… weil wir es nicht für nötig halten, am nächsten Bahnhof einen Klempner hinzuzuziehen, der die Verstopfung der Toilette während der Weiterfahrt beheben würde.«

In Kliniken lerne ich als Coach und Supervisor immer wieder Zeitpläne kennen, die von Anfang an auf ihr eigenes Scheitern angelegt sind:

8:30 bis 10:00 Uhr Morgenvisite
10:00 bis 11:00 Uhr Gruppentherapie

11:00 bis 12:00 Uhr Patientenkonferenz
12:00 bis 13:00 Uhr Fortbildung

Mehr Burnout-Förderung als durch solche Fehlkonstruktionen ist nur schwer vorstellbar.

Die Burnout-präventive Alternative heißt PPPS:
1. Pünktlichkeit
2. Pufferzeiten
3. Prüfung der Befolgung
4. Sanktion bei kleinen Verstößen

Manche betrieblichen Abläufe führen, weil gesetzlichen Bestimmungen Rechnung getragen werden muss, zu unfassbar absurden Folgen für die Beschäftigten. So ist es zwar eine Errungenschaft des Tarifvertrags, dass Mitarbeiter nach sechsstündiger Arbeit das Recht und die Pflicht zu einer Pause haben. Wenn sich diese aber z. B. in einer Klinik nach sechs Stunden um einen Notfall-Patienten kümmern, statt ihre Pause zu nehmen, so wird diese halbe Stunde ihres besonderen Einsatzes als Pausenzeit protokolliert und nicht bezahlt. Es bedarf eines aufwendigen Schriftwechsels, um später eine Nachvergütung zu erreichen. Wer als Mitarbeiter das Dienstgelände sieben Minuten vor Dienstschluss verlässt und von der Zeiterfassung registriert wird, benötigt unabhängige schriftliche Erklärungen von der Personalabteilung, der Klinikleitung und seinem unmittelbaren Vorgesetzten darüber, dass dies dienstlich angeordnet wurde.

Etablierung von Springerfunktionen

Wenn der Arbeitsdruck in einem Bereich sehr groß ist, leiden Qualität oder Output der Arbeit; oder ein Ausgleich wird angestrebt, indem Mitarbeiter aus anderen Bereichen einspringen – unter der stillschweigenden Annahme, dort sei gegenwärtig weniger oder weniger Wichtiges zu tun oder dort sei zu viel Personal beschäftigt. Dieses Vorgehen folgt der Logik des *first things first!*, also der Bereitschaft zu einer Prioritätensetzung, wenn es faktisch unmöglich ist, alle Aufgaben gleichzeitig in guter Qualität zu erledigen. Aber in manchen Bereichen des Arbeitslebens funktioniert dieses Vorgehen nicht oder nur schlecht:

- Wenn ein Lehrer fehlt, muss ein anderer Lehrer zwei Klassen gleichzeitig unterrichten. Das bedeutet aber, dass eine der beiden Klassen nur oberflächlich beaufsichtigt wird. Für Situationen, in denen Schüler mit einer Stillarbeit beschäftigt werden, hat das Schulministerium inzwischen zu der Wortschöpfung *Selbstgesteuerte Unterrichtseinheit (SGE)* gefunden, satirereif und leicht durchschaubar.
- In einer Klinik wird Personal von einer Station auf die andere versetzt, um dort Lücken zu stopfen, die nun in den Herkunftsstationen entstehen.
- Wenn in der Verwaltung Mitarbeiter fehlen, so werden die unbearbeiteten Fälle auf die Schultern aller anderen Mitarbeiter verteilt und ebenso alle Kontakte mit Besuchern und Antragstellern. Wir können nur hoffen, dass die Erkrankung des Mitarbeiters nicht auf Stress zurückgeht. Denn dann pflanzt sich dieser nunmehr im ganzen Team fort.
- In der Drogenhilfe müssen bei der Ausgabe von Substitutionsstoffen mindestens zwei Helferinnen anwesend sein – so steht es in der Arbeitsordnung. Aber wenn eine von beiden erkrankt, in Urlaub oder in Fortbildung ist oder an einer Kommissionssitzung teilnimmt, wird die andere gebeten, den Dienst *ausnahmsweise* allein zu versehen. Wenn sie dies ablehnt, so wird ihr angedeutet, sie habe vielleicht doch den falschen Arbeitsplatz gewählt.
- In einer Aufnahmestation für misshandelte Kinder müssen Nacht- und Wochenenddienste von einer ausgebildeten Fachkraft durchgeführt werden; aber hier und da wird stillschweigend geduldet, dass die Jahrespraktikantin zu diesen Zeiten ganz allein arbeitet.

Für solche Engpässe wird immer wieder eine Springerfunkton ins Gespräch gebracht, das heißt eine kleine Personalreserve, gleichsam eine Rufbereitschaft, die ein bescheidenes Entgelt dafür erhält, dass sie auf Anruf rasch erscheint und die Lücke kompetent schließt. Für den Einsatz selbst wird sie dann tariflich bezahlt. Eine Springerlösung stößt verständlicherweise auf mancherlei Bedenken:

- Sie kostet Geld.
- Sie kann die Bereitschaft erhöhen, halb krank zu Hause zu bleiben, statt sich halb krank zur Arbeit zu schleppen, weil die Argumente *Fairness* und *Rücksichtnahme* den vertretenden Kollegen gegenüber entfallen.

- Die Öffentlichkeit erkennt gerade an der Springerfunktion, wie knapp die Personaldecke kalkuliert ist.
- Die Springerfunktion ist politisch nicht gewollt und finanziell nicht durchsetzbar.

Trotzdem kann ein Unternehmen mit Springermodellen experimentieren und sich dabei kundig machen, was aussichtsreich erscheint und mit welchen Nebenwirkungen zu rechnen ist. In jedem Fall wird damit die Zahl der Handlungsoptionen für den Notfall größer. Falls solche Projektstudien nicht zum angestrebten Erfolg führen, gibt es danach jedenfalls empirisch fundierte Gründe dafür, diesem Ansinnen entgegenzutreten. Jede Weiterführung der Option »Springerfunktion« kann jedenfalls zur Burnout-Prävention überlasteter Kolleginnen und Kollegen beitragen.

Gewaltprävention

Institutionen haben die Möglichkeit, dazu beizutragen, dass Mitarbeiterinnen und Mitarbeiter sich an ihrem Arbeitsplatz relativ geschützt fühlen können. Dazu gehören u. a. Stewardessen, Bus- und Taxifahrer, Polizisten sowie Mitarbeiter in Jobcentern. Aber auch Psychiatrie, Gefängnis und Forensik benötigen ausgefeilte Sicherungskonzepte, damit Mitarbeiter sich innerhalb der Einrichtung aufmerksam und hellwach bewegen können, ohne sich gleichzeitig alarmiert und ängstlich fühlen zu müssen. Als gefährdet gelten auch Rettungssanitäter, Feuerwehrleute, Lehrer sowie Bürger, die sich in Streitigkeiten einmischen, um zu schlichten. In regionalen Erhebungen werden gegenwärtig bereits Hierarchien darüber erstellt, an welchen Schulen in welchen Stadtteilen die größte Zahl von Gewalttaten registriert wird. Viele Städte weisen Stadtteile auf, die zwar nicht vollständig rechtsfrei sind, aber eine hohe Kriminalitätsrate in Verbindung mit einer niedrigen Polizeipräsenz aufweisen.

Die Hamburger Stadtverwaltung berichtete 2012, dass ein Jahr nach der Einführung eines Alkoholverbots in den öffentlichen Verkehrsmittelns die Zahl der Gewaltdelikte in diesem Bereich signifikant abgesunken sei. Nun müssen solche Statistiken natürlich hinsichtlich der Validität der Erhebungsmethoden, der Aufbereitung und Interpretation der Daten und auch der politischen Interessenlage, die hinter dieser Verlautbarung zu diesem Zeitpunkt und mit dieser Tendenz steht, penibel geprüft werden, bevor man von einem durchschlagenden Erfolg spricht. Aber das Projekt zeigt, dass die Stressbelastung jedes einzelnen beunruhigten Nutzers im öffentlichen Nahverkehr durch städtische und staatliche Regelungen u. U. zu mildern ist.

Die Institution verfügt über vielfältige Mittel, über personenbezogene Entscheidungen einer Burnout-Gefährdung entgegenzuwirken. Manche Menschen verlieren auf der Komplexitätsstufe Institution allerdings das Interesse an der Fortsetzung des Diskurses, weil sie den eigenen Einfluss auf dieser Ebene nicht mehr zu erkennen vermögen. Dem ist zu entgegnen: Bis in die höchsten Ebenen der Politik, Wirtschaft und Verwaltung hinein erleben wir täglich, dass weitestreichende Entscheidungen eben doch nicht ausschließlich nach den Kommunikationsregeln der Institutionen fallen, sondern nach Zeitpunkt, Richtung und Inhalt auch die Handschrift der entscheidenden Person tragen und insofern zumindest Beeinflussungen aus der näheren Umgebung möglich zu sein scheinen.

Im letzten Kapitel wenden wir uns nun politischen Aspekten der Burnout-Prävention zu.

7. Burnout-Prävention in der Gesellschaft

Entstehung und Entwicklung eines Burnout wurde, wie ich in Kap. I dargestellt habe, in den frühen Jahren nach den ersten Beschreibungen dieses Störungsbildes zunächst ursächlich der betroffenen Person zugeordnet und individualisiert: Er oder sie hatte sich überfordert, auf Pausen verzichtet, die Regeneration versäumt und sich selbst geschädigt. Später kamen zwei ziemlich vage Gegenthesen ins Spiel: Die *Verhältnisse* trügen die Schuld an der Burnout-Entstehung, und *die Gesellschaft* müsse verändert werden, damit Burnout wieder verschwinden könne. In dem Salamander-Modell habe ich versucht, für die Burnout-Prävention zwischen Individuum und Gesellschaft auch die weiteren Subsysteme zu berücksichtigen, die zwischen diesen beiden Polen angesiedelt sind und auf den seelischen Gesundheitsschutz des Individuums konstruktiv einwirken können.

Nun ist ja Gesellschaft als Makrosystem, das wir bei der Geburt vorfinden und auf das unser Einfluss nur sehr gering ist, ein operationalisierbares Konstrukt. Als Psychotherapeut werde ich mich bei diesem Thema nur sehr zurückhaltend äußern und muss Leserinnen und Leser bitten, im Hinblick auf viele Details Auskünfte u. a. bei Jura, Politologie und Soziologie, VWL und BWL, Politik und Kriminologie, Stadt-Architektur und Sozialmedizin, Berufsverbänden und Gewerkschaften einzuholen. Immerhin lassen sich hier einige Substrukturen der Gesellschaft benennen, die Burnout-Risiken des Einzelnen und des Teams entgegenzuwirken imstande sind.

Legislative, Exekutive und Jurisdiktion

Rechtspraxis findet in dem Dreischritt Gesetzgebung, Gesetzesausführung und Rechtsprechung statt und hat sich an den Vorgaben des Grundgesetzes zu orientieren. Dabei beeinflussen die drei Bereiche sich wechselseitig; alle unterziehen sich multiplen externen wie auch internen Selbstkontrollen und Überprüfungen.

Der Föderalismus stellt sicher, dass es zur Bündelung von Macht nur in engen Grenzen kommt. Unter der Perspektive der Burnout-Prävention ist für den einzelnen Bürger dabei vielleicht am wichtigsten, dass er hoffentlich das Erlebnis hat, weitgehend in Rechtssicherheit (statt in Willkür, Korruption und rechtfreien Räumen) zu leben. Bei der Spezifizierung von Gesetzen, Bestimmungen und Erlassen, die dem Gesundheitsschutz im Allgemeinen und der Burnout-Prävention im Besonderen dienen sollen, sind an erster Stelle Beiträge aus Gesundheitsrecht, Arbeitsrecht, Familienrecht, Schul- und Hochschulrecht sowie Strafrecht zu erwarten. Vergleichende Gegenüberstellungen von Parteiprogrammen vor Wahlen erleichtern es Wählerinnen und Wählern, denen die Burnout-Prävention am Herzen liegt, solche Parteien, Kandidaten und Kandidatinnen zu wählen, die den körperlichen und seelischen Gesundheitsschutz glaubwürdig vertreten.

Primat der Prävention vor der Krankenbehandlung

In Positionspapieren und Festreden ist dieser Gedanke als Teil eines gesellschaftlichen Leitbildes fest verankert. Der Auftrag der politischen Entscheidungen hinkt dem aber naturgemäß hinterher, und je nach Höhe des Anspruches wird dies auch so bleiben. Dieses Schicksal teilt das Primat der Prävention mit vielen anderen gegenwärtigen und historischen Maximen der Gesellschaft: Hilfe zur Selbsthilfe; Inklusion; fordern und fördern; Mehr Demokratie wagen; Bürger in Uniform; Bildung ist Bürgerrecht; Glasnost und Perestroika, Freiheit, Gleichheit, Brüderlichkeit. Das bedeutet aber nicht, dass sie dadurch überflüssig würden. Vielmehr bewahren sie ihren Signalcharakter für den seelischen Gesundheitsschutz, wenn ihnen immer wieder neu Leben und Vitalität eingehaucht wird – auf allen gesellschaftlichen Ebenen.

Protestbewegungen

Wir beobachten, dass viele politische Prozesse in quälender Langsamkeit verlaufen, was Anlass zur Politikverdrossenheit gibt. In anderen Zeiten wieder bewegt sich politisch etwas in dramatischem Tempo aufgrund von unvorhersehbaren Ereignissen (z. B. Fukushima), gesellschaftlichen Notwendigkeiten (Abschaffung der Wehrpflicht, Einführung einer Berufsarmee, Abschaffung der Atomkraft) oder Anwachsen der Zustimmung der Bevölkerung beim Auftreten von Gewerkschaften und Protest-Bewegungen (z. B. Mindestlohn). In Ausnahmefällen gelingt es sogar sehr kleinen Gruppen, die kein erhebliches Wählerpotential darstellen, Wünsche politisch durchzusetzen, wenn sie sich organisieren und artikulieren, wie es jüngst bei der Debatte um die sog. Sternenkinder der Fall war: Neuerdings haben Eltern einen Anspruch darauf, dass totgeborene Kinder mit einem Gewicht von auch unter 500 Gramm über den Eintrag ins Personenstandsregister als Personen anerkannt und regulär bestattet werden können, anstatt wie bisher mit dem Klinikmüll *entsorgt* (!) oder Unternehmen für Forschungszwecke überlassen zu werden. Es kommt also darauf an, solche neuen Bewegungen zur Kenntnis zu nehmen, sich ihnen ggf. anzuschließen oder sie selbst zu gründen, wenn es um Themen der Burnout-Prävention geht.

Regionale Institutionen

Für viele Menschen ist es eine Hilfe, sich für die Burnout-Prävention nicht gleich die gesamte Gesellschaft von 84 Millionen Einwohnern in Deutschland vorzunehmen, sondern bei kleinen regionalen gesellschaftlichen Subsystemen zu beginnen: die Beiratstätigkeit in der Fachgesellschaft, die Verschönerung des Parks, das Ehrenamt. Die Gesundheitspsychologie zeigt Möglichkeiten auf, in dieser Hinsicht multidimensional tätig zu werden, das heißt eben in dem Rahmen, der den eigenen Möglichkeiten entspricht.

Parameter der gesellschaftlichen Lebensqualität

In der OECD-Studie (Gurria 2011) werden 11 Kriterien genannt, anhand derer die Lebensqualität von Bewohnern eines Landes eingeschätzt und überprüft werden kann:

1. Wohnqualität
2. Einkommenshöhe
3. Qualität der Arbeit
4. Niveau der Gemeinde
5. Bildungsangebote
6. Qualität der Umwelt
7. Politische Partizipationsmöglichkeiten
8. Gesundheitsversorgung
9. Allgemeine Lebenszufriedenheit
10. Sicherheit versus Kriminalität
11. Work-Life-Balance

Diese sehr komplexen Merkmale eignen sich einerseits zur Einschätzung der Lebensqualität in einem Land im Vergleich zu anderen Ländern. Sie können aber auch herangezogen werden, um im Zeitverlauf Aufstieg und Abstieg einzelner Länder zu registrieren. Drittens hat wiederum der Burnout-gefährdete Mensch die Möglichkeit, anhand dieser Kriterien seine eigene gesellschaftliche Belastung einzuschätzen und gegebenenfalls Korrekturen vorzunehmen.

Schlussbemerkung

Die Burnout-Prävention ist, wie ich dargestellt habe, nicht nur ein Übergang zwischen Krankheit und Gesundheit, sondern auch eine Einladung zu kontinuierlicher Achtsamkeit und Selbstfürsorge. Dabei kann eine Reihe von Hinweisen hilfreich sein:

1. Beginnen Sie mit den Maßnahmen der Prävention, die Sie spontan ansprechen.

2. Wählen Sie Maßnahmen aus, die weder an Zeitkontingente noch an Geldmittel gebunden sind.
3. Günstig ist es auch, Schritte zu wählen, von denen Sie sich einen raschen Erfolg versprechen.
4. Entscheiden Sie sich für Dinge, die Sie nicht im Irrealis-Modus ansiedeln *(Ich müsste mal wieder ...)*, sondern die Sie auch wirklich tun werden.
5. Sprechen Sie mit einer anderen Person über Ihren Plan.
6. Berichten Sie der gleichen Person darüber, dass Sie es wirklich getan haben, und auch darüber, welche Beobachtungen Sie dabei und danach an sich gemacht haben.
7. Mehr hilft mehr: Wenn Sie also auf verschiedenen Ebenen und mit einer gewissen Kontinuität die Burnout-Prävention vorantreiben, so ist die Chance auf einen Erfolg größer, als wenn Sie nur auf einem Gebiet und nur punktuell die Initiative ergreifen.
8. Manche Lebensbedingungen werden Sie nicht beeinflussen können. Dann verzichten Sie besser darauf, es immer wieder zu versuchen. Bündeln Sie stattdessen Ihre Kräfte dort, wo Sie etwas bewegen können.
9. Wenn Sie mit der Burnout-Prävention einmal ins Stocken geraten, so ist es am besten, nicht damit zu hadern oder in Selbsttadel zu verfallen, sondern bei der nächsten Gelegenheit fortzufahren.
10. Versuchen Sie, Ihre Burnout-Prävention salutogenetisch zu konzipieren: Sie soll Ihnen selbst helfen, Ihr Leben besser zu verstehen, es zu gestalten und es in einen Sinnkontext zu stellen. Vorteilhaft ist die Burnout-Prävention besonders dann, wenn sie auch dem Wohlbefinden anderer Personen dient.

Literatur

Abel, Peter: *Burnout in der Seelsorge.* Matthias-Grünewald Verlag, Stuttgart, 1995

Ackerley, Gary D.; Burnell, Juliann; Holder, Dale C., und Kurdek, Lawrence A.: *Burnout among licensed psychologists.* In: Professional Psychology, Research and Practice, 19 (6), 62 – 631, 1988

Anstötz, Christoph: *Wie »ausgebrannt« sind Geistigbehindertenpädagogen wirklich? Eine empirische Studie zum Thema Burnout.* In: Behindertenpädagogik, 26 (1), 49 – 58, 1987

Anstötz, Christoph: *Burnout bei Lehrern für Geistigbehinderte?* Eine Ergänzungsstudie zum Beitrag in BHP 26 (1987) 1. In: Behindertenpädagogik, 26 (3), 286 – 289, 1987

Apenburg, Eckhard, und Kuhn, Kerstin: *Berufliche Belastungen, soziale Unterstützung und Gesundheit.* Wuppertaler Psychologische Berichte, 4, 1985

Arana, George W.: *The Impaired Physician: A Medical and Social Dilemma.* In: General Hospital Psychiatry, 4 (2), 147 – 153, 1982

Antons, Klaus: *Heilungsprozesse. Therapeutisch bewirkte Veränderung beim Suchtkranken im tiefenpsychologischen Licht.* Unveröffentlichtes Manuskript. Kehrbrief Nr. 5 bei Weiterbildung zum Sozialtherapeuten, 1982

Antons, Klaus: *Praxis der Gruppendynamik.* Hogrefe-Verlag, Göttingen, 8. Aufl. 2000

Amann, Gabriele, und Wipplinger, Rudolf (Hrsg.): *Gesundheitsförderung. Ein multidimensionales Tätigkeitsfeld.* Dgvt-Verlag, Tübingen, 1998

Aronson, Elliot; Kafry, Ditsa, und Pines, Ayala M.: *Ausgebrannt. Vom Überdruss zur Selbstentfaltung* (Übers. v. Agnes von Cranach). Klett-Cotta Verlag, Stuttgart, 8. Aufl. 2008

Bach, George R., und Wyden, Peter: *Streiten verbindet: Spielregeln für Liebe und Ehe.* Fischer Verlag, Frankfurt am Main, 20. Aufl. 2004

Barth, Anne-Rose: *Burnout bei Lehrern. Theoretische Aspekte und Ergebnisse einer Untersuchung.* Hogrefe, Göttingen, 2. Aufl. 1997

Bartusis, Mary Ann: *Spouses of Women Psychiatrists.* Psychiatric Annals, 7 (4), 190 – 196, 1977

Bates, Erica: *Doctors and their spouses speak: Stress in medical practice.* In: Sociology of Health & Illness, 4 (1) 25 – 39, 1982

BBK (Bundesverband der Betriebskrankenkassen, Hrsg.): *Kein Stress mit dem Stress. Eine Handlungshilfe für Führungskräfte.* Essen, 2012

Beemsterboer, Joni, und Baum, Bernard H.: *»Burnout«: definitions and health care management.* In: Social Work in Health Care, 10 (1), 97 – 109, 1984

Beese, Friedrich: *Zusammenarbeit zwischen Ärzten und Psychologen in der Psycho-*

therapie. In: Psychotherapie, Psychosomatik, Med. Psychologie, 31 (6), 192–194, 1981

Benne, Kenneth, und Sheats, Paul: *Functional Roles of Group Members.* In: Journal of Social Issues, 4, 41–49, 1948

Bergner, Thomas M. H.: *Burnout bei Ärzten. Arztsein zwischen Lebensaufgabe und Lebens-Aufgabe.* Schattauer, Stuttgart, New York, 2007

Bergner, Thomas M. H.: *Burnout-Prävention. Das 9-Stufen-Programm zur Selbsthilfe.* Schattauer, Stuttgart, New York, 2. Aufl. 2009

Bergner, Thomas M. H.: *Arzt sein. Die 7 Prinzipien für Erfolg, Effektivität und Lebensqualität.* Schattauer, Stuttgart, New York, 2009 a

Bernhard, Paul: *Spaltungsprozesse in der institutionellen Zusammenarbeit eines psychotherapeutischen Teams.* In: Praxis der Psychotherapie und Psychosomatik, 29 (6), 282–289, 1984

Berndt, Fank H.: *30 Minuten gegen Burn-out.* Gabal, Offenbach, 7. Aufl. 2008

Berne, Eric: *Was sagen Sie, nachdem Sie »Guten Tag« gesagt haben?* Fischer Taschenbuch Verlag, Frankfurt am Main, 22. Aufl. 2012

Birmingham, Patrick K., und Ward, Richard F.: *A high-risk suicide group: The anesthesiologist involved in litigation.* In: American Journal of Psychiatry, 142 (10), 1225–1226, 1985

Bissell, Roberta B.; Feather, Deborah M. Ryan, und Hamel, Brenda P.: *Helping students survive institutionalized patients and burnout in staff in chronic psychiatric care facilities.* In: Perspectives in Psychiatric Care, 22 (3), 108–114, 1984

Blöschl, Lilian: *Soziales Netzwerk/Soziale Unterstützung, Lebensbelastung und Befindlichkeit. Eine Standortbestimmung aus psychologischer Sicht.* In: Zeitschrift für Klinische Psychologie, 16 (4), 311–320, 1987

Boice, Robert, und Hertli, Peter: *Do psychologists practice what they teach?* In: Teaching of Psychology, 9 (2), 86–88, 1982

Boice, Robert, und Myers, Patricia E.: *Which setting is healthier and happier, academy or private practice?* In: Professional Psychology: Research Practice, 18 (5), 526–529, 1987

Boy, Angelo V., und Pine, Gerald J.: *Avoiding counselor burnout through role renewal.* In: Personnel and Guidance Journal, 59 (3), 161–163, 1980

Brenner, Sten-Olof; Sörbrom, Dag, und Wallius, Eva: *The stress chain: A longitudinal confirmatory study of teacher stress, coping and support.* In: Journal of Occupational Psychology, 58 (1), 1–13, 1985

Brenner, Sten-Olof, und Wallius, Eva: *Work, health and well-being for teachers in Swedish comprehensive schools.* Stressforskningsrapporter, 161, 1982

Bressler, Bernard: *Suicide and drug abuse in the medical community.* In: Suicide: A quarterly Journal of Life Threatening Behavior, 6 (3), 169–178, 1976

Buchka, Maximilian, und Hackenberg, Jörg: *Das Burn-out-Syndrom bei Mitarbeitern der Behindertenhilfe.* Ursachen – Formen – Hilfen. Verlag Modernes Leben, Dortmund, 1987

Bundesarbeitsgemeinschaft der Kinderschutz-Zentren (Hrsg.): *Wenn Hilfe zur Last wird. Belastungen im Alltag der Jugendhilfe*. Köln, 2012

Burisch, Matthias: *Das Burnout-Syndrom. Theorie der inneren Erschöpfung*. Springer Verlag, Berlin, Heidelberg, 4., überarb. Aufl. 2010

Burke, Ronald J., und Deszca, Eugene: *Correlates of burnout phases among police officers*. In: Group and Organization Studies, 9 (4), 451 – 466, 1984

Busse, Reinhard; Schreyögg, Jonas, und Tiemann, Oliver (Hrsg.): *Management im Gesundheitswesen*. Springer, Heidelberg, 2. Aufl. 2010

Cherniss, Cary: *Staff Burnout. Job Stress in the Human Service*. Sage, Beverly Hills, 1980

Cherniss, Cary: *Stress, Burnout and the Special Services Provider*. In: Special Services in the Schools, 2 (1), 1985

Christensen, Carol Pigler: *Effects of cross-cultural straining on helper response*. In: Counselor Education and Supervision, 23 (4), 311 – 320, 1984

Chapman, Gary: *Five Love Languages: How to Express Heartfelt Commitment to Your Mate*. Northfield Publishing, Chicago, Nachdruck 2010

Cohn, Ruth C., und Farau, Alfred: *Gelebte Geschichte der Psychotherapie. Zwei Perspektiven*. Klett-Cotta, Stuttgart, 1995

Cohn, Ruth C.: *Von der Psychoanalyse zur Themenzentrierten Interaktion. Von der Behandlung einzelner zu einer Pädagogik für alle*. Klett-Cotta, Stuttgart, 15. Aufl. 2009

Crane, Stephen J., und Iwanicki, Edward F.: *The Effect of Social Support and the Work Environment Upon Burnout Among Nurses*. In: Journal of Human Stress, 12 (1), 20 – 26, (1986), Seite 98, 113

Crane, Stephen J., und Iwanicki, Edward F.: *Perceived Role Conflict, Role Ambiguity, and Burnout Among Special Education Teachers*. In: Remedial and Special Education, 7 (2), 24 – 31, 1986

Cronin-Stubbs, Diane, Brophy, Eve Broughton: *Burnout: Can Social Support Save the Psych Nurse?* In: Journal of Psychosocial Nursing and Mental Health Services, 23 (7), 8 – 13, 1985

Csikszentmihalyi, Mihaly: *Das Flow-Erlebnis*. Verlag Klett-Cotta, Stuttgart, 1987

Czwalina, Johannes: *Karriere ohne Reue. So schaffen Sie Sinn und Lebensqualität trotz Leistungsdruck*. Frankfurter Allgemeine Buch, Frankfurt am Main, 2008

Dargatz, Thorsten: *Anti-Stress-Programm: Aktive Vorbeugemaßnahmen gegen Burnout-Syndrom und Stress; mit praktischem Gesundheitsbegleiter*. Sportinform Verlag, München, 1995

Davis-Sacks, Mary Lou; Jayaratne, Srinika, und Chess, Wayne A.: *A Comparison of the Effects of Social Support on the Incidence of Burnout*. In: Social Work, 30 (3), 240 – 244, 1985

Däumling, Adolf Martin: *Psychologische Leitbildtheorien*. In: Psychologische Rundschau, 11 (2), 92 – 108, 1960

De Frank, Richard S., und Stroup, Christino A.: *Teacher Stress and Health: Exa-*

mination of a Model. In: Journal of Psychosomatic Research, 33 (1), 99 – 109, 1989

Dejours, Christophe (Hrsg.): *Psychopathologien der Arbeit: Klinische Fallstudien.* Brandes & Apsel, Frankfurt am Main, 2012

Dean, James C.: *The Treatment Facility as Coalcoholic.* In: International Journal of the Addictions, 17 (6), 1091 – 1098, 1983

Deuerlein, Isabella: *Psychodynamische Interventionen in ausgebrannten Teams.* In: Fengler, Jörg, Sanz, Andrea (Hrsg.): Ausgebrannte Teams: Burnout-Prävention und Salutogenese, S. 207 – 219; Klett-Cotta Verlag, Stuttgart, 2. Aufl. 2012

Deutsch, Connie J.: *A Survey of Therapists' Personal Problems and Treatment.* In: Professional Psychology: Research and Practice, 16 (2), 305 – 315, 1985

Dinslage, Axel: *Zur Änderung therapierelevanter Überzeugungen durch berufliche Sozialisation. Ein Beispiel.* In: Verhaltenstherapie und psychosoziale Praxis, 14 (1), 9 – 21, 1982

Dinslage, Axel: *Rollengenie oder Erwartungsopfer? Zur Situation von Mitarbeitern in therapeutischen Gemeinschaften.* In: Gruppendynamik, 14 (2), 173 – 185, 1983

Dorst, Brigitte: *»Die Menschen belasten Dich? Trag' sie nicht auf den Schultern, schließ' sie in Dein Herz.« (H. Camara) – Über Narzissmus und Spiritualität des Helfens.* Überarbeitete u. gekürzte Fassung eines Vortrags anlässlich der 30-Jahr-Feier der Düsseldorfer Telefonseelorge. Vandenhoeck & Ruprecht Verlag, Göttingen, 1989

Drexler, Diana: *Das Integrierte Stressbewältigungsprogramm ISP. Manual und Materialien für Therapie und Beratung.* Klett-Cotta, Stuttgart, 3. Aufl. 2012

Duxbury, Mitzi L.; Armstrong, Gordon D.; Drew, Debra J., und Henly, Susan J.: *Head nurse leadership style with staff nurse burnout and job satisfaction in neonatal intensive care units.* In: Nursing Research, 33 (2), 97 – 101, 1984

Edelwich, Jerry von, und Brodsky, Archie: *Ausgebrannt.* Otto Müller Verlag, Salzburg, 1980

Emener, William G.; Luck, Richard S., und Gohs, Frank X.: *A Theoretical Investigation of the Construct Burnout.* In: Journal of Rehabilitation Administration, 6 (4), 188 – 196, 1982

Enzman, Dirk, und Kleiber, Dieter: *Helfen – Leiden.* Ansanger-Verlag, Heidelberg, 1989

Farber, Barry A., und Heifetz, Louis J.: *The Process and Dimensions of Burnout in Psychotherapists.* In: Professional Psychology, 13, 293 – 301, 1982

Farber, Barry A.: *Clinical Psychologists Perceptions of Psychotherapeutic Work.* In: Clinical Psychologist, 38, 10 – 13, 1985

Fengler, Jörg: *Hörgeschädigte Menschen.* Kohlhammer-Verlag, Stuttgart, 1990

Fengler, Jörg: *Burnout und berufliche Deformation im Sozialarbeiterberuf.* In: Theorie und Praxis der Sozialen Arbeit, 6, 202 – 211, 1993 a

Fengler, Jörg: *Gruppendynamik in einer Landesbehörde.* In: Gruppendynamik, 24 (3), 245 – 254, 1993 b

Fengler, Jörg: *Konkurrenz und Kooperation in Gruppe, Team und Partnerschaft.* Pfeiffer, München, 1996

Fengler, Jörg: *Belastende Faktoren psychotherapeutischer Arbeit mit geistig behinderten Menschen – zur Psychohygiene der Therapeutenperson.* In: Lotz, Winfried; Stahl, Burkhard, und Irblich, Dieter (Hrsg.): Wege zur seelischen Gesundheit für Menschen mit geistiger Behinderung. Psychotherapie und Persönlichkeitsentwicklung, S. 112 – 140; Huber, Bern, 1996 a

Fengler, Jörg: *Feedback geben: Strategien und Übungen.* Beltz, Weinheim, 4., überarb. u. erw. Aufl. 2009

Fengler, Jörg: *Merkmale ausgebrannter Teams.* In: Fengler, Jörg und Sanz, Andrea (Hrsg.): Ausgebrannte Teams: Burnout-Prävention und Salutogenese, S. 16 – 22; Klett-Cotta Verlag, Stuttgart, 2. Aufl. 2012 a

Fengler, Jörg: *Ausgebrannte Teams: Das 6-Faktoren-Risikomodell.* In: Ders. und Sanz, Andrea (Hrsg.): Ausgebrannte Teams: Burnout-Prävention und Salutogenese, S. 61 – 105; Klett-Cotta Verlag, Stuttgart, 2. Aufl. 2012 b

Fengler, Jörg: *Ausgebrannte Teams: Das 6-Faktoren-Präventionsmodell.* In: Ders. und Sanz, Andrea (Hrsg.): Ausgebrannte Teams: Burnout-Prävention und Salutogenese, S. 147 – 187; Klett-Cotta Verlag, Stuttgart, 2. Aufl. 2012c

Fengler, Jörg: *Coaching in ausgebrannten Teams: Rollen, Stress und Lösungsversuche.* In: Ders. und Sanz, Andrea (Hrsg.): Ausgebrannte Teams: Burnout-Prävention und Salutogenese, S. 223 – 228; Klett-Cotta Verlag, Stuttgart, 2. Aufl. 2012 d

Fengler, Jörg, und Sanz, Andrea (Hrsg.): *Ausgebrannte Teams: Burnout-Prävention und Salutogenese.* Klett-Cotta Verlag, Stuttgart, 2. Aufl. 2012

Fikentscher, Erdmuthe, und Liebner, Karl-Heinz: *Probleme bei der Behandlung und Begutachtung von Pädagogen aus psychotherapeutischer Sicht.* In: Wissenschaftliche Zeitschrift der Martin-Luther-Universität Halle-Wittenberg – Mathematisch-Naturwissenschaftliche Reihe, 35 (2), 3 – 6, 1986

Fimian, Michael J.: *Organizational Variables to Stress and Burnout in Community-Based Programs.* In: Education and Treating in the Mentally Retarded, 19 (3), 201 – 209, (1984), Seite 122

Fimian, Michael J.; Pierson, Dorothy, und McHardy, Roberta: *Occupational Stress Reported by Teachers of Learning Disabled and Nonlearning Disabled Handicapped Students.* In: Journal of Learning Disabilities, 19 (3), 154 – 158, (1986), Seite 119

Finlay-Jones, Robert: *Factors in the Teaching Environment Associated with Severe Psychological Distress Among School Teachers.* Australian & New Zealand Journal of Psychiatry, 20 (3), 304 – 313, 1986

Frank, Renate (Hrsg.): *Therapieziel Wohlbefinden: Ressourcen aktivieren in der Psychotherapie.* Springer, Heidelberg, 2007

Frank, Renate, und Vaitl, Dieter: *Entwicklung eines mehrdimensionalen Fragebogens zur Erfassung von Supervisionsaspekten (FSPT).* In: Diagnostica, 33 (1), 30 – 42, 1987

Freudenberger, Herbert J.: *Das Erschöpfungssyndrom von Mitarbeitern in alternativen Einrichtungen.* In: Petzhold, H., Vormann, G. (Hrsg.): Therapeutische Wohngemeinschaften, Erfahrungen, Modelle, Supervision. Pfeiffer Verlag, München, 88 – 104, 1980

Freudenberger, Herbert J., und Richelson, Geraldine: *Ausgebrannt – Die Krise der Erfolgreichen – Gefahren erkennen und vermeiden.* Kindler Verlag, München, 1980

Freudenberger, Herbert J., und North, Gail: *Burn-Out bei Frauen: Über das Gefühl des Ausgebranntseins* (Übers. v. Gabriele Herbst). Fischer Verlag, Frankfurt am Main, 13. Aufl. 2011

Fuchs, Albert, und Sommer, Gert: *Krieg und Frieden – Handbuch der Konflikt- und Friedenspsychologie.* Beltz, Weinheim, 2004

Garvey, Michael, und Tuason, Vicente B.: *Physician Marriages.* In: Journal of Clinical Psychiatry, 40 (3), 129 – 131, 1979

Gillespie, David F.: *Correlates for Active and Passive Types of Burnout.* In: Journal of Social Service Research, 4 (2), 1980 – 1981

Gillespie, David F., und Cohen, Susan E.: *Causes of Worker Burnout.* In: Children & Youth Services Review, 2, 115 – 124, 1984

Ginsburg, Sigmund: *The Problem of the Burned Out Executive.* In: Personal Journal, 53, 222 – 228, 1974

GKL (Gewerkschaft Kommunaler Landesdienst Berlin; Hrsg.): *Infos und Muster Überlastungsanzeige.* http://www.gklberlin.de/service/ueberlastungsanzeige.pdf 2012

Goldberg, Martin: *Conjoint Therapy of Male Physicians and Their Wives.* In: Psychiatric Opinion, 12 (4), 19 – 23, 1975

Golembiewski, Robert T.: *Organizational Development (O. D.) Interventions, Changing Interaction, Structures, and Policies.* In: Paine, Whiton Stewart (Hrsg.): Job Stress and Burnout: Research Theory and Intervention Perspectives. Beverly Hills, California: Sage Publications, 1982

Gottman, John M., und Silver, Nan: *The Seven Principles for Making Marriage Work: A Practical Guide from the Country's Foremost Relationship Expert.* Three Rivers Press, New York, N.Y., 1999

Green, Hannah: *Ich hab' dir nie einen Rosengarten versprochen.* Rowohlt Verlag, Reinbek bei Hamburg, 1975

Green, Robert C.; Carroll, George J., und Buxton, William D.: *Drug Addiction Among Physicians. The Virginia Experience.* In: Journal of the American Medical Association, 236 (12), 1372 – 1375, 1976

Greenbaum, Marvin: *Resignation Among Professional Mental Health Leaders: A Study of a Mild Endemic.* In: Archives of general Psychiatry, 19 (3), 266 – 280, 1968

Greene, Graham: *Ein ausgebrannter Fall* (Übers. v. Dietlind Kaiser). Deutscher Taschenbuch Verlag, München, 2000

Greenglass, Esther R.; Burke, Ronald J., und Ondrack, Mirka: *A Gender-Role Perspective on Role Conflict, Work Stress and Social Support.* Special issue: Work and Family: Theory, Research and Applications. In: Journal of Social Behavior & Personality 3 (4), 317 – 328, 1988

Gunkel, Stefan, und Kruse, Günther (Hrsg.): *Salutogenese, Resilienz und Psychotherapie – was hält gesund? Was bewirkt Heilung?* Akademie für Ärztliche Fortbildung der Ärztekammer Niedersachsen, Impulse für die Psychotherapie, Band 9. Hannoversche Ärzte-Verl.-Union, Hannover, 2004

Gurría, Angel (Hrsg.): *Better Life Report.* (Dazu: OECD Better Life Index: http://www.oecdbetterlifeindex.org/) Organisation for Economic Cooperation and Development (OECD), Paris, 2011

Gussone, Barbara, und Schiepek, Günter: *Die ›Sorge um sich‹. Burnout-Prävention und Lebenskunst in helfenden Berufen.* Dgvt-Verlag, Tübingen, 2000

Hambrecht, Martin: *Wenn Helfer zu Komplizen werden.* In: Psychologie Heute, 3, 28 – 33, 1987

Harris, Thomas Anthony: *Ich bin o. k. – Du bist o. k.: Wie wir uns selbst besser verstehen und unsere Einstellung zu anderen verändern können. Eine Einführung in die Transaktionsanalyse.* Rowohlt Verlag, Reinbek bei Hamburg, 46. Aufl. 1975

Harris, B. A.: *Not Enough Is Enough: The Physician Who Is Dependent on Alcohol and Other Drugs.* In: The New York State Journal of Medicine, 86 (1), 2 – 3, 1986

Heckhausen, Dorothee: *Psychosoziale Belastung von Ärzten.* Fortschritte in der medizinpsychologischen Forschung, Bd. 3. Quintessenz, München, 1995

Hellbrück, Jürgen, und Fischer, Manfred: *Umweltpsychologie: Ein Lehrbuch.* Hogrefe-Verlag, Göttingen, 1999

Hellman, Irwin D.; Morrison, Thomas L., und Abramowitz, Stephen I.: *The Stress of Psychotherapeutic Work: A Replication and Extension.* In: Journal of Clinical Psychology, 42 (1), 197 – 205, 1986

Helwig, Paul: *Charakterologie.* Herder, Freiburg, 2. Aufl. 1969

Hendrickson, Barbara: *Teacher Burnout: How to Recognize It; What to Do About It.* Learning, 7, 36 – 39, 1979

Herrick, James; Takagi, Calvin V.; Coleman, Robert, und Morgan, Linda Jewell: *Social Workers Who Left the Profession: An Exploratory Study.* In: Journal of Sociology & Social Welfare, 1, 78 – 94, 1983

Hess, Allen K.: *Growth in Supervision: Stages of Supervisee and Supervisor Development.* In: Clinical Supervisor, 4 (1/2), 51 – 67, 1986

Hofmann, Birgit, und Hoffmann, Nicolas: *Selbstfürsorge für Therapeuten und Berater.* Beltz, Weinheim, 2. Aufl. 2012

Holt, Penni; Fine, Marvin J., und Tollefson, Nona: *Mediating stress: Survival of the Hardy.* In: Psychology in the Schools, 24 (1), 51 – 58, 1987

Houben, Angelika-Christa: *Arbeit in Sonderschulen: Belastung, Belastungsfolgen und Bewältigung.* Inaugural-Dissertation zur Erlangung des Doktorgrades der Heilpädagogischen Fakultät der Universität zu Köln, 1999

Hunter, Knoxice; Jenkins, Jack O., und Hampton, Leonard A.: *Burnout Among*

Providers of Emergency and Health Care. In: Crisis Intervention, 12 (4), 141–152, 1982
Jahoda, Marie: *Ich habe die Welt nicht verändert. Lebenserinnerungen einer Pionierin der Sozialforschung.* Engler, S., und Hasenjürgen, B. (Hrsg.). Campus, Frankfurt, 1997
Jayaratne, Srinika; Chess, Wayne A., und Siefert, Kristine: *Job Satisfaction, Burnout and Turnover: A National Study.* In: Social Work 29 (5), 448–453, 1984
Jones, John W.: *Dishonesty, Burnout and Unauthorized Work Break Extensions. SBS-HP-* Staff Burnout Scale of Health Professionals. In: Personality and Social Psychology Bulletin, 7 (3), 406–409, 1981
Justice, Blair; Gold, Robert S., und Klein, John P.: *Life Events and Burnout.* In: Journal of Psychology, 108 (2), 219–226, 1981
Karasek, Robert A., und Theorell, Tores: *Healthy Work. Stress, Productivity, and the Reconstruction of Working Life.* Basic Books, New York, 1990
Kahill, Sophia: *Relationship of Burnout Among Professional Psychologists to Professional Expectations and Social Support.* In: Psychological Reports, 59, 1043–1051, 1986
Kaiser, Robert Blair: *The Way of the Journal.* In: Psychology Today, 3, 64–76, 1981
Kemper, Johannes; Geiger, Helga, und Helmrich, Anette: *Alternde und ihre jüngeren Helfer.* Ernst Reinhardt Verlag, München, 2. Aufl. 2000
Kerr, Jacqueline; Weitkunat, Rolf, und Moretti, Manuel (Hrsg.): *ABC der Verhaltensänderung: Der Leitfaden für erfolgreiche Prävention und Gesundheitsförderung.* Elsevier, München, 2006
Kestenbaum, J. D.: *Expectations for Therapeutic Growth: One Factor in Burnout.* In: Social Casework, 65 (6), 374–377, 1984
Keupp, Heiner, und Dill, Helga: *Erschöpfende Arbeit: Gesundheit und Prävention in der flexiblen Arbeitswelt.* Transcript, Bielefeld, 2010
Kleiber, Dieter, und Enzmann, Dirk: *Burnout. Eine internationale Bibliographie – An International Bibliography.* Dr. C. J. Hogrefe Verlag für Psychologie, Göttingen, 1990
Klemenz, Bodo: *Ressourcenorientierte Psychologie 1: Ermutigende Beiträge einer menschenfreundlichen Wissenschaft.* Dgvt-Verlag, Tübingen, 2009
Klenk, Dominik (Hrsg.): *Besser streiten: Konflikte austragen statt nachtragen.* Brunnen-Verlag, Gießen, 2009
Klitzing-Naujoks, Waltraut von, und Klitzing, Kai von: *Psychische Belastung in der Krankenhaus-Pflege.* Vandenhoeck & Ruprecht, Göttingen, 1994
Kopp, Sheldon B.: *Triffst du Buddha unterwegs …: Psychotherapie und Selbsterfahrung* (Übers. v. Jochen Eggert, Original: ›If You Meet the Buddha on the Road, Kill Him‹. 1972). Fischer Taschenbuch, 5. Aufl. 2000
Kraemer, Horst: *Soforthilfe bei Stress und Burn-out: Neue Energie in wenigen Tagen – Coaching mit Neuroimagination – Strategien der Vorbeugung.* Kösel-Verlag, München, 4. Aufl. 2010

Kraemer, Horst: *Soforthilfe bei Stress und Burn-out – Das Praxisbuch*. Kösel-Verlag, München, 2012

Krell, Helen L.; Richardson, Curtis M.; LaManna, Terence N., und Kairys, Steven W.: *Child Abuse and Worker Training*. In: Social Casework 64 (9), 532 – 552, 1983

Kremer, Liya, und Hofman, John E.: *Teachers' Professional Identity and Burnout*. In: Research in Education, 34, 89 – 95, 1985

Kypta, Gabriele: *Burnout erkennen – überwinden – vermeiden*. Carl-Auer, Heidelberg, 2. Aufl. 2008

Kyriacou, Chris, und Pratt, J.: *Teacher Stress and psychoneurotic symptoms*. In: British Journal of Education Psychology, 55 (1), 61 – 64, 1985

Lauterbach, Matthias: *Gesundheitscoaching: Strategien und Methoden für Fitness und Lebensbalance im Beruf*. Carl-Auer, Heidelberg, 2. Aufl. 2008

Leake, George J., und King, Albert S.: *Effect of counselor expectations on alcoholic recovery*. In: Alcohol Health & Research World, 1 (3), 16 – 22, 1977

Lépine, Reynald: *Note de recherche. Le thérapeute et sa thérapie = Research Note. The Therapist and His Therapy*. In: Sociologie et Sociétés, 17 (1), 157 – 167, 1985

Lewin, Kurt: *Frontiers in Group Dynamics. Concept, Method and Reality in Social Science; Social Equilibria and Social Change*. In: Human Relations, 1 (1), 5 – 41, 1947

Lievegoed, Bernard C. J.: *Dem einundzwanzigsten Jahrhundert entgegen*. Info Verlag, Frankfurt, 1988

Linneweh, Klaus; Heufelder, Armin, und Flasnoecker, Monika: *Balance statt Burnout: Der erfolgreiche Umgang mit Stress und Belastungssituationen*. W. Zuckschwerdt Verlag, München, 2010

London, R.: *The Impact of the Practice of Hypnosis Upon the Therapist*. In: Australian Journal of Clinical Hypnotherapy, 2 (1), 15 – 35, 1981

Lyons, Richard G.: *A Moral Theory of Burnout*: The Evaluation of Work. In: Loss, Grief & Care, 3 (1/2), 59 – 66, 1989

Mahler, Ellen L.: *Burnout and Commitment: A Theoretical Alternative*. In: Personnel & Guidance Journal, 61 (7), 390 – 393, 1983

Malcolm, Janet: *Vater, lieber Vater …*: aus d. Sigmund-Freud-Archiv (Übers. von Eva Brückner-Pfaffenberger). Ullstein, Frankfurt a. M., Berlin, 1990

Maslach, Christina, und Pines, Ayala: *Characteristics of staff burnout in mental health settings*. Hosp. Community Psychiatry, 29 (4), 233 – 237, 1978

Maslach, Christina; Stapp, Joy, und Santee, Richard T.: *Individuation: conceptual analysis and assessment*. Journal of personality and Social Psychology, 49 (3), 729 – 738, 1985

Maslach, Christina, und Jackson, Susan E.: *Maslach Burnout Inventory MBI* (Übers. von v. Geldern und Schenke). In: Das MBI-D: Erste Untersuchungen mit einer deutschen Übersetzung des »*Maslach Burnout Inventory*« bei klientenzentrierten Gesprächstherapeuten und Hochschullehrern. Unveröffentlichte Diplomarbeit: Universität Erlangen-Nürnberg, FB Erziehungs- und Kulturwissenschaften, S. 85 f., 1985

Maslach, Christina: *Burnout: The Cost of Caring.* Malor Books, New York, 2003

Maynard, E. D.: *The Intervener: Managing Personal Crisis.* In: Emotional First Aid: A Journal of Crisis Intervention, 2 (3), 39–46, 1985

Medway, Frederic J., und Forman, Susan G.: *Psychologists' and teachers' reactions to mental health and behavioral consultation.* In: School Psychology, 18 (4), 338–348, (1980), Seite 118

Meidinger, Hermann, und Enders, Christine: *Burnout-Seminare für Lehrer. Ausgebrannt und aufgebaut.* Luchterhand, München, 1997

Meier, Scott T.: *Toward a Theory of Burnout.* In: Human Relations, 36 (10), 899–910, 1983

Meyer, John H.: *Burnout: Developmental Influences.* In: Canadian Counselor, 16 (2), 67–73, 1982

Missel, Peter, und Braukmann, Walter: *Burnout in der Suchttherapie: Vom hilflosen Helfer zum engagierten Opfer.* Verlag für Angewandte Psychologie, Göttingen, 1995

Moeller, Michael Lukas: *Die Wahrheit beginnt zu zweit. Das Paar im Gespräch.* Rowohlt Verlag, Reinbek bei Hamburg, 1997

Moore, Ardean C.: *Well-Being and the Woman Psychiatrist.* In: Journal of Psychiatric Treatment & Evaluation, 4 (5), 437–439, 1982

Moosbrugger, Jeanette: *Selbstausbeutung im Team.* In: Fengler, Jörg und Sanz, Andrea (Hrsg.): Ausgebrannte Teams: Burnout-Prävention und Salutogenese, S. 109–120; Klett-Cotta Verlag, Stuttgart, 2. Aufl. 2012

Morgan, Sharon R., und Krehbiel, Roberta: *The Psychological Condition of Burned-Out Teachers with a Nonhumanistic Orientation.* In: Journal of Humanistic Education and Development, 24 (2), 59–67, 1985

Morgan, Sharon R., und Reinhart, Jo A.: *Training as a Factor Contributing to Burnout in Teachers of Emotionally Disturbed Children.* In: Education, 106 (2), 185–192, 1985

Müller, Monika, und Pfister, David: *Wie viel Tod verträgt das Team? Belastungs- und Schutzfaktoren in Hospizarbeit und Palliativmedizin.* Vandenhoeck & Ruprecht, Göttingen, 2. Auflage 2013

Müller-Timmermann, Eckhart H.: *Ausgebrannt – Wege aus der Burnout-Krise.* Herder, Freiburg im Breisgau, 9. Aufl. 2009

Myers, Michael F.: *Overview: The Female Physician and Her Marriage.* In: American Journal of Psychiatry, 14 (11), 1386–1391, 1984

Nagy, Stephen Y., und Davis, Lorraine G.: *Burnout: A Comparative Analysis of Personality and Environmental Variables.* In: Psychological Reports, 57 (3), 1319–1326, 1985

Nestmann, Frank: *Die alltäglichen Helfer.* De Gruyter Verlag, Berlin, New York, 1988

Niehoff, Marilee S.: *Burnout and Alcoholic Counsellors*. In: Counselling and Values, 29 (1), 67 – 69, 1984

Nuber, Ursula: *Was Paare wissen müssen: 10 Grundregeln für das Leben zu zweit*. Fischer Verlag, Frankfurt am Main, 3. Aufl. 2012

Norcross, John C. und Prochaska, James O.: *Psychotherapist Heal Thyself: I. The Psychological Distress and Self-Change of Psychologists, Counselors, and Laypersons*. In: Psychotherapy, 23 (1), 1986

Norcross, John C., und Guy, James D.: *Lassen Sie es in Ihrer Praxis. Wie Psychotherapeuten für sich selbst sorgen können* (Übers. v. Karin Dilling). Huber, Bern, 2010

Notman, Malkah Tolpin: *Suicide in Female Physicians*. In: Psychiatric Opinion, 12 (4), 29 – 30, 1975, 1997

Nürnberger, Elke: *Gelassenheit lernen*. Haufe Mediengruppe, Freiburg, 2008

Patrick, Pamela K. S.: *Self-Preservation: Confronting the Issue of Nurse Impairment*. In: Journal of Substance Abuse Treatment, 1 (2), 99 – 105, 1984

Pearson, Manuel M.: *Drug and Alcohol Problems in Physicians*. In: Psychiatric Opinion, 12 (4), 14 – 18, 1975

Pierson-Hubeny, Dorothy, und Archambault, Francis X.: *Role Stress and Perceived Intensity of Burnout Among Reading Specialists*. In: Reading World, 24 (4), 41 – 52, 1985; auch: Psychology in the Schools, 24 (3), 244 – 253, 1987

Pilz-Kusch, Ulrike: *Burnout: Frühsignale erkennen – Kraft gewinnen: Das Praxis-Übungsbuch für Trainer, Berater und Betroffene*. Beltz, Weinheim, 2012

Pines, Ayala, und Kafry, Ditsa: *Occupational Tedeum in the Social Services*. In: Social Work, 23 (6), 499 – 507, 1978

Pitts, Ferris N. Jr.; Schuller, A. B.; Rich, C. L., und Pitts, A. F.: *Suicide Among U. S. Woman Physicians, 1967 – 1972*. In: American Journal of Psychiatry, 136 (5), 694 – 696, 1979

Potter, Beverly A.: *Job Burnout and the Helping Professional*. In: Clinical Gerontologist, 2 (2), 63 – 65, 1983

Poth, Chlodwig: *Mein progressiver Alltag*. Rowohlt, Reinbek bei Hamburg, 1975

Price, David M., und Murphy, Patricia A.: *Staff Burnout in the Perspective of Grief Theory*. In: Death Education, 8 (1), 47 – 58, 1984

Protter, Barry, und Travin, Sheldon: *The Significance of Countertransference and Related Issues in a Multiservice Court Clinic*. In: Journal of the American Academy of Psychiatry and the Law, 11 (3), 223 – 230, 1983

Quattrochi-Tubin, Susan; Jones, John W., und Breedlove, Virginia: *The Burnout Syndrome in Geriatric Counselors and Service Workers*. In: Activities, Adaptation & Aging, 3 (1), 65 – 76, 1982

Raddatz, Gregor, und Peschers, Bernd: *Burnoutprävention in der Pflegeausbildung: Hintergründe – Konzepte – Unterrichtsentwürfe*. Elsevier, München, 2007

Rafferty, James P.; Lemkau, Jeanne P.; Purdy, Richard R., und Rudisill, John R.: *Validity of the Maslach Burnout Inventory for family practice physicians*. In: Journal of Clinical Psychology 42 (3), 488 – 492, 1986

Raquepaw, Jayne M., und Miller, Rowland S.: *Psychotherapist Burnout: A Componential Analysis.* In: Professional Psychology: Research and Practice, 20 (1), 32–36, 1989

Reimer, Ch., und Doenges, S.: *Arzt und Suizid/Doctors and Suicide.* Psychiatria Fennica, 69–74, 1981

Reimer, Christian, und Freisfeld, Antonia: *Einstellungen und emotionale Reaktionen von Ärzten gegenüber Alkoholikern.* Therapiewoche 34 (22), 3514–3520, 1984

Renneberg, Babette, und Hammelstein, Philipp: *Gesundheitspsychologie.* Springer, Heidelberg, 2006

Rich, Charles L., und Pitts, Ferris N. Jr.: *Suicide by Male Physicians During a Five-Year Period.* In: American Journal of Psychiatry, 136, 1089–1090, 1979

Rich, Charles L., und Pitts, Ferris N. Jr.: *Suicide by Psychiatrists: A Study of Medical Specialists Among 18. 730 Consecutive Physician Deaths During a Five-Year Period, 1967–1972.* In: Journal of Clinical Psychiatry, 41 (8), 261–263, 1980

Richter, Horst-Eberhard: *Die Gruppe. Hoffnung auf einen neuen Weg, sich selbst und andere zu befreien. Psychoanalyse in Kooperation mit Gruppeninitiativen.* Psychosozial-Verlag, Gießen, Neuaufl. 1995

Riemann, Fritz: *Grundformen helfender Partnerschaft. Ausgewählte Aufsätze* (Hrsg.: Mandel, Karl Herbert). Klett-Cotta, Stuttgart, 9. Aufl. 2004

Riggar, Theodore F.; Godley, Susan H., und Hafer, Marilyn: *Burnout and Job Satisfaction in Rehabilitation Administrators and Direct Service Providers.* In: Rehabilitation Counseling Bulletin, 27 (3), 151–160, 1984

Roller, Bill: *The Group Therapist: Stages of Professional and Personal Development.* Small Group Research, 15 (2), 265–269, 1984

Roy, Alec: *Suicide in Doctors.* In: Psychiatric Clinics of North America, 8 (2), 377–387, 1985

Rubington, Earl: *Staff Burnout in a Detox Center: An Exploratory Study.* In: Alcoholism Treatment Quarterly, 1 (2), 61–71, 1984

Rüger, Ulrich; Blomert, Albert Franz, und Förster, Wolfgang (G. Schüssler, E. Leibing): *Coping – Theoretische Konzepte, Forschungsansätze, Messinstrumente zur Krankheitsbewältigung.* Verlag für Medizinische Psychologie, Göttingen, 1990

Ruhwandl, Dagmar: *Erfolgreich ohne auszubrennen: Das Burnout-Buch für Frauen.* Klett-Cotta, Stuttgart, 2. Aufl. 2007

Russell, Daniel W., Altmaier, Elizabeth, und Van-Velzen, Dawn: *Job-Related Stress, Social Support, and Burnout Among Classroom Teachers.* In: Journal of Applied Psychology 72 (2), 269–274, 1987

Ruthe, Reinhold: *Wenn Erfolg zur Droge wird. Strategien gegen Stress, Arbeitssucht und Burnout.* Brendow Verlag, München, 1995

Sanz, Andrea: *Das Etappenmodell der Burnout-Entwicklung im Team.* In: Fengler, Jörg, Sanz, Andrea (Hrsg.): Ausgebrannte Teams: Burnout-Prävention und Salutogenese, S. 42–53; Klett-Cotta Verlag, Stuttgart, 2. Aufl. 2012 a

Sanz, Andrea: *Burnout-Prävention im Spiegel des Klientels – ein Einzel-Supervisionsprozess im arbeitsmarktpolitischen Kontext.* In: Fengler, Jörg, Sanz, Andrea (Hrsg.): Ausgebrannte Teams: Burnout-Prävention und Salutogenese, S. 190 – 203; Klett-Cotta Verlag, Stuttgart, 2. Aufl. 2012 b

Saß, Henning; Wittchen, Hans-Ulrich, und Zaudig, Michael: *Diagnostisches und Statistisches Manual Psychischer Störungen – Textrevision – DSM-IV-TR.* Hogrefe, Göttingen, 2003

Schaer, Markus: *Das Früher im Heute: Liebespaare und ihre Herkunftsfamilien.* Asanger Verlag, Kröning, 2012

Schall, Traugott Ulrich: *Erschöpft – müde – ausgebrannt. Überforderung und Resignation: vermeiden – vermindern – heilen.* Perspektiven für die Seelsorge, Band 8. Echter Verlag, Würzburg, 1993

Scherm, Martin (Hrsg.): *360-Grad-Beurteilungen. Diagnose und Entwicklung von Führungskompetenzen.* Hogrefe, Göttingen, 2005

Schirrmacher, Freimut: *Seelsorge als Beziehungsgeschehen: Perspektiven zur Weiterentwicklung der Seelsorgepraxis.* Neukirchener Verlagsgesellschaft mbH, Neukirchen-Vluyn, 2012

Schmidbauer, Wolfgang: *Ausgebrannt. Helfer-Syndrom und Burnout in den sozialen Berufen.* In: Unsere Jugend, 34 (4), 165 – 169, 1982

Schmidbauer, Wolfgang: *Helfen als Beruf. Die Ware Nächstenliebe.* Rowohlt Verlag, Reinbek bei Hamburg, erw. Neuausgabe 1994

Schmidbauer, Wolfgang: *Hilflose Helfer: Über die seelische Problematik der helfenden Berufe.* Rowohlt Verlag, Reinbek bei Hamburg, erw. Neuausgabe 1993

Schmidbauer, Wolfgang: *Die Angst vor Nähe.* Rowohlt Verlag, Reinbek bei Hamburg, 11. Aufl. 2002

Schmidt, Rainer: *Die Kosten der Einfühlung. Zur psychischen Belastung des Psychotherapeuten in der Psychotherapie (The Cost of Empathy. On the Mental Strain of the Psycho-therapist in Psychotherapy).* In: Zeitschrift für Individualpsychologie, 11 (4), 231 – 240, 1986

Schütz, Astrid, und Hoge, Lasse: *Positives Denken: Vorteile – Risiken – Alternativen.* Kohlhammer, Stuttgart, 2007

Shinn, Marybeth; Rosario, Margaret; Mørch, Hanne, und Chestnut, Dennis E.: *Coping With Job Stress and Burnout in the Human Services.* In: Journal of Personality and Social Psychology, 46 (4), 864 – 876, 1984

Sidle, Allan; Moos, Rudolf; Adams, John, und Cady, Paxton: *Development of a Coping Scale. A Preliminary Study.* In: Archives of General Psychiatry, 20 (2), 226 – 232, 1969

Siegrist, Johannes: *Fragebogen zur Erfassung beruflicher Gratifikationskrisen (ERI).* siegrist@uni-duesseldorf.de 2006

Simon, Werner: *Suicide Among Physicians: Prevention and Postvention.* In: Crisis: The Journal of Crisis Intervention and Suicide Prevention, 7 (1), 1 – 13, 1986

Smaby, Marlowe H., und Tamminen, Armas W.: *Helping While Learning: A Skilled*

Group Helper Training Program. In: Journal for Specialists in Group Work, 8 (3), 159 – 168, 1983
Snider, Paul D.: *The Duty to Warn: A Potential Issue of Litigation for the Counselor Supervisor.* In: Counselor Education and Supervision, 25 (1), 66 – 73, 1985
Solly, David C., und Hohenshil, Thomas H.: *Job Satisfaction of School Psychologists in a Primarily Rural State*. In: School Psychology Review, 15 (1), 119 – 126, 1986
Sommer, Gert, und Fydrich, Thomas: *Soziale Unterstützung*. Deutsche Gesellschaft für Verhaltenstherapie e. V., Dgvt-Verlag, Tübingen, 1989
Stevens, Gregory B., und O'Neill, Patrick: *Expectation and Burnout in the Developmental Disabilities Field*. In: American Journal of Community Psychology, 11, 615 – 627, 1983
Szefel, Andrzej: Hospitalizacja psychiatryczna lekarzy i innych osób z wyższym wykształceniem. Psychiatria Polska, 5 (6), 383 – 388, 1982
Teuschel, Peter: *Mobbing: Dynamik – Verlauf – gesundheitliche und soziale Folgen.* Schattauer, Stuttgart, 2010
Thompson, David, und Arora, Catharina: *Do You Have Those Mid-Career Blues?* In: Association of Educational Psychologists Journal, 6 (2), 7 – 11, 1983
Thompson, James W.: *»Burnout« in Group Home House Parents*. American Journal of Psychiatry, 137 (6), 710 – 714, 1980
Tuckman, Bruce W.: *Developmental Sequence in Small Groups*. In: Psychological Bulletin, 63 (6), 384 – 399, 1965
Ullrich, Andreas: *Krebsstation: Belastung der Helfer. Eine empirische Studie an Kliniken in Bayern* (Verhaltenseffektivität und Stress. Bd. 7, Hrsg. Brengelmann, Johannes). Verlag Peter Lang, Frankfurt/M., Bern, New York, Paris, 1987
Vaillant, George E.; Sobowale, Nancy Corbin, und McArthur, Charles: *Some Psychologic Vulnerabilities of Physicians*. The New England Journal of Medicine, 287, 372 – 375, 1972
Vollmer, Helga: *Ich fühle mich fix und fertig. Das Burnout-Syndrom*. Ueberreuter Verlag, Wien, 1996
Watkins, C. Edward Jr.: *Burnout in Counseling Practice: Some Potential Professional and Personal Hazards of Becoming a Counselor*. In: The Personnel and Guidance Journal, 61 (5), 304 – 308, 1983
Watmough, Michael: *Psychologists under Stress*. In: AEP (Association of Educational Psychologists) Journal, 6 (2), 3 – 7, 1983
Watzlawick, Paul, Beavin, Janet H., und Jackson, Don D.: *Menschliche Kommunikation – Formen, Störungen, Paradoxien*. Verlag Hans Huber, Bern, Stuttgart, 2003
Weinberg, Steve; Edwards, Gary, und Garovea, William E.: *Burnout Amongst the Employees of State Residential Facilities Serving Developmentally Disabled Persons*. In: Children and Youth Services Review, 5 (3), 239 – 253, 1983
Weisbach, Christian-Rainer, und Sonne-Neubacher, Petra: *Unternehmensethik in*

der Praxis: Vorgaben und Richtlinien sinnvoll und zielführend umsetzen. Deutscher Taschenbuch Verlag, München, 2009

Whitehead, John T.: *Probation Officer Job Burnout: A Test of Two Theories.* Journal of Criminal Justice, 15 (1), 1 – 16, 1987

Wing, R. L.: *Das Arbeitsbuch zum I Ging* (Übers. v. Claudius C. Müller). Diederichs-Verlag, München, 1984

Yalom, Irvin D.: *Theorie und Praxis der Gruppenpsychotherapie. Ein Lehrbuch* (Übers. v. Teresa Junek, Theo Kierdorf und Gudrun Theusner-Stampa). Klett-Cotta, Stuttgart, 9. Aufl. 2010

Zastrow, Charles: *Understanding and Preventing Burn-Out.* In: British Journal of Social Work, 14 (1), 141 – 155, 1984

Zedeck, Sheldon; Maslach, Christina; Mosier, Kathleen, und Skitka, Linda: *Affective Response to Work and Quality of Family Life: Employee and Spouse Perspectives.* In: Journal of Social Behavior and Personality, 3, 135 – 157, 1988

Zuschlag, Berndt: *Mobbing – Schikane am Arbeitsplatz: Erfolgreiche Mobbing-Abwehr durch systematische Ursachenanalyse.* Hogrefe-Verlag, Göttingen, 3. Aufl. 2001

Raimund Schwendner

Konflikte wirksam lösen

Systemisches Arbeiten mit Familien und Organisationen. Ein Praxishandbuch

Leben Lernen 253. 221 Seiten, broschiert. ISBN 978-3-608-89133-1

»Bei der Arbeit mit inneren Bildern, etwa beim Coaching, bieten zeichnerische Mittel einen verblüffend klaren und praktikablen Weg, um selbst komplexe Konflikte sichtbar zu machen ... Die ›Kunst‹ besteht darin, innere Bilder, die mit der Wahrnehmung äußerer Gegebenheiten verknüpft sind, zu sehen, zu erweitern und neue Lösungsräume zu erschließen. Das erlaubt, Konflikte zu lösen. Vor allem ermöglicht es, schwelende Krisenpotentiale zu erkennen und ihnen vorzubeugen ... Das Buch bietet dazu eine Fülle von Perspektiven, Anregungen und Handlungsanleitungen.«

Dieter Renger, BDKinfo